Sammlung Metzler
Band 303

Thomas Seibert

Existenzphilosophie

Verlag J.B. Metzler
Stuttgart · Weimar

Für Bettina

Die Deutsche Bibliothek – CIP-Einheitsaufnahme

Seibert, Thomas:
Existenzphilosophie / Thomas Seibert.
– Stuttgart ; Weimar : Metzler, 1997
(Sammlung Metzler ; Bd. 303)
ISBN 978-3-476-10303-1
NE: GT

ISBN 978-3-476-10303-1
ISBN 978-3-476-03999-6 (eBook)
DOI 10.1007/978-3-476-03999-6
ISSN 0558–3667

SM 303

© 1997 Springer-Verlag GmbH Deutschland
Ursprünglich erschienen bei J.B. Metzlersche Verlagsbuchhundlung
und Carl Ernst Poeschel Verlag GmbH in Stuttgart 1997

Inhalt

Siglenverzeichnis VII

Einleitung IX

I. Der Ausgang der klassischen deutschen Philosophie
   und der Aufbruch der ersten ›existierenden Denker‹ 1

   1. Annäherung aus entgegengesetzter Richtung 1
   2. Aus nächster Nähe: Über den Zusammenhang
      von historischem Ort, gesellschaftlicher Position
      und philosophischem Stil 11
   3. Sören Kierkegaard: Von der »welthistorischen
      Dialektik« zur „Existenz-Dialektik" 17
   4. Max Stirner: Auf dem Nullpunkt der Dialektik 35
   5. Friedrich Nietzsche: Dialektik der Existenz
      als »Magie des Extrems« 49

II. Das Sein, das Selbst, das Nichts –
    die Phänomenologie(n) der Existenz 71

   1. Das Unzeitgemäße wird zeitgemäß 71
   2. Karl Jaspers: Weltorientierung, Existenzerhellung,
      Metaphysik 79
   3. Martin Heidegger: Existenzialanalytik
      als Fundamentalontologie und umgekehrt 98
   4. Jean-Paul Sartre: Phänomenologische Ontologie
      und existenzialistische Moral 126

III. Abschlüsse, Kehren und Übergänge 147

   1. Der Einbruch der Geschichte in die Phänomenologie .. 147
   2. Zurück zu Hegel und Marx 151
   3. Zurück zu Nietzsche, Heraklit und Hölderlin 156
   4. Im Übergang zur Postmoderne oder 160

IV.   Bibliographie 165

     1. Allgemeine Darstellungen zur Existenzphilosophie ... 165
     2. Literatur zum historischen Kontext 166
     3. Sören Kierkegaard 167
     4. Max Stirner 170
     5. Friedrich Nietzsche 172
     6. Karl Jaspers 176
     7. Martin Heidegger 179
     8. Jean-Paul Sartre... 184
     9. Seitenwege und Fluchtpunkte 189
    10. Sonstige Literatur.. 192

Register 193

Angaben zum Autor 196

Siglenverzeichnis

(Die Zitate im Text sind den hier aufgeführten Ausgaben entnommen, für weitere Hinweise vgl. die Bibliographie)

Hegel, G. W. F.	Theorie-Werkausgabe in 20 Bänden, Frankfurt/M. 1969ff.	= WA
Heidegger, M.	Der Begriff Zeit, Tübingen 1989	= BZ
	Gesamtausgabe / Ausgabe letzter Hand, Frankfurt/M 1975ff.	= GA
	Identität und Differenz, 7. Aufl., Pfullingen 1982	= ID
	Sein und Zeit, 15. Aufl., Tübingen 1979	= SuZ
	Vorträge und Aufsätze, Pfullingen 1967	= VA
Jaspers, K.	Existenzphilosophie, 4. Aufl., Berlin 1974	= Ex
	Vernunft und Widervernunft, München 1950	= VuW
	Philosophie. Drei Bände, Berlin 1956	= Phil I, II, III
	Vernunft und Existenz, München 1960	= VuE
	Von der Wahrheit, München 1947	= VdW
Kierkegaard, S.	Der Begriff Angst, Düsseldorf 1952	= BA
	Entweder-Oder, Erster bzw. Zweiter Teil, Düsseldorf 1957	= EO I, II
	Die Krankheit zum Tode, Düsseldorf 1957	= KzT
	Stadien auf dem Weg des Lebens, Düsseldorf 1958	= SWL
	Abschließende Unwissenschaftliche Nachschrift, Erster bzw. Zweiter Teil, Düsseldorf 1957/1958	= UNS I, II

Marx, K./ Engels, F.	Werke, Berlin 1958ff.	= MEW
Nietzsche, F.	Kritische Studienausgabe in 15 Bänden, Berlin/New York 1980ff.	= KSA
Sartre, J.-P.	Ist der Existenzialismus ein Humanismus?, Frankfurt/M./Berlin/Wien 1965	= EH
	Marxismus und Existentialismus, Hamburg 1964	= ME
	Das Sein und das Nichts, Hamburg 1991	= SuN
Stirner, M.	Der Einzige und sein Eigentum, Stuttgart 1972	= EE

Einleitung

Dem Projekt einer Einführung in die Existenzphilosophie stellen sich zwei Schwierigkeiten entgegen.

Systematisch ergibt sich das Problem, daß es zu keinem Zeitpunkt so etwas wie *die* Existenzphilosophie oder *den* Existenzialismus gegeben hat, sondern lediglich einzelne Existenzphilosophinnen und -philosophen, die sich markant voneinander unterscheiden. Zwar sehen alle Existenzialisten in der philosophischen Erhellung der menschlichen Existenz die erste Aufgabe ihres Denkens. Zugleich stimmen sie darin überein, daß diese Aufgabe nicht in einer Haltung distanzierter Objektivität, sondern nur dann bewältigt werden kann, wenn das jeweils philosophierende Subjekt sein individuelles Dasein mit in die Arbeit der Aufklärung hineinnimmt. Doch schon in der näheren Bestimmung des analytischen Zugangs zur Existenz schlagen sie verschiedene, bisweilen sogar gegenläufige Wege ein. Der Vielfalt im methodischen Ansatz entspricht eine Vielfalt im zugrundeliegenden Erkenntnisinteresse und schließlich eine Vielfalt in der jeweiligen ›Sache des Denkens‹ selbst.

Mit dem modischen Erfolg des Titels ›Existenzialismus‹ in den fünfziger und sechziger Jahren nimmt seine Mehrdeutigkeit weiter zu: Er dient bald nicht mehr nur als Sammelbegriff für unterschiedliche philosophische Ansätze, sondern zudem für ein literarisches Genre und zuletzt sogar zur Bezeichnung eines Lebensstils bzw. einer Zeitstimmung. Nicht zufällig erhält der Ausdruck bald eine negative Bedeutung: Die Kennzeichnung einer philosophischen, künstlerischen oder moralischen Position als ›existenzialistisch‹ erfolgt in der Regel in polemischer Absicht. Dem entspricht, daß fast alle unter diesem Titel versammelten Autoren seine Verwendung zur Bestimmung ihrer Arbeit ausdrücklich abgelehnt haben. Selbst Jean-Paul Sartre hat sich nur aus politischen, nicht aber aus philosophischen Gründen bereitgefunden, die Ernennung zum Existenzialisten zu akzeptieren.

Historisch ergibt sich das Problem, daß der Existenzialismus zumindest in der Philosophie inzwischen als überholt gilt. Seine Überwindung hat man spätestens seit den sechziger Jahren wahlweise der kritischen Gesellschaftstheorie, der Sprachanalyse, dem Strukturalismus, zuletzt der Postmoderne zugesprochen. Zudem haben die bedeutendsten Existenzphilosophen selbst an der Überwindung des

Existenzialismus mitgewirkt. Martin Heidegger hat nach *Sein und Zeit* (1927) einen Denkweg eingeschlagen, der schließlich in das Geflecht der postmodernen ›Dekonstruktion‹ einmünden sollte. Jean-Paul Sartre ist schon kurz nach dem Erscheinen von *Das Sein und das Nichts* (1943) zu einer marxistisch begründeten Sozialphilosophie fortgeschritten.

So scheint die Existenzphilosophie kaum mehr als eine vorübergehende ketzerische Abweichung vom Hauptweg der Philosophie gewesen zu sein, initiiert von dem erklärten Nichtphilosophen Sören Kierkegaard und eine bestimmte Zeit fortgesetzt von ein paar anderen, bestenfalls lose verbundenen Einzelgängern am Rande des akademischen *mainstreams*. Dieser Anschein wird von einem Teil der Sekundärliteratur weiter verstärkt. Unter suggestiven Titeln wie dem einer »Begegnung mit dem Nichts« (H. Kuhn) oder Begriffen wie dem der »tragischen Existenz« (A. Delp) reduzieren vor allem ältere Arbeiten die Existenzphilosophie zum bloßen Ausdruck eines krisengeplagten ›Zeitgeists‹, den man dann mehr oder minder umstandslos durch die Vermittlung »neuer Geborgenheit« (O.F. Bollnow) kurieren will (vgl. Bollnow 1955, 1965, 1978; Delp 1935; Kuhn 1950).

In neueren Arbeiten beschränkt man sich demgegenüber eher auf die monographische Interpretation der einzelnen Autoren, ohne die Gemeinsamkeiten und Unterschiede zwischen ihnen eigens zu thematisieren. Dabei wird der jeweils thematische Autor zum allein maßgeblichen erhoben, während die anderen en bloc zu ›bloßen‹ Existenzphilosophen herabgesetzt werden (exemplarisch vgl. Müller 1986). Wo man sich dennoch der ganzen Bewegung zuwendet, werden die Autoren in unbestimmter Folge aneinandergereiht (vgl. Zimmermann 1996).

Im folgenden sollen nun gerade die systematische und die historische Schwierigkeit im Umgang mit der Existenzphilosophie zur Grundlage einer Einführung in ihre ›Sache des Denkens‹ werden. Dabei ist zu zeigen, warum diese beiden Schwierigkeiten sich eben nicht zufällig ergeben haben, sondern in der Sache selbst begründet sind, ja in gewissem Sinn die Sache selbst ausmachen. Zu klären ist dabei, daß man von *der* Existenzphilosophie im Sinne einer schulförmig vereinheitlichten Philosophie nicht sprechen kann, weil mit ihr mindestens die Krise, wenn nicht gar die Unmöglichkeit eines solchen Philosophierens in der Moderne offenbar wird. Aufzuzeigen ist, warum die Intention zur Überwindung der Existenzphilosophie nicht nur von außen an sie herangetragen, sondern von Anfang an auch von innen her zur wesentlichen Aufgabe wurde. Indem freigelegt wird, woran die Existenzphilosophie scheitert, wird einsichtig, warum ihre Fragestellungen noch heute die Reflexion des modernen Bewußtseins auf seine Herkunft und Zukunft beunruhigen und in Gang halten.

Eine solche Herangehensweise verlangt grundsätzlich die Aufhebung der Trennung von historischer und systematischer Bearbeitung: Ein systematischer Begriff *der* Existenzphilosophie kann nur im Verständnis ihrer Geschichte gewonnen werden.

Dieser Aufgabenstellung kommt nun aber deren formelle Abgeschlossenheit entgegen. Im Blick zurück auf den von der Mitte des vergangenen Jahrhunderts bis zur Gegenwart abgeschrittenen Weg zeigt sich nämlich, daß die einzelnen Existenzphilosophen eben nicht in der Gleichgültigkeit eines bloß zeitlichen Nacheinander, sondern in thematisch und methodisch jeweils eigenartig bestimmter Weise aneinander anschließen. So läßt sich eine Linie bilden, die von Sören Kierkegaard als dem ersten »existierenden Denker« (UNS I, S. 196) über Max Stirner zu Friedrich Nietzsche führt. Dieser schließt sich dann eine zweite Linie an, die von Karl Jaspers über Martin Heidegger zu Jean-Paul Sartre führt. Obwohl auf der ersten Linie durch Nietzsche und auf der zweiten Linie durch Sartre ein gewisser innerer Abschluß erreicht wird, zeichnet sich in den ›Kehren‹ Sartres und Heideggers eine dritte Linie ab, die sich dann freilich in einem Terrain jenseits der Existenzphilosophie verzweigt und deshalb hier auch nur in der Form eines abschließenden Ausblicks gewürdigt werden kann.

Sucht man entlang der Windungen dieser Linien die Gemeinsamkeiten und die Unterschiede zwischen den genannten Autoren näher zu fassen, so zeigt sich, daß sie vor allem aus der Haltung resultieren, die die einzelnen Denker zur überkommenen Gestalt und, wichtiger noch, zum überkommenen Selbstverständnis der Philosophie einnehmen.

Kierkegaard, Stirner und Nietzsche stimmen bei allen Differenzen darin überein, im Rückgang auf ihre eigene Subjektivität den universalistischen Geltungsanspruch traditioneller Philosophie zurückzuweisen. Konsequent erheben sie die persönliche Rede zum eigentlichen Modus des philosophischen Sprechens. Gerade in der Radikalität ihrer Vereinzelung aber gelingt ihnen die Artikulation einer Erfahrung, die nicht nur sie allein, sondern die gesamte Moderne betrifft.

In der Nachfolge der drei ersten ›existierenden Denker‹ besteht die anfängliche Gemeinsamkeit zwischen Jaspers, Heidegger und Sartre darin, gerade im Rückgang auf die Selbst- und Seinserfahrung individuellen Existierens zu einer universalen Ontologie gelangen zu wollen, die aller Philosophie als Fundamentalwissenschaft dienen

XI

soll. Dieses im Ansatz paradoxe Vorhaben scheitert, ihre umfangreichen und anspruchsvollen Hauptwerke bleiben unvollendet. Alle drei kehren schließlich zu einer Position zurück, in der die Philosophie gegen alle bloß angemaßte Universalität nur noch aus der unüberspringbaren Perspektivik geschichtlich bestimmter Existenz heraus fortgeschrieben wird. Diese Position wird von den Autoren, die je auf ihre Weise den ›Kehren‹ Heideggers und Sartres folgen, weiter vertieft: Für Herbert Marcuse, Raoul Vaneigem, Michel Foucault und Peter Sloterdijk ist eine Analytik der Existenz nur noch auf dem Weg einer »kritischen Ontologie unserer selbst« anzugehen, die sich »nicht als eine Theorie, eine Doktrin betrachtet«, sondern als »eine Haltung (...), ein Ethos, ein *philosophisches Leben*« (Foucault 1990, S. 53).

Damit aber schließen sich die einzelnen Linien der Existenzphilosophie zu einer Spirale, die sich um ein und denselben Punkt herumwindet. Sie kann deshalb als die fortdauernde Geschichte der Anstrengungen verstanden werden, ein »nachmetaphysisches Denken« (Habermas) in Gang zu bringen, das der modernen Erfahrung standhält und ihr Ausdruck verleiht. Was alle diese Anstrengungen miteinander verbindet, ist die Position, von der aus gedacht wird. Es ist dies die äußerst prekäre, weil in sich abgründige Position des philosophierenden Subjekts selbst, dem es im Philosophieren um sich selbst als um seine eigenste *Möglichkeit* geht: »Nur ein Dasein, für das das Sein ein Problem und für das die Beziehung zum Sein grundsätzlich ungewiß ist, kann einwilligen oder ablehnen, etwas Bestimmtes zu sein. (...) Die Existenz bestimmt den Menschen in der Unbestimmtheit seines Wesens. Sie bestimmt ihn nicht etwa dadurch, daß sie diese Unbestimmtheit aufhebt, sondern dadurch, daß sie sie setzt, gelten läßt, ja auf die Spitze treibt« (Abbagnano 1957, S. 30f.).

I. Der Ausgang der klassischen deutschen Philosophie und der Aufbruch der ersten ›existierenden Denker‹

1. Annäherung aus entgegengesetzter Richtung

Daß der Existenzialismus trotz seiner eben skizzierten randständigen Position im Gesamtgefüge des philosophischen Universums direkt auf das Grundanliegen der Philosophie bezogen ist, läßt sich schon seinem Titel entnehmen. Vom lateinischen *exístere* (hervortreten, zum Vorschein kommen, ins Leben treten) abgeleitet, taucht der Ausdruck *exístentia* philosophiegeschichtlich in der christlichen Scholastik des Mittelalters auf. Er bezeichnet dort das zufällige *Dasein* der in der Zeit veränderlichen Einzeldinge und steht deshalb im direkten Gegensatz zum Begriff der *esséntia,* mit dem das unveränderlich-überzeitliche *Wesen* aller Dinge gefaßt wird. Im Begriffspaar *exístentia – esséntia* formuliert die Scholastik den grundlegenden Unterschied, an dem alles Philosophieren sich entzündet: den Unterschied nämlich zwischen dem, was wesentlich, allgemein und notwendig und dem, was unwesentlich, besonders und zufällig ist.

Die erste begriffliche Ausarbeitung dieses Unterschieds bei Platon ist der Stiftungsakt aller Metaphysik; von ihm her hat die Philosophie bis hin zu Hegel ihre höchste Aufgabe darin gesehen, ›hinter‹ den wechselnden Gehalten der Erfahrung das zu entdecken, was allem Wechsel zugrundeliegt und in ihm als das Eine und Selbe sich durchhält. In der Frage nach dem Wesen versteht sich die Philosophie als ›Erste Wissenschaft‹, denn sie sucht in dieser Frage nicht etwa bloß nach dem bestimmten Grund irgendeines Seienden in seiner zufälligen Erscheinungsform, sondern nach dem ersten Grund des Seienden als eines solchen: Gesucht wird nach dem, was dieses Haus dort ein Haus und nicht einen Baum, was diesen Baum da einen Baum und nicht ein Haus sein läßt. Dieser erste Grund ist dann das Wesen ›hinter‹ der Erscheinung: das Wesen des Hauses, des Baumes, der Kunst, des Rechts, des Staates, das Wesen des Schönen und des Wahren, des Guten und des Bösen.

Schon zu Beginn der Philosophie ergab sich in der Beantwortung der Wesensfrage eine innere Abstufung. Ist das Wesen eines Seienden das, was allen seinen besonderen Erscheinungsformen zugrundeliegt, so verweist das Ganze aller Wesen selbst wieder auf ein höchstes Wesen als auf das, was seinerseits diesem Ganzen zugrundeliegt und seine Einheit verbürgt. Weil Platon zufolge die Erkenntnis der Erscheinungen der sinnlichen Anschauung entstammt, während die Erkenntnis des Wesens dem begrifflichen Denken zukommt, ist das höchste Wesen alles Seienden von Anfang an im Denken selbst gesucht worden: in der Vernunft, im Geist. Deshalb ist alle Philosophie – ungebrochen von Platon bis Hegel – Philosophie des Geistes. Entlang der Scheidung von Wesen und Dasein und von Sinnlichkeit und Begriff übersteigt die Philosophie des Geistes das sinnlich erfahrene Dasein des Besonderen auf das übersinnliche Allgemeine des Wesens hin. Im Aufstieg zum Übersinnlichen ist alle Philosophie Meta – Physik: Aufstieg zu dem, was *metá ta physiká*, ›nach der Physik‹ erst beginnt.

Dabei vollzieht die Philosophie zugleich eine ursprüngliche Wertung des Seienden im Ganzen, derzufolge das in der Erfahrung sinnlich gegebene Dasein seinem Wesen nicht nur hinsichtlich seiner Erkennbarkeit, sondern auch im Rang nachgeordnet ist. Was jeweils wirklich ist, ist immer nur und kann nie etwas anderes sein als die Verwirklichung seines Wesens. Als Verwirklichung des allgemeinen Wesens in zufälliger Besonderung ist das Dasein notwendig unvollkommen, im Übergang vom Wesen auf das Dasein kommt es folglich in jedem Fall zu einer Minderung des Seins. Der Hierarchie von Wesen und Dasein entspricht die Hierarchie von Sinnlichkeit und Begriff und von Geist und Leib. Geist und Begriff stellen gegenüber dem Leib und der Sinnlichkeit das Höhere dar. Dasselbe Verhältnis herrscht zwischen Ewigkeit und Zeitlichkeit, zwischen dem, was unvergänglich ›über‹ aller Geschichte dauert, und dem, was in die Zeit und in die Geschichte ›gefallen‹ ist. Diese Scheidungen prägen sich dann dem Gesamt der Wesen und Erscheinungen ein. Alles Seiende ist vom Niederen, Veränderlichen und Vielen zum Höchsten, Beständigen und Einfachen hin geordnet.

Weil sich im Ganzen des Seienden auch der Mensch diesem Grundriß des metaphysischen Denkens fügt, wirkt diese Wertung bis in die fernerliegenden Stellungnahmen der Philosophie zu den Fragen des menschlichen Lebens, ja sogar der individuellen Lebensführung fort. Auch dem Menschen kommt ein maßstäbliches Wesen zu, das jedem einzelnen und jeder einzelnen vorausgesetzt ist, und von ihm her ist unveränderlich, notwendig und allgemein bestimmt, was die einzelne sein soll und sein muß. Weil die Verwirklichung des Wesens im individuellen Dasein dessen Überführung in das zeitlich ausgespannte Werden des Unwesentlichen, des Vielen und des Zufälligen ist, kann sie dem Wesen selbst mehr oder weniger entsprechen, sie kann gelingen oder mißlingen, sich der Vollkommenheit des Wesens annähern oder aber weit von ihm abfallen. Hier gründet das Richteramt der Philosophie, das schon Platon dazu geführt hat, von einem Philosophenkönig zu träumen, dem die Herrschaft über den Staat übertragen wäre.

Hier entspringt zugleich das Problem, dessen fortdauernde Ungelöstheit die geschichtliche Entwicklung der Metaphysik vorangetrieben hat. Weil Wesen und Dasein unendlich voneinander getrennt sind, verteilt sich alles, was ist, auf zwei unendlich voneinander getrennte Welten: die Welt des Wesens und die des Daseins. Um den Vorrang der Welt des Wesens vor der des Daseins begründet behaupten zu können, mußte die Metaphysik klären, wie beide Welten trotz ihrer Getrenntheit so aufeinander bezogen sein können, daß überhaupt die eine den Maßstab für die andere bilden kann. Die Rolle des Mittlers zwischen den beiden Welten kam von Anfang an dem höchsten Wesen zu, dem Geist, der seit dem christlichen Mittelalter als Geist Gottes vorgestellt worden war. In der von Gott garantierten Ordnung alles Seienden ist allem Dasein durch sein jeweiliges Wesen ein fester Platz zugewiesen: Der Gott steht über dem Menschen, der Mensch steht über dem Tier, das Tier steht über der Pflanze, die Seele steht über dem Leib und das Allgemeine herrscht über alles Besondere (für eine weiterführende Erörterung vgl. Müller 1986, S. 22ff.).

Der Schock der Moderne

Mit Beginn der Neuzeit gerät das scheinbar unerschütterliche Gefüge des göttlichen *ordo* immer schneller ins Wanken, und mit diesem Umbruch verwirren sich die festgeglaubten Relationen zwischen dem Wesen und dem Dasein, zwischen *esséntia* und *exístentia*. Zwar gilt zunächst noch immer der Geist als das höchste Wesen, doch wird er nicht mehr als Geist Gottes, sondern als Geist des Menschen, als menschliche Subjektivität gefaßt. Damit kommt dem endlichen Menschen die Aufgabe zu, die Einheit von Wesen und Dasein zu stiften und zu bewahren. In der Rolle des höchsten Wesens aber erweist der Mensch sich bald schon als Fehlbesetzung: seiner Endlichkeit und damit zugleich seiner Geschichtlichkeit ausgeliefert, kann er die ihm zugewiesene Aufgabe nicht bewältigen.

Von René Descartes an wird die Philosophie immer nachhaltiger durch dieses Dilemma beunruhigt; in der ›kopernikanischen Wende‹ Immanuel Kants bricht die Krise der Metaphysik schließlich offen auf. Für Kant ist die Erfassung des Wesens im philosophischen Begriff zur Unmöglichkeit geworden, weil für ihn das begriffliche Denken in der Ordnung der sinnlichen Anschauungen seine angestammte Aufgabe und zugleich seine Grenze hat. Alle sinnliche Anschauung aber ist endlich und Anschauung des Endlichen, kein Weg führt von ihr in die Sphäre des Unbedingten. Damit aber wird das im Begriff gemeinte Wesen selbst zum Bedingten, zum Wesen nämlich, das nicht mehr Wesen-an-und-für-sich, sondern Wesen-für-den-Menschen ist. In dieser Relativität zum Menschen hin schrumpfen die einstmals unbedingten Wesenheiten zu bloßen Werkzeugen des menschlichen Erkennens und Handelns. Ihre Geltung beschränkt sich nunmehr darauf, unverzichtbare Verstandeskategorie oder unentbehrliche Vernunftidee zu sein. Da Verstand und Vernunft zugleich als Eigenschaften eines endlichen Lebewesens gedacht werden, wird das einstmals unendlich über allem endlichen Dasein angesiedelte Wesen ins Dasein selbst hineingezogen.

Der Einsatz Hegels

Ohne Zweifel ist Georg Wilhelm Friedrich Hegel der Philosoph, der dieses Dilemma als erster in seiner ganzen Schärfe erkannt hat (vgl. Habermas 1985, S. 34ff.; Gamm 1986, S. 48ff. sowie v.a. Löwith 1984 und 1988). Seine überragende Stellung wird schon daran sichtbar, daß er trotz der Anerkennung der ›kopernikanischen Wende‹ noch einmal den Versuch unternimmt, Philosophie als Wesensphilosophie zu begreifen. Weil die Erkenntnis des Wesens nun aber unausweichlich im Horizont des Lebens und der Geschichte zu suchen ist, fällt für Hegel der Begriff des Wesens mit dem Begriff der Geschichte zusammen: Wenn die Philosophie die Aufgabe hat, das Wesen auf den Begriff zu bringen, dann kommt ihr zugleich die Aufgabe zu, die Geschichte und mit ihr ihre eigene Zeit auf den Begriff zu bringen. Die Zeit zu begreifen verlangt nun aber vor allem anderen, zu begreifen, daß im gegebenen geschichtlichen Augenblick eine »neue Zeit« und mit ihr eine »neue Welt« im Anzug ist:

»Es ist übrigens nicht schwer zu sehen, daß unsere Zeit eine Zeit der Geburt und des Übergangs zu einer neuen Periode ist. Der Geist hat mit der bisherigen Welt seines Daseins und Vorstellens gebrochen und steht im Begriffe, es in die Vergangenheit hinab zu versenken, und in die Arbeit seiner Umgestaltung. (...) Der Leichtsinn wie die Langeweile, die im Bestehenden einreißen, die unbestimmte Ahnung eines Unbekannten sind Vorboten, daß etwas ganz anderes im Anzuge ist. Dies allmähliche Zerbröckeln, das die Physiognomie des Ganzen nicht veränderte, wird durch den Aufgang unterbrochen, der, ein Blitz, in einem Male das Gebilde der neuen Welt hinstellt« (WA 3, S. 18f.).

Das »allmähliche Zerbröckeln« der alten Welt beginnt Hegel zufolge mit der Reformation. Im Bruch mit der katholischen Dogmatik kündigt der Protestantismus nicht nur der Autorität der kirchlichen

Überlieferung, sondern der Autorität jeder unbedingt geltenden Überlieferung die Gefolgschaft auf. Der Selbstbehauptung der religiösen Subjektivität in der Reformation schließt sich die philosophische Aufklärung an, die ihren Höhepunkt in der Philosophie Kants findet. Mit ihr offenbart die Ablösung des Geistes von der jetzt immer schneller versinkenden alten Welt ihr bis dahin untergründig wirkendes Prinzip: »Das Prinzip der neueren Welt ist Freiheit der Subjektivität, daß alle wesentlichen Seiten, die in der geistigen Totalität vorhanden sind, zu ihrem Recht kommend, sich entwickeln« (WA 7, S. 439).

Der Leitbegriff ›Subjektivität‹ ist für Hegel wie für alle Philosophen der Neuzeit gleichbedeutend mit der Struktur des reflexiven Selbstbewußtseins: Subjektivität ist die Beziehung des erkennenden Subjekts auf sich, in der es sich auf sich selbst als auf ein Objekt der Erkenntnis zurückbeugt. Darüber hinaus jedoch schließt der Begriff des Subjekts eine Vielfalt von Bedeutungsdimensionen in sich ein. Deren wichtigste hängt am Begriff der Individualität, demzufolge alles Selbstbewußtsein immer auch das getrennte Bewußtsein vereinzelter Individuen ist. Dem Für-sich-vereinzelt-sein der Individuen entspringen die beiden anderen wesentlichen Gehalte des Subjektbegriffs. Subjektives Handeln ist seiner weitesten Möglichkeit nach selbstbestimmtes, autonomes Handeln, das als durch sich selbst bestimmtes auch ein durch sich selbst begründetes ist. Daran wiederum hängt das Grundrecht der Subjektivität schlechthin: das Recht der freien Kritik, nach dem nur das Anerkennung und Geltung verlangen kann, was sich in freier Prüfung als begründet auszuweisen vermag. Auf dieses Recht beruft sich die neuzeitliche Wissenschaft, die neben der Philosophie zur zweiten, bald schon übermächtigen Gestalt der Aufklärung avanciert.

Mit dem Sieg der französischen Revolution wird die Freiheit der Subjektivität vom Prinzip der Aufklärungsphilosophie zum verfassungsmäßig verankerten Prinzip des gesellschaftlichen Lebens und somit zur idealen Quelle jeden faktischen Rechts erhoben. Gerade im Augenblick ihrer formellen Anerkennung aber wird offenbar, daß die Loslösung aus allen traditionellen Bindungen zu einer Entzweiung der Subjektivität mit der bisherigen Ordnung ihres Lebens geführt hat. Dieser Ordnung war – metaphysisch gesprochen – das hierarchische Gefüge von Wesen und Dasein grundlegend, in dem jedem Seienden durch sein Wesen ein fester Platz im Ganzen des Daseins zugewiesen worden war. Die Entzweiung der Subjektivität von der überkommenen Ordnung ihres Daseins schließt deshalb eine radikale Entzweiung von Wesen und Dasein in sich ein. Hegel zufolge waren Reformation, Aufklärung und bürgerliche Revolution zwar machtvoll genug, um die feudalen und klerikalen Fesseln abzustreifen, die die freie Entfaltung der Subjektivität bis dahin gehindert hatten. Weil sich die bürgerliche Gesellschaft nun aber allein vom Prinzip subjektiver Freiheit her bestimmen will, erweist sie sich in der Folge als unfähig, die schroffen Gegensätze wieder aufzuheben, die sie in der Umwälzung der überkommenen Lebensverhältnisse aufreißen mußte. Die in das unvermittelte Nebeneinander dieser Gegensätze ausgebreitete Entzweiung der modernen Subjektivität von sich selbst gipfelt für Hegel in der brüsken Scheidung von Gott und Welt, von Geist und Natur, von Unendlichkeit und Endlichkeit. Sie findet ihren deutlichsten Beleg dementsprechend in der Scheidung von Glauben und Wissen, in der die Unerkennbarkeit des ewigen Wesens im geschichtlichen Dasein auf den Punkt gebracht wird. Aus dem sakralen *ordo* ins profane Diesseits ausgesetzt, haben die Subjekte keine andere Wahl, als sich nur aus sich selbst zu bestimmen. Damit aber geraten sie Hegel zufolge in ein Dilemma, das ihr aufgeklärtes Bewußtsein nicht lösen kann: Je entschiedener sie sich in ihrer Endlichkeit behaupten wollen, desto tiefer und unüberwindlicher brechen rings um sie herum Spaltungen und Entzweiungen auf. Im Versuch, allein in sich selbst Halt zu finden, versinken sie immer schneller in den Abgründen, vor die sie sich gestellt sehen. Der Trennung von Glauben und Wissen folgt die Trennung von Religion und Staat, von Moralität und Sittlichkeit, von Gesinnung und Gesetz. Alle diese Entzweiungen fallen schließlich in der Differenz von Subjektivität und Objektivität zusammen. Diese Differenz schreibt sich noch in die Subjektivität selbst ein, sofern zuletzt auch zwischen der gesellschaftlichen Rolle des einzelnen Menschen und seiner Innerlichkeit ein tiefer Spalt klafft. Ihren praktischen Ausdruck findet diese Entwicklung schon für Hegel in der konkurrenzökonomischen Organisation der bürgerlichen Gesellschaft. Hier ist jede und jeder für sich zum alleinigen Zweck allen Denkens und Handelns geworden, hier vollendet die Entfesselung der subjektiven Willkür und der selbstsüchtigen Privation aller gegen alle den endgültigen Zerfall des überkommenen gesellschaftlichen Zusammenhangs.

Indem Hegel der Philosophie die Aufgabe zuweist, ihre eigene Zeit auf den Begriff zu bringen, weist er ihr zugleich die Aufgabe zu, die Entzweiung dieser Zeit von sich selbst zu begreifen und in ihren Begriff aufzuheben. Die Aufhebung der Trennungen kann nun aber nicht einfach durch einen Machtspruch der Philosophie angeordnet werden. Sie kann vielmehr nur so erreicht werden, daß die Philosophie ihre wirkliche Vermittlung und Versöhnung vollbringt. Dies aber kann nur im begründeten Aufweis des übergreifenden Wesenszusammenhangs der in der bürgerlichen Gesellschaft entzweiten Lebensbereiche geschehen. Den abstrakten Entgegensetzungen des Aufklärungsverstandes will Hegel deshalb eine denkende Einsicht entgegensetzen, die die Verselbständigung des Getrennten wieder auflöst, indem sie zeigt, wie das abgespaltene Dasein des scheinbar Fremden nichts anderes als das verleugnete Wesen des Eigenen ist. Zu begreifen ist dann, daß das endliche Wirkliche und Diesseitige so wenig geist- und gottlos ist, wie der unendliche Geist unwirklich oder jenseitig ist. Für Hegel gehören beide im Selbstbewußtseins eines Subjekts zusammen, das die Einheit wie den Unterschied des Endlichen und des Unendlichen und damit die Einheit und den Unterschied von Wesen und Dasein in sich trägt. Dieses Selbstbewußtsein fällt weder auf die Seite der Endlichkeit, noch auf die des Unendlichen, sondern gewinnt sich selbst erst in dem weltgeschichtlichen Prozeß, in dem das scheinbar für sich Getrennte hervorgebracht und in den es wieder zurückgenommen wird.

Den Beleg für diesen Kerngedanken seiner Versöhnungsphilosophie will Hegel gerade in der offenbaren Entzweiung der modernen Welt finden. Auch hier nämlich gilt es, von den Erschütterungen an der Oberfläche der Ereignisse auf das verborgene Wesen zurückzugehen. Im Rückgang auf das Wesen erschließt sich, daß das Resultat des Geschichtsprozesses – die Freiheit der Subjektivität – von Anfang an den Einsatz bildet, von dem aus die ganze Entwicklung ihren Ausgang nimmt. Ist die subjektive Freiheit bei den Griechen und Römern noch ein Privileg der Mächtigen, so wird sie im Christentum zum Vorrecht aller. Als ›Freiheit des Christenmenschen‹ bleibt die subjektive Selbstbestimmung allerdings eine Sache religiös beschränkter Innerlichkeit, die die fortdauernde Unfreiheit des weltlichen Lebens nicht berührt. Diese Schranke der Freiheit wird in der französischen Revolution getilgt: Jetzt erst wird »das Prinzip des Christentums (...) zum Prinzip der Welt« (WA 19, S. 500). Deshalb stellt gerade das Auseinandertreten von Staat und Kirche den Beweis dafür dar, daß die Weltgeschichte im Fortschritt von der religiös gebundenen zur rational aufgeklärten Ordnung der Gesellschaft als Fortschritt im Bewußtsein der Freiheit begriffen werden kann. So verstanden vollstreckt der Säkularisierungsprozeß in der Wendung gegen die Religion deren eigenstes Erbe. Damit ist die Zusammengehörigkeit von Christentum und Aufklärung und zugleich die Notwendigkeit ihrer vorläufigen Entzweiung erwiesen: Erst nach der Entzweiung von Kirche und Staat und erst nach der Entzweiung von Glaube und Wissen kann begriffen werden,

»daß das Sittliche und Rechte im Staate auch das Göttliche und das Gebot Gottes sind und daß es dem Inhalte nach kein Höheres, Heiligeres gibt«

(WA 12, S. 502): »In der Organisation des Staates ist es, wo das Göttliche in die Wirklichkeit eingeschlagen, diese von jenem durchdrungen und das Weltliche nun an und für sich berechtigt ist, denn ihre Grundlage ist der göttliche Wille, das Gesetz des Rechts und der Freiheit« (WA 17, S. 332).

Folglich stellt die scheinbare Entzweiung des Wesens und des Daseins in ihrem Wesen die Befreiung des Bedingten zum Unbedingten und also die Versöhnung von Wesen und Dasein im Dasein dar. Selbstverständlich bezieht Hegel die im vernünftig verfaßten Staat zu begreifende Versöhnung von Weltlichkeit und Geistigkeit nicht unmittelbar auf die real existierenden Staatsgebilde seiner Zeit: Sein Staatsbegriff ist keine empirische Beschreibung, sondern eine metaphysische Konstruktion.

Die Erben Hegels

Genau darin aber liegt das Ungenügen der als Geschichts- und Staatsphilosophie durchgeführten Philosophie der Versöhnung, das die kommenden Philosophen zum Bruch mit Hegel zwingt (vgl. Löwith 1984, 1988; Stuke 1963; Mader 1975; Habermas 1985, S. 65ff. sowie Taubes 1991, S. 163ff.). In diesem Bruch werden die Grundlinien der zeitgenössischen Philosophie vorgezeichnet. Den Konturen des hegelschen Versöhnungswerks entsprechend werden dabei zwei einander jedenfalls anfänglich diametral entgegengesetzte Perspektiven eröffnet. In der Linie der Jung- und Linkshegelianer werden die Vorgaben Hegels gleichsam in sich selbst überdreht. Damit *existentia* und *esséntia* nicht nur philosophisch, sondern auch real versöhnt werden, soll nach dem Willen der Junghegelianer in der Welt verwirklicht werden, was Hegel in der metaphysischen Konstruktion der Weltgeschichte nur behauptet hatte. Wie für Hegel stellt der seit der bürgerlichen Revolution immer tiefgreifender ins Alltagsleben eingesenkte Prozeß der Vergesellschaftung auch für die Junghegelianer das Medium dar, in dem der Endzweck der Geschichte realisiert wird. Aus der Einheit von Versöhnungs- und Geschichtsphilosophie resultiert deshalb konsequent eine ›Philosophie der Tat‹, die sich in der staatlichen Organisation des gesellschaftlichen Lebens praktisch aufheben soll. Den Höhepunkt der junghegelianischen Bewegung markiert das Denken des jungen Karl Marx. Marx bestimmt in den gesellschaftlichen Kämpfen um die Organisation der Produktion die entscheidende Triebkraft des Geschichtsprozesses, und er bestimmt zugleich im Klassenbewußtsein des Proletariats das wirkliche Subjekt, das die Aufhebung des Geistes in der Welt vollenden soll.

Die zweite Linie, die im Bruch mit Hegel eröffnet wird, ist diejenige der ›existierenden Denker‹ und nach ihnen die der Existenzphilosophie. Folgte der junghegelianische Bruch mit der Metaphysik des Geistes einer radikalisierenden Überdrehung ihrer eigenen Grundannahmen, so brechen Sören Kierkegaard, Max Stirner und Friedrich Nietzsche mit Hegel, indem sie diese Grundannahmen gerade im Licht ihrer junghegelianischen Radikalisierung zurückweisen. Obwohl sich die ›existierenden Denker‹ dem sozialrevolutionären Projekt einer Aufhebung der Philosophie entgegenstellen, ist die klassische Philosophie auch für sie an ihr Ende gekommen. Deshalb suchen auch sie nach einer ›Philosophie der Tat‹, in der die wirkliche Subjektivität sich erkennen und zu sich selbst finden soll. Doch während Marx die Subjektivität der Weltgeschichte im revolutionären Proletariat zu finden glaubt, ist das wirkliche Subjekt für Kierkegaard, Stirner und Nietzsche immer nur ein konkretes Individuum. Konsequenterweise geht es in der von ihnen gesuchten ›Philosophie der Tat‹ nicht um die Realisierung des Endzwecks allen Werdens in der vernünftigen Organisation der Gesellschaft: Im praktischen Vollzug und in der theoretischen Durchsichtigkeit ihrer rigoros vereinzelten Existenz geht es Kierkegaard, Stirner und Nietzsche vielmehr darum, »Abstand (zu) halten zu den Monstren der Geschichte und den Trugbildern der Vergesellschaftung« (Sloterdijk 1986, S. 17). Wegen dieses fundamentalen Mißtrauens in die geschichtsphilosophisch beschworene Allmacht der Vernunft finden sie den Brennpunkt ihres Philosophierens im Begriff der Existenz, der seit jeher dem Unvernünftigen, wenn nicht gar dem Widervernünftigen – der Zeit, der Sinnlichkeit, dem Leib – zugewiesen war. Kierkegaard erhebt den Existenzbegriff auch ausdrücklich zum Leitbegriff seines Denkens, Stirner und Nietzsche folgen ihm in der Sache.

Der ursprüngliche Einsatz des Rückgangs auf den Existenzbegriff verdichtet sich dann allerdings in der Weise, in der er von Kierkegaard umgedeutet wird. Kierkegaard spricht Existenz im ausgezeichneten Sinn des Wortes allein dem menschlichen Dasein zu. Vom allgemeinen Titel für das zufällige Dasein der Einzeldinge avanciert der Existenzbegriff damit zum besonderen Titel für die menschliche Subjektivität. Dieser Einschränkung ist eine zweite Umdeutung gleichursprünglich. Hatte die Tradition den Dingen in der Welt die Existenz als Eigenschaft zugeschrieben, so betont Kierkegaard immer wieder, daß der Mensch Existenz nicht *hat*, sondern *ist*. Der Titel ›Existenz‹ bezeichnet also nicht einfach das bloße Vorhandensein von Menschen in der Welt und in der Geschichte, sondern die besondere Vollzugsweise des menschlichen Lebens. In dieser Subjektivierung des Existenzbegriffs zeigt sich an, daß die Existenzphilosophie aus der modernen Philosophie der Subjektivität heraus entsteht – und aus dem inneren Dilemma dieser Philosophie.

Auf dieses Dilemma verweist auch die dritte Umdeutung des Existenzbegriffs, die wiederum von Kierkegaard an für alle Existenzialismen mehr oder minder ausdrücklich kennzeichnend ist. Kam in der metaphysischen Tradition von Platon bis Hegel der *esséntia* stets der Vorrang vor der *exístentia* zu, so kehrt die Existenzphilosophie dieses Verhältnis in einen Primat der Existenz um. Die Spitze dieser Umkehrung des *Essenzialismus* der Metaphysik in den *Existenzialismus* eines nachmetaphysischen Denkens liegt dann aber in der Privilegierung des scheinbar Unwesentlichen, des Zufälligen und des Besonderen vor dem vorgeblich Wesentlichen, Notwendigen und Allgemeinen. Der Primat der Existenz vor der Essenz ist zugleich – in der Sprache der Metaphysik gesagt – der Primat des Lebens vor dem Geist, der Sinnlichkeit vor dem Begriff, der Zeitlichkeit vor der Ewigkeit.

In dieser ›Umwertung aller Werthe‹ (Nietzsche) liegt der ursprüngliche Einsatz aller Existenzphilosophie. Mit Hegel und mit den Junghegelianern gesteht sie zu, daß mit der Entzweiung von Wesen und Dasein das menschliche Existieren allein seiner Geschichtlichkeit überantwortet ist. Gegen den hegelschen und den junghegelianischen Versuch einer letzten Versöhnung von Wesen und Dasein im Prozeß der Geschichte aber kehrt sie auf die Stellung Kants zurück, in der die Orientierung des geschichtlichen Existierens an einer übergeschichtlichen *esséntia* bestenfalls eine unendliche Aufgabe geworden war. Ihren eigenen Stand jedoch gewinnt sie darin, daß sie die Überantwortung des Menschen an sich selbst rückhaltlos als Überantwortung des einzelnen Menschen an sich und seine Vereinzelung begreift. In der Auslotung der weiteren Konsequenzen dieses in sich abgründigen Standpunkts liegt die gemeinsame Aufgabenstellung, die in allen Existenzphilosophien aufgegriffen wird; in ihr sind zugleich die Unterschiede begründet, die sie voneinander trennen werden. Bevor diese Gemeinsamkeiten und Unterschiede näher bestimmt werden können, gilt es nun, genauer noch einzukreisen, wann und wie sie sich anfänglich herausbilden.

2. Aus nächster Nähe: Über den Zusammenhang von historischem Ort, gesellschaftlicher Position und philosophischem Stil

»Mit Feuerbach«, so schreibt Karl Löwith, »beginnt die Epoche eines traditionslosen Philosophierens, das – von rückwärts her betrachtet – zwar ein Verfall in begriffliche und methodische Primitivität ist, vorwärts gesehen aber der produktive Versuch: die Fragestellungen der Philosophie gemäß dem faktisch veränderten Existenzbewußtsein dieser Generation umzubilden« (Löwith 1928, S. 327). Über alle Differenzen hinweg läßt dieses traditionslose Philosophieren sich als Philosophieren nach Hegel bezeichnen – das Wort ›nach‹ hier nicht nur im quantitativen, sondern auch im qualitativen Sinn genommen.

1831 stirbt Hegel im Alter von einundsechzig Jahren an den Folgen einer Cholerainfektion, ein Jahr zuvor ist die erste Neuauflage seiner *Enzyklopädie der philosophischen Wissenschaften* erschienen. Im selben Jahr veröffentlicht Ludwig Feuerbach seine *Gedanken über Tod und Unsterblichkeit*, die Publikation führt zum Verlust der Professur in Erlangen und zwingt ihn zum Rückzug ins Privatleben. In Paris dankt Karl X. als König von Frankreich ab, mit dem ›Bürgerkönig‹ Louis Philipp beginnen die ›Goldenen Tage der Bourgeoisie‹, die bis zum Jahr 1848 andauern werden. In diesem Jahr führt die Februarrevolution zur Proklamation der Zweiten Französischen Republik, nur einen Monat später bricht in Deutschland und Österreich die Märzrevolution aus, von der die Epoche des ›Vormärz‹ ihren Namen erhält. Zum Ausbruch der Revolution publiziert der im Pariser Exil lebende Karl Marx gemeinsam mit Friedrich Engels das *Manifest der Kommunistischen Partei*; er ist knapp dreißig Jahre alt und hat vor sieben Jahren an der Universität Jena promoviert, nachdem er zuvor in Berlin die Hegelsche Philosophie studiert hat. Noch während Marx die Vorlesungen des Linkshegelianers Bruno Bauer hört, trifft aus Moskau Michail Bakunin in Berlin ein. Der Sohn eines liberalen Aristokraten war aus dem Militärdienst desertiert und hatte sich dann philosophischen Studien zugewendet. Nach der Lektüre von Hegels *Phänomenologie des Geistes* beschließt er, seine Studien an dem Ort fortzusetzen, an dem Hegel selbst gelehrt hatte. Er verkehrt in den Kreisen der Junghegelianer, lernt Engels und Stirner kennen und wird schließlich zum maßgeblichen Theoretiker des Anarchismus des 19. Jahrhunderts. Vom Jahr 1842 an reist Bakunin kreuz und quer durch Europa, zwischenzeitlich in Festungshaft nimmt er bis zu seinem Tod 1876 an fast jedem Aufstand der Epoche teil.

Ein Jahr vor der Abreise Bakunins aus Berlin bricht Sören Kierkegaard von Kopenhagen aus in die preußische Hauptstadt auf, um seinerseits Hegel zu studieren. Vom Universitätsbetrieb enttäuscht, kehrt Kierkegaard nach Kopenhagen zurück. 1843 reist er zum zweiten Mal nach Berlin, zugleich beginnt er mit der Publikation seiner Arbeiten, noch in diesem Jahr erscheinen in schneller Folge *Entweder-Oder, Die Wiederholung, Furcht und Zittern* sowie die *Vier Erbaulichen Reden*. Wieder kehrt er nach Kopenhagen zurück, um kurz darauf ein drittes und nach neuerlicher Rückkehr ein viertes Mal nach Berlin zu reisen. In kurzen Abständen veröffentlicht Kierkegaard Buch um Buch, darunter *Der Begriff Angst* und *Die Philosophischen Brocken* (1844). Den *Brocken* fügt er 1846 die *Abschließende Unwissenschaftliche Nachschrift* bei, wo er in der Figur des ›existierenden‹ oder ›subjektiven Denkers‹ das Leitbild seines Philosophierens entwirft. 1848 brechen auch in Dänemark revolutionäre Kämpfe aus, ein Jahr später veröffentlicht Kierkegaard, endgültig nach Kopenhagen zurückgekehrt, *Die Krankheit zum Tode*.

1832 schon zieht Max Stirner von Feuerbachs Wirkungsstätte Erlangen nach Berlin, wo er in den zwanziger Jahren noch bei Hegel selbst studiert. In den vierziger Jahren wird er zu einem der herausragenden Köpfe des junghegelianischen *Clubs der Freien*, auf dessen Zusammenkünften im Café Stehely und der Hippel'schen Weinstube erbittert um die radikalste Form der Kritik von Religion und Metaphysik gestritten wird. 1844 vermeldet Engels, selbst Teilnehmer der Clubversammlungen, brieflich an Marx, daß Stirner unter den *Freien* »offenbar (...) am meisten Talent, Selbstständigkeit und Fleiß« besitze (MEW Bd. 27, S.12), später erhebt er ihn sogar zum »Prophet des heutigen Anarchismus – Bakunin hat sehr viel aus ihm genommen« (ebd., Bd. 21, S. 271f.).

Im Oktober 1844 erscheint in Leipzig Stirners *Der Einzige und sein Eigentum*, wenige Tage später ordnet die sächsische Kreisdirektion Beschlagnahme und Vertriebsverbot an. Am 2. November hebt das Innenministerium diesen Beschluß mit der folgenden Einschätzung auf: »Von dem Buche sei wahrhaftig keine nachteilige Wirkung auf die Leser zu erwarten, vielmehr zeige es die beklagenswerten Resultate der Philosophie, die der Verfasser selbst anwende, und es werde auf Abscheu stoßen. Die religiös-sittliche Ansicht des Lebens könne kaum wirksamer gefördert werden als durch Bekanntmachung dieses niedrigen und beschränkten Standpunkts« (Meyer 1972, S. 421). Offenbar folgen Marx und Engels dieser Einschätzung nicht in allen Teilen: Sie widmen Stirners *Einzigem* mehr als zwei Drittel ihrer unter dem Titel *Die Deutsche Ideologie* verfaßten Austrittserklärung aus der Philosophie (vgl. MEW 3, S. 101-413).

1871 brechen die revolutionären Hoffnungen wenigstens der junghegelianischen Generation mit der blutigen Niederwerfung der Pariser Commune endgültig zusammen, mit der Erhebung des preußischen Königs Wilhelm I. zum Deutschen Kaiser beginnt die unmittelbare Vorgeschichte der Katastrophen des 20. Jahrhunderts. Ein Jahr später erscheint Friedrich Nietzsches *Geburt der Tragödie aus dem Geist der Musik*, der bald darauf der bezeichnende Untertitel »Griechentum und Pessimismus« beigefügt wird.

Der 1844 geborene Nietzsche gehört bereits der nächsten Generation an, die Tragödienschrift und mehr noch die 1874 veröffentlichte *Unzeitgemäße Betrachtung: Vom Nutzen und Nachteil der Historie für das Leben* können deshalb als erste umfassende Abrechnung mit der zuendegehenden Epoche gelesen werden. Nietzsche stirbt im ersten Jahr des 20. Jahrhunderts, der Zeit ›nach‹ Hegel folgt dann die Zeit ›nach‹ Nietzsche (für eine wissenssoziologische Aufarbeitung der junghegelianischen Bewegung vgl. Eßbach 1988).

Schul- und Weltbegriff der Philosophie

Nun beschränkt sich der auf dem Weg von Hegel zu Nietzsche immer weiter vertiefte Bruch mit der metaphysischen Tradition nicht nur auf den Inhalt der Philosophie. Er kristallisiert sich deutlicher noch in der Form der philosophischen Literatur und im einschneidend veränderten gesellschaftlichen Status des Philosophen. Von der mittelalterlichen Scholastik bis auf Hegel war Philosophie eine akademisch betriebene Wissenschaft, um die von einem exklusiven Kreis hochgebildeter Gelehrter an wenigen Universitäten gestritten wurde. Philosophische Schriften wurden noch bis zur Zeit Kants fast ausschließlich in lateinischer Sprache verfaßt, ihre mögliche Verbreitung über den Umkreis der Akademien wäre das Letzte gewesen, an das die Autoren gedacht hätten. Der Umbruch kündigt sich schließlich in der zuerst in Kants *Kritik der reinen Vernunft* gestellten Aufgabe an, den »Schulbegriff« der Philosophie mit ihrem »Weltbegriff« zusammenzubringen (ebd., S. A 837f.). Ihrem Schulbegriff nach erstrebt die Philosophie die Zusammenfassung allen Wissens im System der Erkenntnis, ihrem Weltbegriff nach sucht sie nach der Beziehung dieser Erkenntnis »auf die wesentlichen Zwecke der menschlichen Vernunft« (ebd.). Hegel will Schul- und Weltbegriff der Philosophie im universalen System allen Wissens zur Deckung bringen – auch dies gehört dem Versöhnungswerk an.

Unmittelbar nach Hegel aber verliert die Philosophie ihren Führungsanspruch an die disziplinär ausdifferenzierten Erfahrungswissenschaften, und innerhalb der Philosophie trennen sich entlang einer scharf gezogenen Bruchlinie akademisch institutionalisierte Schul- und zu ethisch-politischer Dissidenz radikalisierte Weltphilosophie. Das traditionslose Philosophieren der auf Hegel folgenden Generation ist ein Philosophieren von staatlicherseits entlassenen oder nie zu einer Anstellung gelangten, zum Teil polizeilich verfolgten und ins Exil vertriebenen, in jedem Fall aber äußerst prekär lebenden Philosophen: Nietzsches Diktum vom gefährlichen Denken in einem gefährlichen Leben hat nicht zuletzt hier seinen Grund. In dieser von der ganzen Generation geteilten Lage trennen sich dann die Wege der revolutionären Sozialphilosophen und der ›existierenden Denker‹. Marx und Bakunin richten sich an die politischen und sozialen Massenbewegungen, zu deren Sprechern sie sich machen wollen. Kierkegaard, Stirner und Nietzsche hingegen wenden sich – so die ausdrückliche Anrede im *Zarathustra* – »an alle und an keinen« und meinen dabei willentlich Vereinzelte, die an den Rändern der Gesellschaft eigene, individuelle Wege aus der Krise suchen.

Nicht anders als bei ihren sozialrevolutionären Gegenspielern resultiert diese Wahl auch aus dem Verlauf des eigenen Lebens. Kierkegaard lebt nach der endgültigen Rückkehr nach Kopenhagen als freier Schriftsteller, überwirft sich mit der Amtskirche und der bürgerlichen Öffentlichkeit und wird zum stadtbekannten Außenseiter, dem die Tagespresse mit Karikaturen nachsetzt. Er stirbt im Alter von knapp zweiundvierzig Jahren, kurz nachdem das väterliche Erbe aufgebraucht ist, aus dem er seinen Lebensunterhalt und die Kosten bestritt, die der Selbstverlag seiner Werke mit sich brachte. Stirner schlägt sich zunächst als Lehrer an einer Privatschule für höhere Töchter durch, arbeitet als Übersetzer nationalökonomischer Schriften, scheitert bei dem Versuch, mit dem Geld seiner Frau einen Milchhandel zu organisieren, gerät in Schuldarrest und stirbt schließlich, völlig verarmt, noch keine fünfzig Jahre alt. Nietzsche legt die Baseler Professur für klassische Philologie, die er mit nur fünfundzwanzig Jahren angetreten hatte, nach zehnjähriger Amtszeit nieder und zieht von da an für weitere zehn Jahre als ärmlicher lebender Gast einfacher Pensionen durch die Schweiz und durch Oberitalien. 1889 bricht er in Turin auf offener Straße zusammen und verbringt dann, schwer krank, die letzten elf Jahre seines Lebens unter der Aufsicht der ihm verhaßten Schwester.

Die Signatur der Existenz

Ohne Zweifel bildet das ungesichert geführte Leben am Rand der bürgerlichen Normalität bei allen dreien das Ferment, das ihr Philosophieren zunehmend radikalisiert. Ohne Zweifel gilt jedoch zugleich umgekehrt, daß dieses Leben auch als direkte Konsequenz ihres Philosophierens verstanden werden muß. Daß die Schrift des gelebten Lebens in jedem Fall der des Denkens einbeschrieben ist, haben alle drei immer wieder betont, diese Einsicht speist von Anfang an ihr fundamentales Mißtrauen in alle ›reine‹ Philosophie. Daß die Einschreibung der Schrift des Lebens in die des Denkens auch willentlich zur Sache des Schreibens selbst werden kann und muß – das ist der besondere Einsatz, dem sie sich verschrieben haben. Von ihm aus bestimmt sich die exzentrische Position, die sie in der Philosophie – und dann eben auch in der Gesellschaft beziehen.

Unterhalb des ausdrücklich Gesagten und auch unterhalb der gelegentlich ins Schrille umschlagenden Rhetorik realisiert sich der Einsatz ihres Lebens und Schreibens konsequent im Bruch mit der überlieferten Darstellungsform der Metaphysik und dem darin eingelassenen herrschaftlichen Geltungsanspruch des Philosophen. Dabei wandern Kierkegaard und Nietzsche gänzlich aus dem begrifflichen Universum der Philosophie in das der Dichtung und der Literatur über. Kierkegaard unterlegt seinen philosophischen Erörterungen die erzählerische Form fiktiver Briefe und Tagebucheintragungen, er entwickelt zentrale Begriffe oder Figuren seines Denkens in ironischer bzw. satirischer Weise oder in aktualisierenden Ausdeutungen der Volks- und Märchenliteratur sowie der biblischen Überlieferung. Nach dem Bruch mit der Amtskirche verlegt er sich auf die Abfassung von Flugschriften, die er 1855 in zehn aufeinanderfolgenden Ausgaben unter dem Titel *Der Augenblick* in Kopenhagen erscheinen läßt. Nietzsche wahrt in seinen Frühschriften zunächst noch die Form der gelehrten Abhandlung, bevor er ab 1876 mit dem ersten Teil von *Menschliches-Allzumenschliches* im Aphorismus die ihm angemessene Darstellungsform findet. Im schnellen, kurzen und dennoch abgründigen Text kombiniert er philosophische, historische, moralische und ästhetische Reflexionen so eng mit einer äußerst luziden Polemik, daß das jeweils Ausgesprochene nur aus diesen polemischen Bezügen heraus verstanden werden kann. Den ersten Aphorismenbüchern folgt 1883 die blasphemisch dem Neuen Testament nachgebildete Dichtung des *Zarathustra*, der in den folgenden Jahren die reifsten philosophischen Werke – *Jenseits von Gut und Böse* und *Zur Genealogie der Moral* – sowie die Lyrik der *Dionysos-Dithyramben* und die erst 1908 veröffentlichte parodistische Autobiographie *Ecce Homo* angeschlossen werden.

Die rückhaltlose Subjektivierung der Ausdrucksform wird von Kierkegaard und Nietzsche schließlich in sich noch einmal vervielfältigt. Indem er die meisten seiner Werke pseudonym erscheinen läßt, verschafft sich Kierkegaard die Möglichkeit, von der Position verschiedenster Individualitäten aus zu sprechen, ohne einen objektivierenden Abschluß und eine letztgültige Synthese vorlegen zu müssen. Nietzsche findet schließlich im Begriff des ›Perspektivismus‹ den adäquaten Titel für das Sicheinschreiben der Existenz in die Arbeit des Begriffs. »Ich bin wesentlich ein Dichter«, notiert Kierkegaard in den *Schriften über sich selbst* (S. 169), und in einem nachgelassenen Fragment der frühen achtziger Jahre resümiert Nietzsche: »Ich habe meine Schriften jederzeit mit meinem ganzen Leib und Leben geschrieben: ich weiß nicht, was ›rein geistige‹ Probleme sind« (KSA 9, S. 170).

Als ›Künstler-Philosophen‹ reduzieren beide den philosophischen Diskurs auf einen Modus der persönlichen Rede – auf die Darstellungs- und Ausdrucksform mithin, durch deren Ausschluß und Unterdrückung die Philosophie überhaupt erst zu dem wird, was sie ist bzw. sein will. Gemäß der metaphysischen Tradition muß die philosophische Rede unpersönlich und im neutralen Tonfall des ›reinen‹ begrifflichen Denkens vorgetragen werden, in dem jeder einzelne Satz aus einem grundlegenden Prinzip oder einer einheitlichen Methode abgeleitet wird. Diese Abstraktion vom philosophierenden Individuum geht von der Philosophie auf die empirischen Wissenschaften über, die gerade in der Hinwendung auf die Erfahrung immer auf das bezogen bleiben, was ausgewiesenermaßen für alle Geltung beanspruchen kann. In der Subversion der philosophisch-objektiven durch die dichterisch-subjektive Rede lösen die ›existierenden Denker‹ diese Abstraktion auf und bringen so ihre eigene Stimme und ihre besondere Handschrift zur Geltung. Dabei geht es ihnen nicht um die Ersetzung objektiver Erkenntnis durch eine bloß privatisierende Bekenntnisliteratur, die lediglich der Selbstdarstellung ihrer Verfasser dienen würde. Was im Sicheinschreiben des subjektiven Daseins in die philosophische Rede statt dessen zum Ausdruck kommen soll, erläutert Nietzsche in dem berühmten Nachlaßfragment aus den Jahren 1880/81, in dem es heißt: »Das Neue an unserer jetzigen Stellung zur Philosophie ist eine Überzeugung, die noch kein Zeitalter hatte: *daß wir die Wahrheit nicht haben.* Alle früheren Menschen ›hatten die Wahrheit‹: selbst die Skeptiker« (KSA 9, S. 52).

In der in dieser Radikalität in der Philosophie bis dahin überhaupt noch nie artikulierten Anerkennung des Nichtwissens und der Nichtverfügung über die Wahrheit ratifiziert Nietzsche die letzte Konsequenz des Auseinanderfalls von Wesen und Dasein: Ist metaphysische Wahrheit als für alle Subjekte ewig gültige Wahrheit nicht mehr verfügbar, dann rückt das bestimmte Subjekt in den Brennpunkt des Denkens, dem die Unverfügbarkeit metaphysischer

Wahrheit zur existenziellen Grunderfahrung geworden ist. Daß dann aber nicht mehr die Wahrheit als solche, sondern das unauflöslich problematische Verhältnis von Subjektivität und Wahrheit im Zentrum der Philosophie steht, das wiederum bringt Kierkegaard auf den Punkt, wenn er festhält, daß das subjektive Dasein des Philosophen in die Philosophie eindringt als das, »woran das reine Denken stranden muß, *nämlich an der Existenz*« (UNS II, S. 14f.).

Das besondere Recht der von Kierkegaard, Stirner und Nietzsche gleichermaßen existenziell wie philosophisch behaupteten Exzentrik des Daseins liegt dann aber in ihrer aus keinem metaphysischen Prinzip ableitbaren und dennoch zwingenden historischen Notwendigkeit. Sind *esséntia* und *existentia* faktisch auseinandergefallen, so fällt zugleich – im Denken nicht anders als im Leben – der Primat des Allgemeinen vor dem Individuellen. Dann kann nur noch in der Existenz selbst ausgemacht werden, was einem individuellen Subjekt wesentlich und notwendig sein kann:

»Der subjektive Denker ist nicht Wissenschaftler, er ist Künstler. *Existieren ist eine Kunst.* Der subjektive Denker ist ästhetisch genug, damit sein Leben ästhetischen Inhalt bekommt, ethisch genug, um es zu regulieren, und dialektisch genug, um es denkend zu beherrschen. Die Aufgabe des subjektiven Denkers besteht darin, sich selbst in Existenz zu verstehen. (...) Die Aufgabe des subjektiven Denkers ist, sich selbst in ein Instrument zu verwandeln, das deutlich und bestimmt das Menschliche in Existenz ausdrückt« (UNS II, S. 55 bzw. S. 60).

Inwiefern die drei ersten ›existierenden Denker‹ trotz ihrer Verwandtschaft im Einsatz und in der Sache dennoch zu unterschiedlichen Resultaten gelangt sind, wird im folgenden näher zu untersuchen sein. Der Zeit wie der Sache nach ergibt sich dabei eine Folge, die von Kierkegaard über Stirner zu Nietzsche führt.

3. Sören Kierkegaard: Von der »welthistorischen Dialektik« zur »Existenz-Dialektik«

Vor Stirner und vor Nietzsche gilt Sören Kierkegaard als Begründer der Existenzphilosophie. Dieser Vorrang rührt nicht nur daher, daß Kierkegaard der erste Denker ist, der sein Philosophieren ausdrücklich als »Existenz-Dialektik« (UNS I, S. 10) versteht. Tatsächlich geht nicht nur der Titel ›Existenzphilosophie‹, sondern auch die heutige alltagssprachliche Verwendung der Ausdrücke ›Existenz‹ bzw. ›existenziell‹ auf die Bedeutung zurück, die er ihnen verliehen hat. Erst Kierkegaard gebraucht sie zur Auszeichnung des subjektiven Daseins des einzelnen menschlichen Individuums – seither erst können in der Alltagssprache und in der Philosophie die eigentümlichen Angelegenheiten des Individuums als ›existenzielle Probleme‹ benannt werden. Freilich erschöpft sich die Leistung Kierkegaards nicht darin, den Ausdruck zur näheren Bestimmung einer Sache gefunden zu haben, die sonst eben anderswie bezeichnet worden wäre. Indem Kierkegaard den damals kaum noch verwendeten Existenzbegriff aktualisiert, um mit seiner Hilfe das unhintergehbare und unvergleichliche ›Daß‹ des individuellen Daseins auszuzeichnen, erhebt er die Unhintergehbarkeit und Unvergleichlichkeit der menschlichen Vereinzelung allererst zum ausdrücklichen Thema der Philosophie.

Selbstverständlich hat man auch vor Kierkegaard gewußt, daß menschliches Leben immer auch individuiertes Leben ist, und natürlich hat diese einfache ›Tatsache‹ in der Philosophie wie im Alltagsleben immer schon irgendwie Anerkennung erfahren. Daß aber sämtliche Probleme der Philosophie und mit ihnen zugleich die Probleme der Moral *ausdrücklich* von der einmaligen Perspektive der individuellen Existenz aus gestellt und beantwortet werden müssen, das war der Philosophie bis zur Zeit Kierkegaards undenkbar: dies erst ist die Neuerung, die er einführt.

Daß er gerade den Existenzbegriff zum Leitwort seiner Philosophie erhebt, ist in der Sache selbst begründet. Die Individualität des subjektiven Existierens konnte für die Philosophie vor Kierkegaard nicht zu einem eigens aufzuwerfenden Problem werden, weil die Bedeutung des Individuellen sich für sie immer schon aus der metaphysischen Hierarchie von *esséntia* und *exístentia* und also aus dem Vorrang der Gattung vor dem Individuum bestimmt hatte. Erst von Hegel an kann die Unhintergehbarkeit der Individualität explizit zum Problem der Philosophie werden, denn für Hegel stellt die Entzweiung von Wesen und Dasein und damit die Entzweiung des Allgemeinen und des Individuellen ein welthistorisch-allgemeines Problem dar. Kierkegaards Philosophieren entzündet sich an der Einsicht in das Ungenügen des hegelschen Lösungsvorschlags, und genau deshalb braucht er die neue, eigens auf das Problem des Individuums zugeschnittene Begrifflichkeit, die er über die Umdeutung des Existenzbegriffs entfalten konnte. Jetzt erst ist eine eigenständige, der ganzen metaphysischen Tradition entgegengesetzte Existenzphilosophie möglich geworden, jetzt erst kann die philosophische, moralische und zuletzt auch politische Brisanz freigesetzt werden, die der Formel vom ›Primat der Existenz‹ einbeschrieben ist.

18

Wie sehr die ganze Existenzphilosophie von Kierkegaard abhängig bleibt, zeigt sich in dem Ausmaß, in dem neben dem Existenzbegriff auch die anderen Leitworte seines Denkens von ihr aufgenommen worden sind. Ob von der Angst, vom Sprung, vom Augenblick, von der Wahl, von der Entscheidung, von der Wiederholung oder von der ›Krankheit zum Tode‹ die Rede ist – fast alle Schlüsselbegriffe der Hauptwerke Jaspers', Heideggers oder Sartres finden sich zuerst in den Schriften Kierkegaards. Mit seinem Vokabular sind dessen theoretische und praktische Perspektiven übernommen worden. Noch von Kierkegaard scheinbar unberührte Autoren wie Herbert Marcuse oder Michel Foucault bleiben im Einsatz ihres Denken historisch von ihm abhängig.

Der Eigensinn der Kierkegaardschen ›Existenz-Dialektik‹ besteht nun allerdings darin, nicht Philosophie, sondern – so der Titel eines seiner wichtigsten Werke – *Einübung im Christentum* (1850) sein zu wollen. Wie für Hegel gründet die Krise der Gegenwart auch für Kierkegaard im Verlust des Glaubens, auch für ihn ist ein Leben ohne den Glauben ein ›unwesentliches‹ Leben, das der Bedeutungslosigkeit der Willkür und der Begierde ausgeliefert ist und von ihr aufgezehrt wird. Deshalb kreist auch seine Dialektik um das Problem, wie der bedrohte Glauben gerettet werden kann. Daß er dann aber zum schärfsten Kritiker Hegels wird, hat seinen Grund darin, daß er gerade im Hegelschen Rettungsversuch die heftigste Attacke gegen den Glauben sieht. Hegel will die Religion bewahren, indem er die aufklärerische Trennung von Wissen und Glauben revidiert: Das im System der Philosophie zusammengeschlossene Wissen soll sich gerade in seiner Emanzipation von der Religion als Vollendung des Glaubens verstehen. Für Kierkegaard ist diese ›Rettung‹ der Religion ihre äußerste Entmächtigung: Deshalb beharrt er auf der Trennung von Glauben und Wissen, deshalb erfüllt sich für ihn die Subjektivität nicht im Wissen, sondern im Glauben.

Dabei geht es ihm nicht um die Wiederherstellung der traditionellen Vorherrschaft der Religion über die Philosophie, sondern vielmehr um ihre endgültige Trennung. Dem entspricht dann, daß das Verhältnis der Subjektivität zum Wissen und zum Glauben jeweils ein grundlegend anderes ist. Im Wissen bewegt sich das Individuum – hier stimmt Kierkegaard ganz mit der Tradition überein – im Medium des Allgemeinen: Alles, was gewußt werden kann, kann von allen gewußt werden. Im Glauben aber steht die individuelle Existenz allein für sich, indem und sofern sie allein vor Gott steht. Der Alleinstand der einzelnen in sich und vor Gott ist keine Frage des Wissens, sondern die erste Angelegenheit ihres lebendigen Daseins, Angelegenheit des Existierens im Ganzen. Dieses ist zwar immer erhellt durch ein mehr oder weniger tiefes Wissen um sich, doch es ist selbst kein Wissen und bestimmt sich auch nicht vom Wissen her.

Aus dieser Differenz entwickelt Kierkegaard dann seine nähere Bestimmung der Subjektivität. Für die Tradition bedeutete Subjektivität primär die erkennende Beziehung des Subjekts auf sich selbst, sie war Subjektivität des sich selbst erkennenden Bewußtseins. Sofern im Selbstbewußtsein Wissen und Sein zusammenfielen, war die Subjektivität mit sich selbst identisch, *Identität* ihres Seins und ihres Wissens. Im Rückgang vom Wissen zum Glauben und damit im Rückgang vom erkennenden Selbstbewußtsein in die konkrete Existenz des Individuums bestimmt sich Subjektivität für Kierkegaard nun aber durch die im vorbegrifflichen und unbegreiflichen Daß ihres Existierens aufbrechende *Differenz* von Wissen und Sein: Das Daß meines Existierens und mein Gedanke, daß ich existiere, sind nicht dasselbe und können nie dasselbe werden, zwischen beiden klafft ein unüberwindlicher Spalt.

Identität und Differenz

Den Unterschied von Wissen und Sein bestimmt Kierkegaard näherhin als Unterschied von Idealität und Realität und darin als Unterschied von Unendlichkeit und Endlichkeit. Unendlich ist die individuelle Existenz in der Offenheit für sich selbst, die ihr in der Idealität des Denkens und der Phantasie gewährt ist. Endlich ist die individuelle Existenz in der Realität ihres Daseins – hier, in diesem Leib, in dieser Sprache, an diesem Ort, zu dieser Zeit zu sein und sein zu müssen. Diese Differenzen werden dann in die Differenzen von Seele und Leib, von Möglichkeit und Notwendigkeit, von Ewigkeit und Zeitlichkeit und in die Differenz von Allgemeinheit und Individualität übertragen. Aus derem Widerspiel heraus bestimmt Kierkegaard die Subjektivität als ein freies Streben nach der Synthese der eigenen Unterschiede. Dabei resultiert aus jeder einzelnen Synthese eine besondere Bestimmung der Existenz (vgl. Zimmermann 1996, S. 26):

- in der Synthese von Idealität und Realität gewinnt die Existenz das *Bewußtsein* ihrer selbst;
- in der Synthese von Unendlichkeit und Endlichkeit liegt die *Konkretheit* des Existierens;
- in der Synthese von Seele und Leib bewährt sich die Existenz als *Geist*;
- aus der Synthese von Möglichkeit und Notwendigkeit resultiert die *Wirklichkeit* des Existierens;

– in der Synthese von Ewigkeit und Zeitlichkeit entspringt der *Augenblick* der freien existenziellen *Entscheidung*;
– in der Synthese von Allgemeinheit und Einzelheit gewinnt die Existierende ihr eigentliches *Selbst*.

Die Grundbestimmung des Existierens als eines freien Selbstseinkönnens im Streben nach der Synthese der eigenen Unterschiede erläutert Kierkegaard definitorisch in der berühmten Passage gleich zu Beginn der *Krankheit zum Tode*, in der es heißt:

»Der Mensch ist Geist. Aber was ist Geist? Geist ist das Selbst. Aber was ist das Selbst? Das Selbst ist ein Verhältnis, das sich zu sich selbst verhält, oder ist das an dem Verhältnisse, daß das Verhältnis sich zu sich selbst verhält; das Selbst ist nicht das Verhältnis, sondern daß das Verhältnis sich zu sich selbst verhält. Der Mensch ist eine Synthesis von Unendlichkeit und Endlichkeit, von Zeitlichem und Ewigem, von Freiheit und Notwendigkeit, kurz eine Synthesis. Eine Synthesis ist ein Verhältnis zwischen zweien. Auf die Art betrachtet ist der Mensch noch kein Selbst. In dem Verhältnis zwischen Zweien ist das Verhältnis das Dritte als negative Einheit, und die zwei verhalten sich zu dem Verhältnis und in dem Verhältnis zum Verhältnis; so ist z.B. unter der Bestimmung Seele das Verhältnis zwischen Seele und Leib ein Verhältnis. Verhält dagegen das Verhältnis sich zu sich selbst, so ist dies Verhältnis das positive Dritte, und dies ist das Selbst« (KzT, S. 8.).

Daß der Mensch Geist und Selbst ist, besagt also, daß er in der Weise, in der er die unterschiedlichen Momente seines Daseins zusammenhält, ein Verhältnis zu sich eingeht, in dem er sein Selbstsein erst begründet: Was und wer ich selbst bin, folgt aus der Weise, in der ich mich zu mir selbst verhalte, indem ich die Idealität und Realität meines Daseins zur Einheit meines Selbstseins vermittle. Folglich ist mein Selbst kein fester Bestand, keine feste Größe, keine unmittelbare Gegebenheit, sondern ein stets neu ein- und auszuübendes Sich-Verhalten zum eigenen Sich-Verhalten, in dem ich mir nie ein für alle Mal gegeben, sondern stets und jederzeit aufgegeben bin (vgl. Tugendhat 1989, S. 158ff.)

Die Dramatik meines Mir-selbst-aufgegeben-seins liegt nun aber darin, daß das freie Spiel der Synthesen an der grundlegenden Differenz des Denkens und des Existierens aufbricht. In dieser Differenz ist mein Existieren der Anfang, der als »Dunkel des gelebten Augenblicks« (Bloch) meinem Denken uneinholbar vorausliegt: »Der Mensch denkt und existiert, und Existenz scheidet Denken und Sein, hält sie in Sukzession auseinander« (UNS II, S. 35). In der unausgesetzten und unaussetzbaren Sukzession meines Denkens und meines Existierens wird deren Differenz immer wieder neu erzeugt, jederzeit von mir selbst geschieden bin ich ein »Zwischenwesen«, dessen Dasein ein beständiger »Zwischenzustand« ist (ebd., S. 32). Ich existiere und versuche, mein Existieren zu denken, mein Denken denkt meinem Existieren voraus oder hinterher, niemals aber fallen beide zusammen, stets ist das Existieren das, »woran das reine Denken stranden muß« (ebd., S.14).

Damit verfängt sich das Streben nach der Synthese von Denken und Sein in einem unauflöslichen Paradox. Da die Differenz von Denken und Sein beständig reproduziert wird, ist mein Denken nur dann in Übereinstimmung mit meinem Sein, wenn ich seine für mich unaufhebbare Differenz von meinem Sein anerkenne: Mein Denken trifft nur dann mein Sein, wenn es einsieht, das es dieses Sein immer schon verfehlt hat und immer weiter verfehlen wird. Anders gesagt: liegt die höchste Bestimmung meines Seins darin, in der Synthese meiner Idealität und meiner Realität zum Selbst meines eigenen Daseins zu werden, so heißt dies paradoxerweise, daß ich nur dann zum Selbst meines Daseins werden kann, wenn ich anerkenne, daß ich mich in jedem Augenblick von mir selbst unterscheide.

Aus diesem Paradox entspringt dann die schärfste Differenz in den Differenzen des Selbstseins. Wenn die Einheit des Selbst nur in der Anerkennung seines Unterschieds von sich gewonnen werden kann, fällt sie mit der Einsicht zusammen, daß sich mein Denken in meiner Existenz »in einem fremden Medium« befindet: »Das einzige An-sich, das sich nicht denken läßt, ist das Existieren, mit dem das Denken gar nichts zu tun hat« (ebd., S. 35). Im selben Augenblick muß ich realisieren, daß mein Denken nicht nur von meiner eigenen Existenz, sondern auch von der Existenz der anderen unüberwindlich geschieden ist. Dann liegt die eigentümliche Schwere des Selbstseins aber darin, »zu lernen, daß der einzelne Mensch allein steht« (ebd., S. 25).

Dieses Für-sich-allein-sein bleibt auch und gerade in der Freundschaft und der Liebe bestehen, ja es ist im Gelingen wie im Scheitern von Freundschaft und Liebe deren eigentlicher Grund. Es liegt auf der Hand, daß diese Einsicht schmerzhaft ist: Von den anderen unüberwindlich getrennt, stehe ich für mich allein in einem Sein, das ich zu sein habe, obwohl es sich meinem Denken auf immer entzieht. Es liegt zugleich auf der Hand, daß man diese Einsicht und den mit ihr verbundenen Schmerz nach Möglichkeit abwehren will.

Hier bricht dann die letzte Differenz in den Differenzen des Selbstseins auf: die zwischen dem ›wesentlichen Existieren‹, das wissentlich und willentlich »in der Differenz steht« (UNS I, S. 220), und dem ›unwesentlichen Existieren‹, in dem man der unaufhebba-

lungene Vermittlung beider Sphären sein will. Zwar übersteige ich im Bruch mit der ästhetischen Unmittelbarkeit mein reales Dasein auf mein ideales Selbst. Doch weil dieser Überstieg selbst ein realer, in Existenz vollzogener Überstieg ist, verliere ich mich nicht in der Abstraktion eines überindividuellen Vernunftwesens, sondern übereigne mir mein eigenes Dasein: »Das Ethische ergreift den Einzelnen und fordert von ihm, daß er sich allen Betrachtens enthalte, besonders der Welt und der Menschen; denn das Ethische als das Innere läßt sich überhaupt nicht von jemand, der draußen steht, betrachten, es läßt sich nur von dem einzelnen Subjekt realisieren, das damit wissen kann, was in ihm wohnt« (UNS II, S. 22).

In der Realisierung der ethischen Forderung bin ich also nicht anderswo als dort, wo ich im ästhetischen Stadium schon war; ich schließe das Ästhetische nicht aus meinem Dasein aus, sondern bin noch immer hier, in dieser Situation, mit diesen Möglichkeiten, Wünschen und Fertigkeiten, bei diesen anderen. Aber jetzt erst ist diese Situation wirklich meine Situation, sind diese Möglichkeiten, Wünsche und Fertigkeiten wirklich die meinen, jetzt erst bin wirklich ich es, der mit und bei diesen anderen ist.

Indem Kierkegaard seine Beschreibung des ethischen Existenzstadiums auf das Problem der Vermittlung des ethischen Sollens mit den ästhetischen Neigungen zuspitzt, erweist sie sich – wie vor allem Helmut Fahrenbach gezeigt hat – als »das vom ethischen Existenzverständnis her motivierte kritische ›Korrektiv‹ der idealistischen Moralphilosophie«:

»Kierkegaard hat mit seiner Problemstellung zweifellos eine ›offene Stelle‹ bei Kant und Fichte getroffen, deren Moralphilosophie von der ethischen Existenz entweder bewußt abgesetzt (so Fichte) oder nur abstrakt auf sie bezogen ist (so Kant). In diesem Umkreis hält sich Kierkegaards Kritik an der idealistischen Ethik und in ihm hat sie ihre problemgeschichtliche und sachliche Bedeutung (...); sie würde ihre kritische Funktion im Umdenken bzw. Zurückholen der ›abstrakt‹ bestimmten ethischen Idealität in die Existenzsituation erfüllen« (Fahrenbach 1968, S. 188f.).

Doch auch wenn im ethischen Augenblick die Synthese der Idealität und der Realität gelingen kann: das Spiel der Synthesen des Selbstes treibt dennoch über ihn hinaus. Im Ganzen der Existenz-Dialektik bildet die Ethik zwar das »Lebensprinzip« der Synthesen (UNS I, S. 142), zugleich aber nur eine »Durchgangssphäre« (SWL, S. 507). Sichtbar wird dies, wenn man sich das Tun der Reue näher besieht.

In der Reue bekenne ich meine Schuld und mein Schuldigsein: Ich bereue, mich bisher in meinem Sein verfehlt zu haben und nehme mein verfehltes Sein auf mich. Nun kann aber die Reue die Verfehlung nicht ungeschehen machen, im Gegenteil. Der Akt des Bereuens setzt in ein und demselben Augenblick meine Freiheit und meine Schuld, er bestätigt die Einheit meiner Idealität und meiner Realität nur unter der Voraussetzung ihrer vorgängigen Trennung. Das aber heißt: die ethische Synthese des Idealen und des Realen bleibt unabgeschlossen und unabschließbar, sie deckt eine Schuld auf, die sie nie zu begleichen vermag. Das ganze Ausmaß dieser Schuld erschließt sich, wenn man realisiert, daß das reuige Selbst nicht nur seine eigene Schuld, sondern die aller übernimmt. Dies wiederum folgt aus der ethischen Übernahme der Realität meines individuellen Daseins, in der ich zugleich mit dem Daß meines Daseins die ganze Geschichte übernehme, die diesem Dasein einbeschrieben ist. In der Geschichte habe ich teil nicht nur am Leben derjenigen, die unmittelbar mit mir sind, sondern am Leben der ganzen menschlichen Gattung. Deshalb übernehme ich mit dem Daß meines Daseins nicht nur meine Schuld, sondern die der ganzen Gattung:

»Denn allein wenn ich mich selbst als schuldig wähle, wähle ich absolut mich selbst. (...) Und wäre es des Vaters Fehl, der auf den Sohn sich vererbt hätte, der Sohn bereut ihn mit, denn allein so kann er sich selbst wählen, absolut sich selbst wählen; und sollten die Tränen ihm nahezu alles auslöschen, er verharrt dabei zu reuen, denn allein so wählt er sich selbst. (...) Siehe, daher kommt es, daß es den Menschen so schwer fällt, sich selbst zu wählen, weil hier die schlechthinnige Vereinzelung (Isolierung) mit der tiefsten Gemeinschaft (Continuität) in eins fällt« (EO II, S. 230f.).

Damit kehrt die Verzweiflung in das Leben des Individuums zurück, die es im Sprung in die Ethik überwinden wollte. Sie erscheint zuerst als die Angst, die die individuelle Existenz im Augenblick der Wahl überfällt. Sie durchdringt die ganze Existenz, sobald der einzelne die tiefste Lektion der Freiheit versteht, nach der sie Freiheit zur Übernahme einer nicht zu begleichenden Schuld und damit zugleich die Freiheit künftigen Schuldigwerdens ist. Sie erreicht ihre höchste Intensität, wenn ich erkennen muß, daß ich in meinem künftigen Schuldigwerden die Schuld aller weiter vergrößere. Mit der Einsicht in die Untilgbarkeit der Schuld aber erkenne ich, daß der Abschluß der Synthese von Idealität und Realität für mich unerreichbar ist, weil die ungetilgte Schuld ihn immer weiter aufschiebt.

Die religiöse Existenz

Wie schon im Übergang zum ethischen Stadium fällt auch im Übergang zum religiösen Stadium die Einsicht in das Scheitern der bisherigen Existenzweise mit der Eröffnung der Möglichkeit des Sprungs in die nächsthöhere Existenzweise zusammen. Dieser Sprung wird möglich, wenn dem Selbst in der Angst die Offenbarung zuteil wird, daß seine Schuld die Schuld der Sünde ist. Mit der Offenbarung der Sünde erfährt es zugleich, im Ruf des Gewissens von Gott angesprochen und zum Glauben aufgefordert zu sein. Im Glauben antwortet das Selbst auf sein Angesprochensein durch Gott. Es vernimmt, versteht und anerkennt in ein- und demselben Augenblick, daß es in der Sünde ist *und* daß ihm die Vergebung der Sünde, mithin die Vergebung der aus eigener Kraft nie zu tilgenden Schuld gewährt ist. Damit erschließt sich ihm die Dimension des Heils, die es in der Ästhetik und der Ethik vergeblich gesucht hatte: Jetzt erst ist es über alle Verzweiflung hinaus.

Auch der Glaube ist ein Verhältnis zur Realität: Im Glauben anerkennt die religiöse Existenz als ein Faktum, daß der unendliche und ewige Gott in die Zeit eingetreten und im endlichen Leben des Menschen Jesu geschichtlich geworden ist. Das Faktum der Menschwerdung Gottes ist dann aber das absolute Paradox, denn ihm zufolge *war* dieser einzelne und sterbliche Mensch Jesus Christus der unendliche und ewige Gott, er ist mithin für die ihm Gleichzeitigen zum ewigen Gott *geworden* und ist seither für alle Späteren der ewige Gott *gewesen*. Wie das Daß des Existierens selbst ist das Daß der Menschwerdung Gottes eine nicht weiter zu rationalisierende Realität, an der das Denken »stranden« muß:

»Die Antwort des Glaubens ist nicht auf eine Lehre bezogen, ob sie wahr ist oder nicht, sie ist nicht auf einen Lehrer bezogen, ob seine Lehre wahr ist oder nicht, sondern sie ist die Antwort auf die Frage nach einem Faktum: Nimmst du an, daß er wirklich dagewesen ist? (...) Der Gegenstand des Glaubens ist daher die Wirklichkeit des Gottes, Wirklichkeit im Sinne von Existenz. Aber Existieren bedeutet vor allem ein Einzelner sein, und daher kommt es, daß das Denken von der Existenz absehen muß, weil das Einzelne sich nicht denken läßt, sondern nur das Allgemeine. Der Gegenstand des Glaubens ist also der Wirklichkeit des Gottes in Existenz, d.h. als eines Einzelnen, d.h. daß der Gott als ein einzelner Mensch dagewesen ist (...) Das Christentum ist daher keine Lehre, sondern das Faktum, daß der Gott dagewesen ist« (UNS II, S. 28f.).

Die Weise, in der das Individuum dem absoluten Paradox der Existenz des Gottes entsprechen kann, ist die gläubige Anerkennung des unbegreiflichen Faktums der Menschwerdung Gottes und die Bindung an dieses Faktum. Weil dieses Faktum für das Denken unannehmbar ist und bleibt – wie kann der ewige und unendliche Gott in menschlicher Gestalt geboren, aufgewachsen, gestorben und wiederauferstanden sein? – stellt die Bindung an dieses Faktum die augenblickliche »Suspension« (KzT, S. 57) des Denkens dar. Sie realisiert deshalb erst den Vollsinn des Begriffs des Sprunges, in dem Kierkegaard den Übergang zwischen den Stadien der Existenz-Dialektik gefaßt hatte: Der Sprung ist die augenblickliche Aufgabe jedes weiteren Bedenkens und die endlich rückhaltlose Anerkennung dessen, was – *ist*.

Die Suspension des Denkens und die darin erreichte Bindung der Existenz zugleich an sich selbst und an Gott ist dem einzelnen freilich nicht aus eigener Kraft möglich: Sie setzt selbst wieder das Angerufenwerden durch Gott und damit die geschichtliche Existenz Gottes voraus, um deren Annahme oder Verwerfung es ja in der Suspension des Denkens geht. In dieser äußersten Zuspitzung der Paradoxalität der Existenz – einen Sprung vollziehen zu müssen, dessen Möglichkeit im Sprung selbst erst einsichtig wird –›klärt‹ sich dann auch der Zusatz, in dem Kierkegaard die eingangs zitierte Grundbestimmung der Subjektivität in der *Krankheit zum Tode* wie folgt ergänzt:

»Ein solches Verhältnis, das sich zu sich selbst verhält, ein Selbst, muß entweder sich selbst gesetzt haben oder durch ein anderes gesetzt sein. (...) Ein solches abgeleitetes, gesetztes Verhältnis ist das Menschen Selbst, ein Verhältnis, das sich zu sich selbst verhält und, indem es sich zu sich selbst verhält, sich zu einem Andern verhält. (...) Folgendes ist nämlich die Formel, welche den Zustand des Selbsts beschreibt, wenn die Verzweiflung ganz beseitigt ist: indem es sich zu sich selbst verhält und indem es es selbst sein will, gründet sich das Selbst durchsichtig in der Macht, welche es gesetzt hat« (KzT, S. 9f.).

Der weiteste Sprung: Die Suspension der Ethik

In *Furcht und Zittern* (1843) hat Kierkegaard dann noch aufweisen können, daß der Preis, den das Selbst für diese Selbstgründung in Gott zu zahlen hat, mit der Suspension des Denkens allein nicht beglichen ist. Das unter dem Pseudonym Johannes de Silentio publizierte Buch behandelt die Geschichte Abrahams, dem von Gott die Opferung seines Sohnes Isaak befohlen wird. Abraham anerkennt den Befehl, reitet mit seinem Sohn auf einen Berg im Land Morija und bereitet das Opfer vor. Im Augenblick, da er das Messer hebt, um seinen Sohn zu töten, befreit ihn ein Engel von der Ausführung der Tat. Der Engel erteilt Abraham den göttlichen Segen, weil er in der Bereitschaft zur Opferung des eigenen Sohnes die Unanfechtbarkeit seines Glaubens unter Beweis gestellt hat.

In der existenz-dialektischen Auslegung dieser biblischen Geschichte demonstriert Johannes de Silentio, daß der Sprung in das religiöse Stadium nicht nur mit einer Suspension des Denkens, sondern darüber hinaus noch mit einer Suspension der Ethik verbunden ist. Das Ethische – hier folgt Johannes der metaphysischen Tradition – ist das, was um seiner selbst willen zu tun ist, was für alle ohne Ausnahme und was jederzeit ohne Ausnahme gültig ist. Das Problem Abrahams besteht dann aber in dem folgenden Paradox: »Der ethische Ausdruck für das, was Abraham getan hat, ist, daß er Isaak morden wollte, der religiöse ist, daß er Isaak opfern wollte; aber in diesem Widerspruch liegt eben die Angst, die sehr wohl imstande ist, einem Menschen den Schlaf zu rauben, und doch, ohne diese Angst ist Abraham nicht, der er ist« (ebd., S. 27). Die Angst Abrahams ist zugleich die Angst Johannes' und damit die Angst derer, die ihm im Glauben folgen wollen: »Nimmt man nämlich den Glauben fort, indem man ihn zu Null und Nichts werden läßt, so bleibt nur die rohe Tatsache übrig, daß Abraham Isaak morden wollte« (ebd.).

Die Spitze im existenz-dialektischen Problem Abrahams liegt dann aber darin, daß er als der Verbrecher an der gesellschaftlichen Sittlichkeit, der er als Mörder seines Sohnes zu werden bereit ist, nicht einmal als tragischer Held verstanden werden kann. Der tragische Held scheitert am Konflikt zweier einander widerstreitender ethischer Prinzipien, er scheitert also innerhalb des Ethischen. Der Griechenkönig Agamemnon etwa opfert seine Tochter Iphigenie, um die Götter zu besänftigen, die die Flotte der Griechen am Auslaufen hindern. Er opfert seine Tochter zugunsten des Allgemeinwohls und wird folglich im Rahmen der Sittlichkeit und der Vernunft zum Verbrecher – dies macht ihn zum tragischen Helden. Abraham hingegen könnte sein Handeln weder innerhalb der Vernunft noch innerhalb der Sitte rechtfertigen, weil er beide mit seiner Tat unwiderruflich übertreten hat. Sein Handeln ist die Überschreitung des Allgemeinen als solchen: »Nicht um ein Volk zu erretten, nicht um die Idee des Staats zu behaupten, hat Abraham es getan, nicht um erzürnte Götter zu versöhnen. (...) Warum tut es Abraham? Um Gottes willen und in Eins damit um seiner selbst willen. (...) Abraham entzieht sich der Vermittlung, und das kann auch so ausgedrückt werden: er vermag nicht zu reden. Sobald ich rede, drücke ich das Allgemeine aus und wenn ich das nicht tue, kann mich niemand verstehen« (ebd., S. 63f.). Das aber heißt: in der von Abraham vollzogenen Suspension des Ethischen geht es nicht einmal um das Problem, ob es in einer einzigartigen Ausnahmesituation eine vorübergehende und nur in diesem einen Fall statthafte Außerkraftsetzung des geltenden Gesetzes geben kann. Abraham ist keine Ausnahme, sondern er existiert als einzelner in einer unaufhebbaren Differenz zum Allgemeinen, ohne jede Rechtfertigung steht er ein für alle Mal außerhalb der Gesellschaft:

»Der Glaube ist eben dies Paradox, daß der Einzelne als Einzelner höher ist denn das Allgemeine, ihm gegenüber im Recht ist, ihm nicht unter-, sondern übergeordnet ist, doch wohl zu merken dergestalt, daß eben der Einzelne, der als Einzelner dem Allgemeinen untergeordnet gewesen ist, nun durch das Allgemeine hindurch ein Einzelner wird, der als Einzelner ihm übergeordnet ist; daß der Einzelne als Einzelner in einem absoluten Verhältnis zum Absoluten steht. Dieser Standpunkt läßt sich nicht vermitteln; denn alle Vermittlung geschieht gerade in kraft des Allgemeinen; er ist und bleibt in alle Ewigkeit ein Paradox, unzugänglich dem Denken« (ebd., S. 59).

Gerade an dieser Stelle, an der Kierkegaard ohne jeden Zweifel den Punkt seiner weitesten Entfernung von Hegel und damit zugleich von der ganzen metaphysischen Tradition erreicht hat, zeigt sich untergründig, wie eng seine Existenz-Dialektik der welthistorischen Dialektik Hegels verbunden ist. Zwar ist die Dialektik der Existenz derjenigen der Weltgeschichte inkommensurabel. Dennoch fällen beide Dialektiken dasselbe Urteil über diese Geschichte: Für Hegel wie für Kierkegaard ist die Geschichte der Welt mit der Ausbildung der bürgerlichen Gesellschaft und deren Begriff im System der Philosophie an ihr Ende gekommen, und mit diesem Ende formuliert die Dialektik – diejenige Kierkegaards nicht anders als diejenige Hegels – das Resultat der Geschichte. Dieses Resultat ist für beide nichts anderes als die im Ursprung christlich begründete Freiheit der Subjektivität. Im Licht dieses Resultats erscheint Hegel die Geschichte als eine in jedem einzelnen Abschnitt gerechtfertigte und insofern unbedingte Notwendigkeit, sie ist die Bildungsgeschichte des Geistes, der sich am Ende seines Werdens im System des Wissens und im bürgerlichen Staat mit der Welt dieses Werdens versöhnt weiß.

Für Kierkegaard aber beweist das Ende der Weltgeschichte nichts anderes als ihre vollkommene Gleichgültigkeit für den einzelnen: Das Schicksal des Individuums erfüllt sich wenn überhaupt dann nur ›außerhalb‹ der Weltgeschichte, in der absoluten Innerlichkeit der Heilsgeschichte, in der es nur darum geht, daß der einzelne dem Gott in Existenz so nah als irgend möglich kommt. Das Drama der Heilsgeschichte ist im existenziellen Beispiel Abrahams so aufbewahrt, daß es gerade nicht erklärt, sondern dem einzelnen Subjekt als ein Paradox vorgegeben ist, das er von sich aus weder verstehen noch lösen, sondern nur gläubig annehmen oder ungläubig verwerfen kann.

Von diesem Paradox aus klärt sich allerdings, warum der bürgerliche Staat und seine metaphysische Rechtfertigung durch Hegel für Kierkegaard nach der berühmten Formulierung in der *Literarischen Anzeige* (1846) nichts anderes als ein »examen rigorosum der Nivellierung« sein konnten (ebd., S. 93): Wenn das ›wesentliche Existieren‹ nicht nur den Bruch mit der ästhetischen Unmittelbarkeit, sondern auch die virtuelle Überschreitung des Gesetzes zur Voraussetzung hat, dann kann es weder philosophisch noch gesellschaftlich vermittelt werden. Die Aktualität Kierkegaards liegt dann aber darin, daß sein Entwurf der freien Subjektivität als einer nicht zu vermittelnden Differenz auch außerhalb des Kontextes des christlichen Glaubens Aufnahme finden konnte und kann. Von Kierkegaard an ist ausgesprochen, daß es für das Drama der menschlichen Vereinzelung keine allgemeingültige Lösung gibt, weil dieses Drama weder im Denken noch im Gesetz, sondern allein im faktischen Für-sich-sein eines jeden und einer jeden entschieden werden kann – jenseits des Denkens und jenseits des Gesetzes. Auch deshalb wohl wollte Kierkegaard nie Philosoph im klassischen Sinn des Wortes sein, sondern hat – so der Untertitel seiner *Abschließenden Unwissenschaftlichen Nachschrift* – sein Denken und Schreiben ausdrücklich als *existenzielle Einsprache* eines einzelnen gekennzeichnet, der nur sich selbst vertritt.

4. Max Stirner: Auf dem Nullpunkt der Dialektik

»Stell' Ich auf Mich, den Einzigen, Meine Sache (...)« – fast wörtlich könnte dies einem Selbstgespräch entnommen sein, das ein kierkegaardscher Existenz-Dialektiker mit sich hätte führen können. Tatsächlich aber beginnt mit diesen Worten die blasphemische Selbstermächtigung des gott- und gesetzlosen ›Egoisten‹ Max Stirners am Schluß seines Hauptwerks *Der Einzige und sein Eigentum* (1844). Daß die Selbstermächtigung des Stirnerschen ›Einzigen‹ von der Selbstwahl des Kierkegaardschen einzelnen grundsätzlich unterschieden ist, zeigt der Fortgang des zitierten Satzes:

»Stell' Ich auf Mich, den Einzigen, Meine Sache, dann steht sie auf dem Vergänglichen, dem sterblichen Schöpfer seiner, der sich selbst verzehrt, und ich darf sagen:
Ich hab' mein' Sach' auf Nichts gestellt« (EE, S. 412).

Obwohl *Der Einzige und sein Eigentum* nur ein Jahr nach *Furcht und Zittern* erscheint, trennt beide Bücher der radikale Traditionsbruch, dessen intime Erfahrung sie bezeugen und bewältigen wollen. Trotz der Verwandtschaft im Ansatz bewegen sich die beiden ersten ›existierenden Denker‹ entlang der einander entgegengesetzten Ränder dieses Bruchs – Kierkegaard strebt im Sprung vom Ende der christlichen Überlieferung zu ihren Anfängen zurück, Stirner bricht ins Ungewisse des Neulands auf, das sich jenseits dieses Bruches abzuzeichnen beginnt:

»Daß der Einzelne für sich eine Weltgeschichte ist und an der übrigen Weltgeschichte sein Eigentum besitzt, das geht übers Christliche hinaus. Dem Christen ist die Weltgeschichte (...) die Geschichte Christi oder ›des Menschen‹, dem Egoisten hat nur seine Geschichte Wert, weil er nur sich entwickeln will, nicht die Menschheits-Idee, nicht den Plan Gottes, nicht die Absichten der Vorsehung, nicht die Freiheit u. dgl. Er sieht sich nicht für ein Werkzeug der Idee oder ein Gefäß Gottes an, er erkennt keinen Beruf an, er wähnt nicht, zur Fortentwicklung der Menschheit dazusein und sein Scherflein dazu beitragen zu müssen, sondern er lebt sich aus, unbesorgt darum, wie gut oder schlecht die Menschheit dabei fahre« (ebd., S. 411).

Die Übereinstimmung zwischen Stirner und Kierkegaard reicht immerhin so weit, daß beide im Anbruch der ›neuen Zeit‹ eine neue Antwort auf die Frage nach dem Menschen suchen. Beide wollen diese Antwort in dem leibhaftigen Selbst finden, daß jedes Individuum für sich ist und zu sein hat. War die individuelle Existenz für Kierkegaard das unvordenklich Andere, an dem das reine Denken ›stranden‹ mußte, so heißt es fast wortgleich bei Stirner: »›Ich‹, von dem Ich ausgehe, bin weder ein Gedanke, noch bestehe Ich im Denken. An Mir, dem Unnennbaren, zersplittert des Reich der Gedanken, des Denkens und des Geistes« (ebd., S. 164). Muß die Antwort auf die Frage nach dem Menschen im einzelnen gesucht werden, so gilt konsequent, daß sie auch nur durch sie oder ihn erteilt werden kann: Nur das einzelne Individuum vermag ›das Menschliche in Existenz‹ auszudrücken. Kierkegaard geht nun allerdings davon aus, daß die gesuchte Antwort trotz ihrer Unaustauschbarkeit eine einzige, allen Menschen gemeinsame Antwort sein wird: Indem »die Persönlichkeit das Absolute ist, sich selber Ziel und Zweck«, ist sie zugleich »die Einheit des Allgemeinen und des Einzelnen« (EO II, S. 282).

Diese letzte Gemeinsamkeit eines Allgemeinbegriffs *des* Menschen kündigt Stirner auf, wenn er scheinbar gleichen Sinnes erklärt, daß die Frage nach dem Menschen nur in ihm, in Max Stirner ihre Antwort finden kann. Sichtbar wird diese Differenz in der Weise, in der sie nach dem Menschen fragen. Wenn Kierkegaard den

Menschen als Geist und Selbst bestimmt, antwortet er – im Kern nicht anders als die gesamte Metaphysik – auf die Frage nach dem, *was* der Mensch sei, mithin auf die Frage nach dem Wesen des Menschen. Wenn die Beantwortung dieser Frage ihn dann auf den Primat der Existenz vor der Essenz führt, resultiert dies dialektisch aus der mit ihr erteilten Wesensbestimmung selbst, nach der die allen Menschen gemeinsame *esséntia* nur in der Innerlichkeit der individuellen *existentia* realisiert werden kann. Stirner treibt die Dialektik der Existenz dann um eine entscheidende Wendung weiter, indem er den Primat der Existenz nicht erst in die Antwort, sondern schon in die Frage einschreibt: »Das Ideal ›der Mensch‹ ist realisiert, wenn die christliche Anschauung umschlägt in den Satz: ›Ich, dieser Einzige, bin der Mensch.‹ Die Begriffsfrage: ›Was ist der Mensch?‹ – hat sich dann in die persönliche umgesetzt: ›Wer ist der Mensch?‹. Bei ›was‹ suchte man den Begriff, um ihn zu realisieren; bei ›wer‹ ist's überhaupt keine Frage mehr, sondern die Antwort im Fragenden gleich persönlich vorhanden: die Frage beantwortet sich von selbst« (EE, S. 411f.).

Mit der Umsetzung der Begriffs- und Wesensfrage »Was ist der Mensch?« in die »persönliche« Frage »Wer ist der Mensch?« ist mit einem Schlag und dennoch fast unmerklich die zweitausendjährige Herrschaft des Platonismus über die Philosophie außer Kraft gesetzt. Bekanntlich läßt Plato in vielen seiner Dialoge Sokrates über seine Gegner triumphieren, weil diese auf die Frage nach dem Wahren, Guten und Schönen mit einer beliebigen Aufzählung wahrer, guter und schöner Dinge antworten und damit ihr grundlegendes Unvermögen zum Philosophieren bekunden: Gesucht war ja das eine und ewige Wesen und nicht die prinzipiell unüberschaubare Menge seiner Erscheinungen im Einzelfall. Die späteren Philosophen haben die von Plato-Sokrates erteilte Lektion beherzigt und nahezu ausnahmslos in der Frage »Was ist...?« die eigentlich philosophische Frage gesehen. Stirner ist der erste, der nicht nur die platonische Antwort, sondern schon die platonische Fragestellung zurückweist; darin geht er über Kierkegaard wie über Marx hinaus und Nietzsche vorweg (für eine ausführliche Erörterung der von Stirner eingeleiteten ›Kehre‹ vom ›Was?‹ zum ›Wer?‹ vgl. Deleuze 1985, S. 84ff., speziell zu Stirner außerdem S. 174ff.).

Daß er schließlich zum *philosophe maudit* der Metaphysikgeschichte wurde, folgt nun allerdings daraus, daß er in derselben Ausdrücklichkeit auch die ethisch-politischen Konsequenzen dieser ›Kehre‹ ausgesprochen hat. Der Ausschluß aus dem philosophischen Universum ließ denn auch nicht lange auf sich warten. Schon für seine Zeitgenossen ist Stirner eine philosophische Unperson, ihrem

Urteil folgt selbst die preußische Zensur und bis zur Gegenwart noch die offizielle Philosophiegeschichte einschließlich der Verlagspraxis: *Der Einzige und sein Eigentum* ist warscheinlich das einzige philosophische Werk, das in sämtlichen heute erhältlichen Ausgaben mit Nachworten versehen ist, in denen es rücksichtslos verrissen wird (vgl. das Nachwort A. Meyers in der Reclam- und das von H.G. Helms in der Ausgabe des Hanser-Verlags).

Um seine Randposition schon im Titel kenntlich werden zu lassen, hat Stirner den allseits negativ besetzten Begriff des ›Egoismus‹ zum Leitbegriff seiner Philosophie erhoben. An diesem Begriff hängen denn auch die beiden grundlegenden Mißverständnisse, die der Rezeption des *Einzigen* im Wege stehen. Das erste Mißverständnis kann als philosophisches gefaßt werden; ihm zufolge überhöht Stirner den Idealismus zum offenen Solipsismus, nach dem das einzelne Subjekt sich als Grund und Erzeuger der ganzen Welt versteht. Das zweite Mißverständnis ist ein ethisch-politisches; ihm zufolge entfesselt Stirner den klassischen Liberalismus zur gewalttätigen Selbstbehauptung eines von allen Hemmungen befreiten bürgerlichen Individuums. Beide Mißverständnisse treten obendrein in vermischter Form auf; spätestens seit der Kritik Marxens und Engels' in der *Deutschen Ideologie* gilt Stirners Philosophie als ideologischer Ausdruck des niedergehenden Kleinbürgertums und seiner deklassierten Intellektuellen, mithin gleichermaßen als Einübung in den Anarchismus und als Vorform des Faschismus. Sämtliche Kritiker können sich leichthin auf den Wortlaut des Buches berufen – immerhin geht Stirner so weit, sich nach freier Willkür auch zum Mord zu berechtigen (vgl. EE, S. 208). Gerade in der Berufung auf den Buchstabensinn des *Einzigen* aber verfehlen die Kritiker – wie jetzt zu zeigen ist – den philosophischen und den ethisch-politischen Einsatz Stirners.

Warum der Einzige kein Prinzip der Philosophie ist

Offensichtlich ist dies im Fall des ersten, des philosophischen Mißverständnisses, in dessen Auflösung noch heute auf die Ausführungen zurückgegriffen werden kann, in denen Stirner selbst seinen ersten Kritikern geantwortet hat. Die philosophischen Kritiker Stirners – allen voran Ludwig Feuerbach – vermuten im Leitwort seines Denkens gut philosophisch die Setzung eines neuen metaphysischen Prinzips und damit die Behauptung eines neuen ersten Grundes für alles Seiende (vgl. Szeliga 1846; Feuerbach 1961; Heß 1961). Ohne Mühe ›entlarven‹ die Kritiker dann die Leere des Stirnerschen Prinzips, um schließlich triumphierend das Scheitern des ganzen Ableitungsgangs und damit seines Systems festzustellen. In der anonym publizierten Gegenkritik *Recensenten Stirners* wird ihnen dann aber spöttisch entgegengehalten:

»Es giebt keine Begriffsentwickelung des Einzigen, es kann kein philosophisches System aus ihm, als aus einem ›Principe‹ erbaut werden, wie aus dem Sein, dem Denken oder dem Ich; es ist vielmehr alle Begriffsentwickelung mit ihm zuende. Wer ihn als ein ›Princip‹ ansieht, der denkt ihn philosophisch oder theoretisch behandeln zu können und führt notwendigerweise nutzlose Lufthiebe gegen ihn. Sein, Denken, Ich, – sind nur unbestimmte Begriffe, welche durch andere Begriffe, d.h. durch Begriffsentwickelung, Bestimmung erhalten. Der Einzige aber ist bestimmungsloser Begriff und kann durch keine anderen Begriffe bestimmter gemacht werden oder einen ›näheren Inhalt‹ bekommen: er ist nicht das ›Princip einer Begriffsreihe‹, sondern ein als Wort oder Begriff aller Entwickelung unfähiges Wort oder Begriff« (ebd., S. 114).

Tatsächlich trifft Stirners Spott das Vorgehen der Kritiker zu Recht; zugleich ist seiner Antwort schon zu entnehmen, worum es ihm statt dessen geht. Der Begriff des Einzigen soll der Grenzbegriff sein, der das Ende der »Begriffsentwickelung« schlechthin, mithin das Ende der Metaphysik anzeigt. Grenzbegriff aber ist er, weil er als Begriff – wie von seinen Kritikern durchaus richtig erkannt – eine bloße Phrase ist:

»Der Einzige ist die aufrichtige, unleugbare, offenbare – Phrase; er ist der Schlussstein unserer Phrasenwelt, dieser Welt, in deren ›Anfang das Wort war‹. Der Einzige ist eine Aussage, von welcher mit aller Offenheit und Ehrlichkeit eingeräumt wird, dass sie – Nichts aussagt (...) So etwas ahnten die Recensenten am Einzigen. (...) Aber sie meinten, er machte wieder darauf Anspruch, eine heilige, erhabene Phrase zu sein, und bestritten ihm diesen Anspruch. Er soll jedoch nichts, als die gemeine Phrase sein, nur dass er eben dadurch das wirklich ist, was die hochtrabenden Phrasen der Gegner nicht zu sein vermögen, und dass er so die Phrasenmacherei zu Schanden macht« (ebd., 115f.).

Weit davon entfernt, auf die Position eines subjektiven Idealisten zurückzufallen, der dem Einzelsubjekt die Qualitäten zuschreibt, die die Metaphysik Gott zugeschrieben hat, gründet Stirner seine Kritik des Idealismus gerade auf den Nachweis, daß die Folge der einzelnen Idealisten aufeinander der Folge der Begriffe entspricht, die den Namen und die Position Gottes ersetzen sollten. Konkret durchgeführt hat Stirner sein Vorhaben in der Auseinandersetzung mit Ludwig Feuerbach. Als erster erklärtermaßen atheistischer Philosoph hatte sich Feuerbach die vollständige Kritik der Religion zum Ziel gesetzt und dieses Ziel in der Reduktion der Theologie zur Anthropologie erreichen wollen. Indem die Anthropologie den Nachweis führen würde, daß der Mensch im Bild Gottes unbewußt ein Bild seiner selbst geschaffen hat, sollte er in den Prädikaten Gottes seine eigenen, ihm bisher entfremdeten Wesenskräfte erkennen und sich wieder aneignen. Stirner zufolge verstricken sich die Individuen in der Aneignung der Prädikate Gottes nun aber umso aussichtsloser in ihre Unterwerfung unter die religiöse Fremdbestimmung, als sie ausgerechnet in ihr ihr eigenstes Wesen anerkennen sollen: »Den Gott aus seinem Himmel zu vertreiben und der ›Transzendenz‹ zu berauben, das kann noch keinen Anspruch auf vollkommene Besiegung begründen, wenn er dabei nur in die Menschenbrust gejagt, und mit unvertilgbarer Immanenz beschenkt wird. Nun heißt es: Das Göttliche ist das wahrhaft Menschliche!« (EE, S. 51f.).

Konsequent weist Stirner seinerseits jede Zuschreibung eines Wesensprädikats und mithin die metaphysische Grundoperation selbst zurück, gleichgültig, ob sie idealistisch in der theoretischen Vernunft oder materialistisch in der praktischen Sinnlichkeit des Menschen besteht. Die durchgeführte Kritik der Religion besteht deshalb nicht in einer ›wahren‹ Bestimmung des menschlichen Wesens, sondern in der Destruktion der Hierarchie von Existenz und Essenz selbst: »Der Zauberkreis der Christlichkeit wäre gebrochen, wenn die Spannung zwischen Existenz und Beruf, d.h. zwischen Mir, wie Ich bin, und Mir, wie Ich sein soll, aufhört; er besteht nur als die Sehnsucht der Idee nach ihrer Leiblichkeit und verschwindet mit der nachlassenden Trennung beider« (ebd., S. 410).

Nun haben Karl Marx und Friedrich Engels, die schärfsten Kritikers Stirners, dem *Einzigen* nicht einfach nur vorgeworfen, eine solipsistische Metaphysik zu betreiben (vgl. MEW 3, S. 101-413; zum Verhältnis von Stirner und Marx vgl. Arvon 1951, Fetscher 1952 und v.a. Eßbach 1982). Für Marx und Engels liegt der unüberwundene Idealismus Stirners darin, daß er die Befreiung des Menschen auf die bloße Zurückweisung der metaphysischen Wesensbestimmungen durch das Individuum, mithin auf einen Akt bloß theoretischer Kritik beschränke. Indem der Befreiungsprozeß auf die Kritik von Religion, Metaphysik und Moral reduziert werde, unterstelle Stirner, daß die materiell-gesellschaftlichen Existenzbedingungen der wirklichen Individuen durch eine bloße »Revolution der Denkungsart« (Kant) verändert werden könnten. Die Selbstbefreiung des Egoisten sei rein fiktiv; die nachmetaphysische Einsicht in die ursprüngliche Berufs- und Gesetzlosigkeit des Individuums hindere nicht, daß es nach wie vor den Zwängen seines durchaus handfesten Berufslebens und der jeweils geltenden Gesetze unterworfen sei.

Tatsächlich können sich Marx und Engels auf eine Vielzahl von Stellen berufen, in denen Stirner leichthin den Eindruck erweckt, als ob seine Religions- und Metaphysikkritik allein schon ausreiche, dem Individuum die freie Verfügung über sein Dasein zurückzugeben: »Verdaue die Hostie«, so heißt es einmal, »und Du bist sie los!« (ebd., S. 106). Ebenso leichthin jedoch kann gezeigt werden, daß ihre Kritik trotz ihres ferneren Rechts den Punkt verfehlt, um den es Stirner zu tun ist. Ebenfalls zu Recht nämlich verweist Stirner darauf, daß die wirklichen Menschen sich niemals blank in sie bedingenden objektiven Verhältnissen bewegen, sondern daß sie aus eigensinnig sich entfaltenden moralischen Deutungen dieser Verhältnisse heraus handeln. Deshalb insistiert er darauf, daß die Handlungsmächtigkeit eines Individuums entscheidend davon abhängt, welches Eigenrecht es sich in seiner besonderen ›Eigenheit‹ zuerkennt: Wer seine ihm auferlegte Bestimmung von sich aus anerkennt, wird den daraus erwachsenden Pflichten auch dann kaum zuwiderhandeln, wenn die Pflichterfüllung die Aufopferung, ja sogar die Verleugnung seiner Selbst- und Eigenheit voraussetzt! In Vorwegnahme von Erkenntnissen, die erst von Nietzsche, Freud und Weber an geläufig werden, legt Stirner in der vom Protestantismus bewirkten Verinnerlichung des Gewissens das mächtigste Instrument gesellschaftlicher Herrschaft frei:

»Dadurch, daß im Protestantismus der Glaube ein innerlicherer wurde, ist auch die Knechtschaft eine innerlichere geworden. (...) Der Protestantismus hat den Menschen recht eigentlich zu einem ›Geheimen-Polizei-Staat‹ gemacht. Der Spion und Laurer ›Gewissen‹ überwacht jede Regung des Geistes, und alles Tun und Denken ist ihm eine ›Gewissenssache‹, d.h. eine Polizeisache. In dieser Zerrissenheit des Menschen in ›Naturtrieb‹ und ›Gewissen‹ (innerer Pöbel und innere Polizei) besteht der Protestant« (ebd., S. 96).

Umgekehrt gilt dann aber, und darauf genau kommt es Stirner an: Wer in der rigorosen Auflösung aller ›Phrasen‹ aus dem moralischen Herrschaftsgefüge ausschert, bleibt zwar nach wie vor der übermächtigen Gewalt der Gesellschaft ausgeliefert, genießt jedoch jene nie zu unterschätzende »Freiheit im Hinblick auf die allgemein anerkannten Gebote« (Camus 1959, S. 53), die ihn lehrt, zuerst auf sich selbst zu bestehen. »Es wäre töricht zu behaupten, es gäbe keine Macht über der meinigen. Nur die Stellung, welche Ich Mir zu derselben gebe, wird eine durchaus andere sein, als sie im religiösen Zeitalter war: Ich werde der Feind jeder höheren Macht sein, während die Religion lehrt, sie Uns zur Freundin zu machen und demütig gegen sie zu sein« (EE, S. 202). So gesehen gilt dann doch: »Verdaue die Hostie, und Du bist sie los!« (ebd., S. 106).

Nicht zufällig läßt sich Stirners Position gerade im Vergleich zu Kierkegaard weiter verdeutlichen. Bei Kierkegaard zielt die Erschütterung der traditionellen Unterordnung von Gattung und einzelnem trotz allem auf eine positive Aufhebung des Problems: Das radikal vereinzelte Individuum – Abraham – verwirklicht auf radikale Weise die höchste Bestimmung aller Menschen – selbst dann, wenn Abraham sich niemandem mitteilen kann. Demgegenüber zielt die Subversion des Verhältnisses von Gattung und Individuum bei Stirner auf dessen negative Auflösung in einer nur noch selbstbezüglichen Erfüllung der individuellen Existenz:

»Allein die Gattung ist nichts, und wenn der Einzelne sich über die Schranken seiner Individualität erhebt, so ist dies vielmehr gerade Er selbst als Einzelner, er ist nur, indem er sich erhebt, er ist nur, indem er nicht bleibt, was er ist: sonst wäre er fertig, tot. Der Mensch ist nur ein Ideal, die Gattung nur ein Gedachtes. Ein Mensch sein, heißt nicht, das Ideal des Menschen erfüllen, sondern sich, den Einzelnen darstellen. Nicht, wie Ich das allgemein Menschliche realisiere, braucht meine Aufgabe zu sein, sondern wie Ich Mir selbst genüge. Ich bin Meine Gattung, bin ohne Norm, Muster, Gesetz u. dgl.« (ebd., S. 200).

Warum der Einzige kein kleinbürgerlicher Individualist ist

Nun scheint allerdings die Auflösung des philosophischen Mißverständnisses des *Einzigen* das ethisch-politische Mißverständnis seiner Philosophie zu bestätigen. Kurz gesagt, reduziert Stirner diesem Mißverständnis zufolge das menschlichen Subjekt auf seinen »kopf- und herzlosen Rumpf«: »Die ›Konsequenz‹ des ›Einzigen‹, rationell ausgedrückt, ist der kategorische Imperativ: Werdet Tiere!« (Heß 1961, S. 386 bzw. 389f.). So verstanden zielte der Buchtitel *Der Einzige und sein Eigentum* wortwörtlich auf die Entfesselung des bürgerlichen Besitzliberalismus zur unumschränkten Selbstbehauptung des individuellen Privateigentümers im Krieg aller gegen alle. Dem eben schon zitierten Moses Heß zufolge kritisiert Stirner an der kapitalistischen Konkurrenz lediglich, daß sie »kein unmittelbarer Raubmord ist« (ebd.).

In der Auflösung dieses Mißverständnisses kommt es zunächst einmal darauf an, genau hinzusehen, aus welcher – besser: aus *wessen* Perspektive Stirner spricht. Auch hier kann der Vergleich mit Kierkegaard einen ersten Anhalt geben. Kierkegaard sieht in der Selbstwahl einen Akt der Selbsterhebung, mit dem auch eine Rangdifferenz des ethischen Individuums vor der ›Menge‹ zum Ausdruck gebracht wird; durchaus nicht zufällig liegt hier auch ein Grund für die konservativen oder gar reaktionären politischen Optionen, die sich bei Kierkegaard, aber auch bei anderen Existenzphilosophen finden. Gerade diese ›Theoriepolitik‹ aber fehlt bei Stirner vollständig. Im auffallenden Unterschied zum Gestus des ›Großen Einzelnen‹ nimmt Stirner die Stigmatisierung des eigensüchtigen Egoisten, ja des lumpenhaften Asozialen bereitwillig auf sich und macht sich in einer in der Philosophiegeschichte tatsächlich einzigartigen Weise mit den von den herrschenden Besitzbürgern wie von den hochherzigen Humanisten verworfenen ›niederen Elementen‹ der Gesellschaft gemein. Ausdrücklich vermerkt er die Analogie zwischen der niederen Position der Plebejer im gesellschaftlichen Machtgefüge und seiner Position im Gefüge der philosophischen Theorien:

»Das Bürgertum bekennt sich zu einer Moral, welche aufs engste mit seinem Wesen zusammenhängt. Ihre erste Forderung geht darauf hin, daß man ein solides Geschäft, ein ehrliches Gewerbe betreibe, einen moralischen Wandel führe. (...) Man könnte alle, welche dem Bürger verdächtig, feindlich und gefährlich erscheinen, unter dem Namen ›Vagabunden‹ zusammenfassen; ihm mißfällt jede vagabundierende Lebensart. *Denn es gibt auch geistige Vagabunden*, denen der angestammte Wohnsitz ihrer Väter zu eng und drückend vorkommt, als daß sie ferner mit dem beschränkten Raume sich begnügen möchten: statt sich in den Schranken einer gemäßigten Denkungsart zu halten und für unantastbare Wahrheit zu nehmen, was Tausenden Trost und Beruhigung gewährt, überspringen sie alle Grenzen des Althergebrachten und extravagieren mit ihrer frechen Kritik und ungezähmten Zweifelsucht, diese extravaganten Vagabunden. Sie bilden die Klasse der Unsteten, Ruhelosen, Veränderlichen, d.h. der Proletarier, und heißen, wenn sie ihr unseßhaftes Wesen laut werden lassen, ›unruhige Köpfe‹« (EE, S. 123).

Der Parteinahme für die antibürgerliche Vagabondage entspricht, daß *Der Einzige* durchgängig in einem polemischem Stil verfaßt ist, in dem die Kritik der Metaphysik erklärtermaßen aus der Perspektive der Opfer der zivilisatorischen Bildungsgeschichte erfolgt. Spätere Einsichten der *Genealogie der Moral* und der *Dialektik der Aufklärung* vorwegnehmend, verweist Stirner nachdrücklich auf das Leiden, das aus dem Rationalisierungs- und Moralisierungsprozeß der Geschichte resultiert. Wie Nietzsche, Adorno und Foucault erinnert er, daß die Menschen den Preis der Vergeistigung im eigenen Leib zu entrichten haben. Hellsichtig deckt er den inneren Zusammenhang auf, der die ›höhere‹ Idealität der platonischen Metaphysik, der christlichen Religion und der humanistischen Moral mit dem gewaltsamen Ausschluß des »Unmenschlichen« aus der verallgemeinerten Menschlichkeit verbindet:

»Gehe die Toleranz eines Staates noch so weit, gegen einen Unmenschen und gegen das Unmenschliche hört sie auf (...) Obgleich aber jeder Unmensch ein Mensch ist, so schließt ihn doch der Staat aus, d.h. er sperrt ihn ein, oder verwandelt ihn aus einem Staatsgenossen in einen Gefängnisgenossen (Irrenhaus- oder Krankenhausgenossen nach dem Kommunismus). Mit dürren Worten zu sagen, was ein Unmensch sei, fällt nicht eben schwer (...) Dürfte man wohl dies Urteil, daß einer ein Mensch sein könne, ohne Mensch zu sein, aussprechen, wenn man nicht die Hypothese gelten ließe, daß der Begriff des Menschen von der Existenz, das Wesen von der Erscheinung getrennt sein könne? Man sagt: der *erscheint* zwar als Mensch, *ist* aber kein Mensch. Dies ›widersinnige Urteil‹ haben die Menschen eine lange Reihe von Jahrhunderten hindurch gefällt! Ja, was noch mehr ist, in dieser langen Zeit gab es nur – Unmenschen. Welcher Einzelne hätte seinem Begriff entsprochen?« (ebd., S. 194).

Die Verteidigung des namenlosen »Unmenschen« muß aus ihrem Aktualitätsbezug heraus verstanden werden. Immer wieder verweist Stirner auf den erstmals in der Französischen Revolution hervorgetretenen Zusammenhang zwischen humanistischer Utopie und rationaler Schreckensherrschaft; durchaus nicht zufällig spitzt er seine Metaphysikkritik auf eine entschiedene Kritik sowohl der großdeutschen Einigungsbestrebungen wie der verschiedenen frühkommunistischen Theoreme zu. Deren besondere Gefährlichkeit erkennt er in der gegenseitigen Aufladung des säkularen Kultus *des* Menschen mit dem des Volkes, des Staates und der Arbeit. Ist die Predigt der Selbstaufopferung – ›Du bist nichts, dein Volk ist alles!‹ – der kleinste gemeinsame Nenner, der alle autoritären Herrschaftsformen untereinander verbindet und ihr religiöses Moment ausmacht, so beginnt die Selbstverteidigung der einzelnen mit der Subversion des Primats des Allgemeinen. Konsequenterweise setzt Stirner der Revolutionseuphorie der Junghegelianer und ihrer Utopie einer perfekten Gesellschaft die Aufforderung zur illegitimen »Empörung« gegen jede Form staatlicher Herrschaft entgegen:

»Revolution und Empörung dürfen nicht für gleichbedeutend angesehen werden. Jene besteht in einer Umwälzung der Zustände, des bestehenden Zustands oder status, des Staats oder der Gesellschaft, ist mithin eine politische oder soziale Tat; diese hat zwar eine Umwandlung der Zustände zur unvermeidlichen Folge, geht aber nicht von ihr, sondern von der Unzufriedenheit des Menschen mit sich aus, ist nicht eine Schilderhebung, sondern eine Erhebung des Einzelnen, ein Emporkommen, ohne Rücksicht auf die Einrichtungen, welche daraus sprießen. Die Revolution zielt auf neue Einrichtungen, die Empörung führt dahin, Uns nicht mehr einrichten zu lassen und setzt auf ›Institutionen‹ keine glänzende Hoffnung. (...) Einrichtungen zu machen gebietet die Revolution, sich auf- oder emporzurichten heischt die Empörung. Welche Verfassung zu wählen sei, diese Frage beschäftigt die revolutionären Köpfe, (...) verfassungslos zu werden, bestrebt sich der Empörer« (ebd., S. 354f.).

An dieser Stelle wird zugleich einsichtig, daß der Einzige und sein Eigentum nicht mit dem bürgerlichen Individuum und seinem Privatbesitz verwechselt werden darf. Der Stirnersche Eigentumsbegriff meint nicht die gegenständliche Habe einer Privatperson, sondern die unaustauschbare *Eigentümlichkeit* der individuellen Existenz und also die irreduzible »Eigenheit und Selbstangehörigkeit Meiner« (ebd., S. 238), für die tatsächlich je nur ich selbst Sorge tragen kann.

Seiner ethisch-politischen Intention nach kann dieser Eigentumsbegriff anhand des Unterschieds von Autonomie und Souveränität verdeutlicht werden, den Georges Bataille in dem 1956 publizierten Essay *Die Souveränität* ausgearbeitet hat. In diesem Essay entwickelt Bataille seine Vorstellung eines »authentisch souveränen Wesens« (ebd., S. 47) wie Stirner in ausdrücklicher Abgrenzung zum Autonomiebegriff der bürgerlich-idealistischen Tradition. Diesem gemäß betrachtet man beispielsweise einen Buchhalter, der seinen Beruf in freier Wahl angenommen hat, als autonom, d.h. als ein Individuum, das sich frei durch sich selbst bestimmt hat: »Die Entscheidung des Buchhalters war an dem Tag autonom, an dem er seine Arbeit akzeptierte. Er ist daher ein freies Wesen, aber er ist kein souveränes Wesen. Allein der, dessen Wahl im Augenblick nur vom Gutdünken abhängt, ist souverän« (ebd.).

Zielt Autonomie auf die verantwortliche Bindung des Subjekts an sein selbstgegebenes Gesetz, so kommt Souveränität im Sinne Batailles allein dem Subjekt zu, das alles verwirft, was seine freie Spontaneität einschränken könnte. Wie Stirners Begriff des Eigentums ist Batailles Begriff der Souveränität folglich ein Grenzbegriff, der weniger auf seine positive Erfüllung als vielmehr auf die immer nur annähernd und vorübergehend zu verwirklichende Möglichkeit eines anarchischen Daseins der Subjektivität verweist – eine Möglichkeit, die paradoxerweise »immer jenseits des Möglichen sich befindet und der gegebenen Souveränität in dem Maß Sinn verleiht, in dem sie sich ihr nähert« (ebd., S. 48).

Dennoch ist schon im unmittelbaren Alltagsleben spürbar, in welcher Richtung sie zu realisieren wäre: Jedes Individuum hat stets und überall die Wahl zwischen dem sich darbietenden Augenblick und fernerliegenden Zielen des Lebens. Man kann ausruhen oder sich bewegen, man kann essen und trinken oder sich enthalten, man kann die geltenden Regeln und Gesetze befolgen oder sie verwerfen und sich über sie hinwegsetzen, man kann spielen oder einer nützlichen Beschäftigung nachgehen. Die Hingabe an den Augenblick ist Selbstzweck und insofern irreduzibles Eigentum souveräner Subjektivität, das auf die Verwirklichung fernerer Ziele ausgerichtete strategische Verhalten hingegen ist im besten Fall autonom bestimmt:

»Es handelt sich im ersten Fall um mein Recht auf Leben, um meinen Zweck; und im zweiten Fall um die Mittel, die ich im Dienste dieses Lebens, dieses Zweckes einsetze. Die Moral führt in der Regel auf den zweiten Weg. Aber wenn sie die Befriedigung auch hinausschiebt, es kommt der Augenblick, in der man der geforderten Anstrengung eine Belohnung schuldet« (ebd.).

Wer der Einzige wirklich ist

Die Differenz zwischen der klassischen Ethik der Autonomie und Stirners Ethik der souveränen ›Eigenheit und Selbstangehörigkeit Meiner‹ gründet in dem jeweils unterschiedlichen Begriff des Subjekts, das dabei zu sich selbst ermächtigt werden soll. Der auf Kant zurückgehenden und noch von Kierkegaard anerkannten Konzeption des Ethischen zufolge realisiert die subjektive Autonomie die Idealität des Subjekts, d.h. sein Vermögen, sich von seiner unmittelbaren Endlichkeit zu lösen, um sich zum idealen Sein eines ›Vernunftwesens überhaupt‹ zu erheben. In dieser Berufung auf die innere Unendlichkeit des autonomen Subjekts bekundet sich der christliche Ursprung der neuzeitlichen Autonomieethik. Demgegenüber geht es in der antichristlichen Ethik der ›Eigenheit und Selbstangehörigkeit‹ nicht darum, sich von seiner Endlichkeit zu lösen, sondern darum, ein ausdrückliches Verhältnis zu sich als zu einem endlichen, nur noch seinem Leben und Sterben überantworteten Subjekt einzugehen. In definitorischer Strenge reflektiert Stirner diesen Unterschied im Subjektivitätsbegriff an einer Stelle, an der er sich vorab gegen seine Zuordnung zur subjektiv-idealistischen Tradition verwahrt:

»Wenn Fichte sagt: ›Das Ich ist Alles‹, so scheint dies mit meinen Aufstellungen vollkommen zu harmonieren. Allein nicht das Ich *ist* Alles, sondern das Ich *zerstört* Alles, und nur *das sich selbst auflösende Ich*, das nie seiende Ich, das – *endliche* Ich ist wirklich Ich. Fichte spricht vom ›absoluten‹ Ich, Ich aber spreche von Mir, dem vergänglichen Ich« (EE, S. 199).

Auch hier kann Stirners Position in Abhebung von der Kierkegaards verdeutlicht werden. Von Kierkegaard her gesehen entspräche Stirners Verwerfung jeder ethischen oder religiösen Transzendenz der Endlichkeit dem ästhetischen Stadium der Dialektik der Existenz. Indem der Egoist sich rückhaltlos der Vergänglichkeit seines Daseins ausliefert, weicht er der Aufgabe der Selbstwerdung aus, die Kierkegaard zufolge zunächst die ethische und schließlich die religiöse Transzendenz des Daseins zur Voraussetzung hat. Stirner würde nun allerdings umgekehrt im Sprung in das ethische bzw. das religiöse

Stadium des Existierens den Verzicht des Selbst auf sich erkennen, den Kierkegaard dem Ästhetiker zuschreibt. Das scheinbare Paradox löst sich auf, wenn man sieht, wie der gegenseitig unterstellte Selbstverzicht jeweils anders motiviert ist. Kierkegaard zufolge verzichtet der Ästhetiker auf sein ideales Selbst, um sich in der bloßen Realität seines Daseins einzuhausen; er weicht so der Aufgabe aus, Realität und Idealität seines Daseins miteinander zu vermitteln. Stirner zufolge aber überspringen sowohl die ethische wie die religiöse Existenz die tatsächliche Unaufhebbarkeit der Endlichkeit: der Tod ist das Faktum des vergänglichen Daseins, das nicht vermittelt werden kann, weil alle Idealität an ihm ›strandet‹ und ›zersplittert‹.

Konsequenterweise erkennt Stirner sowohl auf dem Grund der christlichen Religiosität wie auf dem Grund der ihr folgenden idealistischen Moralphilosophie den Versuch, das Bewußtsein von der nicht zu idealisierenden Sterblichkeit des individuellen Subjekts zu tilgen. So erlaube es die »konservative Tendenz« des Christentums nicht, »anders an den Tod zu denken, als mit der Absicht, ihm seinen Stachel zu nehmen und – hübsch fortzuleben und sich zu erhalten« (ebd., S. 361f.), während der Kern der humanistischen Berufung auf *den* Menschen auf die tröstliche Versicherung hinauslaufe: »Der Mensch stirbt nicht!« (ebd., S. 410).

Der rückhaltlose Welt- und Selbstgenuß des Einzigen ist dann aber gerade kein Sicheinhausen in ein unmittelbares Geradehinleben im Sinne des Kierkegaardschen Ästhetikers: »Selbsteigner oder Selbstangehöriger« (ebd., S. 187) bin ich ja nur in dem Maße, als ich mich willentlich der Bewegung der Vergänglichkeit hingebe, die mich über alles Gegebene hinaus- und so auch von meinem unmittelbaren Dasein fortträgt. Nur führt diese letzte Form der Transzendenz der Unmittelbarkeit auf kein ›höheres Wesen‹ mehr – ihr Grund und ihr Ziel ist das ›schöpferische Nichts‹ der Vergänglichkeit, in der Leben und Tod ineinander übergehen. So muß Stirners Affirmation einer rein ästhetischen Verausgabung des Daseins nicht als Vorstufe, sondern als Überdrehung der Kierkegaardschen Existenz-Dialektik verstanden werden. Der Egoist ist dann gleichsam ein Ästhetiker zweiten Grades, der ›nach‹ dem Durchgang durch das ethische und das religiöse Stadium der Existenz in ausdrücklicher Selbstwahl auf das ästhetische Stadium zurückkehrt. Eine solche Position konnte Kierkegaard nicht konzipieren, weil das Drama der Existenz für ihn das Drama der christlichen Existenz war.

Indem Stirner die Eigenmacht des Einzigen auf die unverstellte Anerkennung der Vergänglichkeit gründet, bindet er seine Dialektik der Existenz in einem wesentlichen Punkt wieder an diejenige Hegels zurück. In der *Phänomenologie des Geistes* hatte Hegel gezeigt, wie die Selbständigkeit des Selbstbewußtseins anfänglich nur in einem Kampf um Leben und Tod und mithin nur in ausdrücklicher Todesbereitschaft zu gewinnen war: »Es ist allein das Daransetzen des Lebens, wodurch die Freiheit, wodurch es bewährt wird, daß dem Selbstbewußtsein nicht das Sein, nicht die unmittelbare Weise wie es auftritt, nicht sein Versenktsein in die Ausbreitung des Lebens das Wesen, – sondern daß an ihm nichts vorhanden, was für es nicht verschwindendes Moment wäre, daß es nur reines Fürsichsein ist« (ebd., S. 149. Vgl. im Zusammenhang ebd., S. 145-155). Gemäß der welthistorischen Dimension seiner Dialektik hatte Hegel das ›Daransetzen des eigenen Lebens‹ an den Anfang der Geschichte gesetzt und in der gegenseitigen Anerkennung aller Menschen in der bürgerlichen Gesellschaft aufheben wollen. Stirner nimmt Hegels Rekurs auf ein souveränes Todesbewußtsein genau an diesem Ende wieder auf und bindet es konsequent nicht mehr an einen uranfänglichen Kampf um Herrschaft und Knechtschaft, sondern an die Empörung des für sich einzigen Selbstes gegen die bürgerliche Gesellschaft: »Ich will nicht die Freiheit, nicht die Gleichheit der Menschen; Ich will nur meine Macht über sie, will sie zu meinem Eigentum, d.h. genießbar machen. Und gelingt Mir das nicht, nun, *die Gewalt über Leben und Tod*, die Kirche und Staat sich vorbehielten, Ich nenne sie auch die – meinige« (EE, S. 356).

Bezeichnenderweise kommt Stirner damit schließlich doch wieder mit Kierkegaard überein. Die vergängliche ›Selbstangehörigkeit‹ des Einzigen kann – nicht anders als die ewige Gotteszugehörigkeit Abrahams – gesellschaftlich nicht vermittelt werden:

»Im Staate vermag das zügellose Ich, wie Ich Mir allein angehöre, nicht zu meiner Erfüllung und Verwirklichung kommen. Jedes Ich ist von Geburt schon ein Verbrecher gegen das Volk, den Staat. (...) Das zügellose Ich – und das sind wir ursprünglich, und in unserem geheimen Innern bleiben Wir's stets – ist der nie aufhörende Verbrecher im Staate« (ebd., S. 219).

Zweifellos kann die unerbittliche Folgerichtigkeit des todesbereiten Einzigen von der existenziellen Erfahrung Stirners nicht abgelöst werden, in der ein anonym gebliebener früher Rezensent hellsichtig den »Paroxysmus eines Sterbenden« gesehen hat (vgl. Eßbach 1982, S. 273). Doch darf die im Übrigen ja freimütig zugegebene Bindung der Philosophie an ihre unaustauschbare Subjektivität nicht dazu führen, die Wahrheit zu überspringen, die gerade der Sterilität seiner Verneinung eingeschrieben ist. Im Grunde gleichen Sinnes mit dem Christen Kierkegaard sieht der Atheist Stirner, daß es jenseits der Religion im Letzten der Endlichkeit einen nicht zu heilenden Riß gibt zwischen dem sterbenden Individuum und jeder Form eines vor ihm bestehenden und nach ihm fortdauernden Allgemeinen; wie bei Kierkegaard bildet deshalb auch bei ihm die Verzweiflung die Grundstimmung der Existenz-Dialektik. Unerbittlich im Unglauben besteht er darauf, daß im Verhältnis zum eigenen Sterben und von daher auch zum eigenen vergänglichen Leben jeder einzelne und jede einzelne allein und folglich für sich einzig ist: »Jedes höhere Wesen über Mir, sei es Gott, sei es der Mensch, schwächt das Gefühl meiner Einzigkeit und erbleicht erst vor der Sonne dieses Bewußtseins. Stell' Ich auf Mich, den Einzigen, Meine Sache, dann steht sie auf dem Vergänglichen, dem sterblichen Schöpfer seiner, der sich selbst verzehrt, und Ich darf sagen: Ich hab' Mein' Sach' auf Nichts gestellt« (ebd., S. 412). Wer wie Stirner ohne christliche und ohne humanistische Tröstung leben will, der muß sich zunächst einmal seiner Einsicht in die heil-lose Endlichkeit der individuellen Existenz stellen – und dies von der Position aus, die er einer solchen *meditatio mortis* angewiesen hat.

5. Friedrich Nietzsche: Dialektik der Existenz als »Magie des Extrems«

Nachdem man Friedrich Nietzsche lange Zeit den Rang eines Philosophen streitig gemacht hat, gilt er heute selbst seinen Kritikern als der maßgebliche Denker nicht nur der entfalteten Moderne, sondern zugleich der heraufziehenden Postmoderne (vgl. z.B. Habermas 1985, S. 104ff.). Vordenker der Gegenwart ist er allerdings weniger mit den Antworten, die er selbst auf die von ihm gestellten Fragen erteilt hat, als vielmehr mit eben diesen Fragen selbst: Zeitgenössisches Philosophieren kann als der Versuch beschrieben werden, die von Nietzsche aufgeworfenen Probleme wenn nicht zu lösen so wenigstens weiter zu bearbeiten. Dem entspricht dann, daß sein Werk nicht nur zur Geschichte der Existenzphilosophie gehört: Neben den maßgeblichen Existenzphilosophen haben sich nahezu sämtliche skeptischen Autorinnen und Autoren des 20. Jahrhunderts auf ihn berufen.

So gilt Nietzsche nach Arthur Schopenhauer und vor Wilhelm Dilthey, Georg Simmel und Ludwig Klages als wichtigster Denker der Lebensphilosophie der Jahrhundertwende, deren radikale Aufklärungs- und Wissenschaftskritik untergründig noch im Streit um die Postmoderne fortwirkt (vgl. Knuth 1948). Zugleich spielt er eine wesentliche Rolle für die auf Ludwig Wittgenstein zurückgehende sprachanalytische Linie zeitgenössischer Philosophie (vgl.

Rorty 1981, bes. S. 391ff.). Seine Kritik der christlichen Religion und der bürgerlich-idealistischen Moral hat ihn zum zentralen Bezugspunkt zeitgenössischer Religions- und Moralphilosophie (vgl. Fahrenbach 1970), aber auch zu einem Vorläufer verschiedener psychoanalytischer Schulen werden lassen (wesentlich von Nietzsche inspirierte Analytiker waren neben Sigmund Freud selbst v.a. Otto Rank und Georg Grodeck. Zur Rolle Nietzsches in der Antipsychiatrie vgl. Deleuze/Guattari 1974).

Mit seiner Genealogie des europäischen Zivilisationsprozesses ist er zum Kronzeugen gleichermaßen der poststrukturalistischen Vernunftkritik (Jean Baudrillard, Gilles Deleuze, Jacques Derrida, Michel Foucault, Félix Guattari, Jean-Francois Lyotard) wie der älteren Frankfurter Schule (Theodor W. Adorno, Walter Benjamin, Max Horkheimer) oder anderer kritischer Strömungen des Marxismus (Massimo Castri, Toni Negri, Guy Debord, Raoul Vaneigem u.a.) geworden. Aus denselben Quellen hat sich freilich auch ein Rezeptionsstrang bedient, der Nietzsche zur philosophischen Überhöhung faschistischer oder rechtsautoritärer Ideologeme benutzen wollte und will (vgl. Baeumler 1931 sowie aus jüngerer Zeit Baier 1980/81). Zu erwähnen bleibt außerdem, daß sein Einfluß auf das Werk und die theoretischen Reflexionen moderner Künstler und Literaten schlicht unüberschaubar ist (vgl. exemplarisch den berühmten Nietzsche-Vortrag Gottfried Benns 1977, S. 482ff.). In einer euphorischen Würdigung beschreibt der Herausgeber der *Kritischen Gesammelten Werke* Nietzsches, Giorgio Colli, seine Rolle wie folgt:

»Nietzsche ist das Individuum, das als einzelnes unsere Gedanken über das Leben auf ein höheres Allgemeinniveau gehoben hat, und dies gelang ihm, weil er sich von den Menschen und Dingen, die ihn umgaben, einen rücksichtslosen Abstand bewahrte, so daß wir nun gezwungen sind, von der Ebene auszugehen, die er uns angewiesen hat. Seine Stimme übertönt jede andere Stimme der Gegenwart; die Klarheit seines Denkens läßt jedes andere Denken unscharf erscheinen. Für den, der sich aus den Ketten gelöst hat und in der Arena der Erkenntnis und des Lebens Tyrannen nicht anerkennt, zählt einzig er« (Colli 1980, S. 212. Eine Übersicht über die vielen Linien der Nietzsche-Rezeption geben die Sammelbände Guzzonis 1990 und Salaquardas 1981. Eine detaillierte Aufschlüsselung der verschiedenen philosophischen Tendenzen, an denen Nietzsche Anteil nahm bzw. auf die er wirkte findet sich bei Taureck 1991).

Wendet man sich Nietzsche nicht von der Gegenwart, sondern von seiner eigenen Zeit her zu, dann erhellt allerdings schon auf den ersten Blick, wie viel von dem, was die Philosophie des 20. Jahrhunderts ihm entlehnt, sich bereits bei Kierkegaard und Stirner findet.

Mit ihnen teilt er die Grunderfahrung des Abbruchs der religiösen und metaphysischen Tradition, für den er die knappe Formel vom »Tod Gottes« prägt; mit ihnen erkennt er den Zusammenhang dieses »größten neueren Ereignisses« (KSA 3, S. 573) mit dem zeitgleichen Umsturz der gesellschaftlichen Lebensverhältnisse. Wie sie wendet er sich deshalb in seine eigene Existenz zurück und zugleich auf die eines jeden für sich einzigen Subjekts zu: dies rechtfertigt – bei allen Unterschieden – seine Zuordnung zur Reihe der ersten ›existierenden Denker‹. Wie bei Kierkegaard und Stirner führt die Wende zur radikal freigesetzten individuellen Existenz auch bei ihm zur Suspension des reinen Denkens wie des allgemeinen Gesetzes – *Jenseits von Gut und Böse* (1885) ist der Titel eines seiner bekanntesten Bücher.

Daß Nietzsche dennoch ein entscheidendes Stück weit über seine beiden Vorläufer hinausgeschritten ist, folgt aus der Position, die er im Kontext seiner Epoche einnimmt. Er publiziert seine ersten Arbeiten genau zu der Zeit, in der sich mit der Niederschlagung der Pariser Commune die utopischen Hoffnungen der junghegelianischen Generation endgültig zerschlagen. Selbst noch getragen vom Elan der »wilden Jahre der Philosophie« (Safranski) und doch schon Nachgeborener ihres Aufbruchs, sieht er den Grund ihres Scheiterns in den unaufgelösten metaphysischen Restbeständen des Axioms von der Verwirklichung der Philosophie. Der von Hegel begründete und noch Marx leitende geschichtsphilosophische Optimismus hat Nietzsche zufolge

»in die von ihm durchsäuerten Generationen jene Bewunderung vor der ›Macht der Geschichte‹ eingepflanzt, die praktisch alle Augenblicke in nackte Bewunderung des Erfolges umschlägt und zum Götzendienste des Thatsächlichen führt. (...) Wer aber erst gelernt hat, vor der ›Macht der Geschichte‹ den Rücken zu krümmen und den Kopf zu beugen, der nickt zuletzt chinesenhaft-mechanisch sein ›Ja‹ zu jeder Macht, sei dies nun eine Regierung oder eine öffentliche Meinung oder eine Zahlen-Majorität, und bewegt seine Glieder genau in dem Takte, in dem irgendeine ›Macht‹ am Faden zieht« (KSA 1, S. 309).

Doch während die gleiche Einsicht Kierkegaard und Stirner dazu führt, sich endgültig von der Geschichte zu verabschieden, sucht Nietzsche nun erst recht nach einem nicht nur für ihn selbst gangbaren Ausweg aus dem Dilemma der Epoche. Wenn er sich daher scheinbar gleichen Sinnes wie die beiden anderen ›existierenden Denker‹ von der welthistorischen Dialektik ab- und in seine eigene Existenz zurückwendet, erfolgt diese ›Kehre‹ bei ihm auf einem noch einmal erhöhten Reflexionsniveau. Für ihn ist die Loslösung der individuellen Existenz aus ihrer moralischen Bindung an die Allgemeinheit kein Selbstzweck, sondern methodisch gemeinter Zwischenschritt auf dem Weg zu einem ferneren und – allgemeineren Ziel: Nur wer aus eigener Kraft und auf eigene Gefahr von allen »modernen Ideen« sich löst und dabei radikal »unzeitgemäß« wird, erwirbt die Möglichkeit, »gegen die Zeit und dadurch auf die Zeit und hoffentlich zugunsten einer kommenden Zeit – zu wirken« (KSA 1, S. 247).

Dem entspricht, daß die Gegenwart für Nietzsche anders als für Kierkegaard und Stirner keine bloße Endzeit ist. Sie stellt vielmehr einen »pathologischen Zwischenzustand« (KSA 12, S. 351) dar, der eintreten mußte, weil »extreme Positionen nicht durch ermäßigte abgelöst werden, sondern wiederum durch extreme, aber umgekehrte. Und so ist der Glaube an die absolute Immoralität der Natur, an die Zweck- und Sinnlosigkeit der psychologisch notwendige Affekt, wenn der Glaube an Gott und eine essentiell moralische Ordnung nicht mehr zu halten ist« (ebd., S. 212).

In der ersten Rede seines *Zarathustra* skizziert Nietzsche den Einsatz seines ›unzeitgemäßen‹ Denkens und Lebens in der existenziellen Dialektik einer dreifachen Verwandlung des Geistes (KSA 4, S. 29ff.). Der Stufengang dieser Dialektik beginnt in der religiös gebundenen Existenz, die dem unbedingten »Du sollst!« des allmächtigen Gottes unterworfen ist. Die zweite Stufe führt in die mit ihrem bisherigen Dasein zerfallene Existenz der Gegenwart, die alle überkommenen Bindungen zurückweist und sich allein ihrem einsamen »Ich will!« unterstellt. Nur der eigenen Negativität vertrauend, erkämpft die vom Gesetz losgekommene Existenz sich das Recht, neue Werte zu schaffen, um sich so auf ihr eigenes ›schöpferisches Nichts‹ zu stellen. Doch gerade zur Erfindung neuer Werte ist die leere Freiheit des »Ich will!« gar nicht in der Lage – dies ist Nietzsches wesentliche und entscheidende Einsicht. Im Bruch mit dem Gesetz wird der »Befreite des Geistes« zwar Herr seiner selbst, doch zugleich auch zum Herrn seiner eigenen Wüste. »Neu beginnen« aber kann nur, wer von der Verneinung des Gewordenen zur Bejahung des Werdens übergeht, mehr noch: zum »Spiele des Schaffens« bedarf es sogar eines »heiligen Ja-Sagens« (ebd., S. 31). Neu beginnend im Spiel des Schaffens bejaht die von ihrer eigenen Negativität frei gewordene Existenz die vollendete Diesseitigkeit der Welt: »seinen Willen will nun der Geist, seine Welt gewinnt sich der Weltverlorene«. Deshalb erkennt sich der Geist auf der dritten Stufe seiner Verwandlung weder im »Du sollst!« der Unterwerfung unter das Gesetz noch in der Empörung des »Ich will!«, sondern in der Unschuld eines »Ich bin!«, in dem er endlich »ein Spiel, ein aus sich rollendes Rad, eine erste Bewegung« wird (ebd.).

Bündig skizzieren die drei Stufen der »Verwandlung des Geistes« den Horizont und die innere Dynamik der gegenwärtigen geschichtlichen Situation: Die erste Stufe bezeichnet die christlich bestimmte Vorgeschichte der Moderne, die zweite Stufe benennt das zentrale Problem der Gegenwart, mit der dritten Stufe deutet Nietzsche einen möglichen Ausgang aus der im ›Tod Gottes‹ manifest gewordenen Krise der Modernität an.

Woher aber stammt das »heilige Ja-Sagen«, wie kommt es zum Umschlag von der Verneinung zur Bejahung? Der Stufengang vom »Du sollst!« über das »Ich will!« zum »Ich bin!« wäre kein dialektischer, könnte der Überstieg auf die höhere Stufe direkt gewollt werden. Vielmehr öffnet sich die höhere Stufe erst, wenn die Existenzweise der vorangegangenen Stufe sich selbst aufhebt. So folgt der Überstieg vom »Du sollst!« zum »Ich will!« gerade aus der langen Botmäßigkeit des Geistes unter dem Gesetz, in der ihm dessen Forderungen einverleibt werden. Aus der moralischen Verpflichtung, sich an die Wahrheit des Gesetzes zu binden, resultiert schließlich die Leugnung eines gottgegebenen Gesetzes in der Selbstermächtigung zum »Ich will!«. Der Neubeginn der dritten Stufe setzt die Selbstaufhebung der zweiten voraus. Diese aber kann nur dann erreicht werden, wenn die Negativität der Empörung gegen das Gesetz an ihre Grenze getrieben wird.

Um dieser Grenze so nah wie möglich zu kommen, macht Nietzsche seine individuelle Existenz zum lebendigen Medium einer »Experimental-Philosophie«, die in Theorie und Praxis gleichermaßen erproben will, wie weit man in der Loslösung gehen kann und – wohin man dabei gelangt: »Eine solche Experimental-Philosophie, wie ich sie lebe, nimmt versuchsweise selbst die Möglichkeiten des grundsätzlichen Nihilismus vorweg: ohne daß damit gesagt wäre, daß sie bei einem Nein, bei einer Negation, bei einem Willen zum Nein stehen bliebe. Sie will vielmehr bis zum Umgekehrten hindurch – bis zu einem dionysischen Jasagen zur Welt, wie sie ist, ohne Abzug, Ausnahme und Auswahl (...) –: meine Formel dafür ist *amor fati*« (KSA 13, S. 492).

Was bedeutet Nihilismus?

Der Begriff des ›Nihilismus‹ bildet das Leitwort der Philosophie Nietzsches; in ihm erkennt er die Signatur der Gegenwart und den Grundzug der europäischen Vernunftgeschichte, mit ihm benennt er das Grundproblem auch der ihm folgenden Existenzphilosophen. In sich mehrdeutig, wird dieser Begriff in den verschiedensten Hinsichten gebraucht; seinem Bedeutungsumfang entspricht, daß Nietzsche noch seine eigenen Denk- und Lebensexperimente unter diesen Titel stellt. Dabei geht er sogar so weit, sich als »den ersten vollkommenen Nihilisten Europas« zu bezeichnen – freilich zugleich auch als den, der »den Nihilismus selbst schon in sich zu Ende gelebt hat, der ihn hinter sich, unter sich, außer sich hat« (KSA 13, S. 190). Definitorisch heißt es in einem nachgelassenen Fragment aus dem Jahr 1887: »Nihilism: es fehlt das Ziel; es fehlt die Antwort auf das ›Warum‹? was bedeutet Nihilism? – *daß die obersten Werthe sich entwerthen*« (KSA 12, S. 350).

Da die Überwindung des Nihilismus gemäß der eben skizzierten »Magie des Extrems« (ebd., S. 510) nur auf dem Weg seiner versuchsweisen Vollendung erreicht werden kann, sucht Nietzsche nicht nach einer positiven Antwort auf die Frage nach dem Sinn allen Werdens. Statt dessen geht es ihm um die Aufklärung der Gründe für die Selbstentwertung der bisher herrschenden »obersten Werte«. Diese Werte bezeichnet ein ebenfalls aus spätester Zeit nachgelassenes Fragment als die »kosmologischen Werte«; gemeint sind damit die grundlegenden Kategorien der gesamten, von Platonismus und Christentum bestimmten europäischen Vernunftgeschichte: die Kategorie des Zweckes bzw. des Sinnes, die der Einheit bzw. der Ganzheit und die der Wahrheit bzw. des Seins. Das Fragment beschreibt die historische Entfaltung des Nihilismus als Resultat des Scheiterns einer dreifachen Anstrengung, mit Hilfe der genannten Kategorien die Welt zu begreifen und zu beherrschen.

Zur Selbstentwertung der Zweckkategorie kommt es, wenn sich im Lauf der Geschichte immer deutlicher herausstellt, daß das Werden keinem letzten Zweck oder Sinn folgt. Der Nihilismus bekundet sich dann in einer tiefgreifenden Erschöpfung des Lebens, er ist »das Bewußtwerden der langen Vergeudung von Kraft, die Qual des ›Umsonst‹, die Unsicherheit, der Mangel an Gelegenheit, sich irgendwie zu erholen, irgendworüber noch zu beruhigen – die Scham vor sich selbst, als habe man sich allzulange betrogen« (KSA 13, S. 46). Ein solcher Zweck hätte, wie Nietzsche im Rückblick auf die junghegelianischen Utopien vermerkt, die »Erfüllung eines sittlichen höchsten Kanons in allem Geschehen« sein können, »die Zunahme von Liebe und Harmonie im Verkehr der Wesen«, die fortschreitende »Annäherung an einen allgemeinen Glücks-Zustand« und endlich die Verwirklichung der Philosophie in der vollkommenen »sittlichen Weltordnung«: »Das gemeinsame aller dieser Vorstellungsarten ist, daß ein Etwas durch den Prozeß selbst erreicht werden soll – und nun begreift man, daß mit dem Werden nichts erzielt, nichts erreicht wird« (ebd.). In der Suche nach dem letzten Zweck ist der Wunsch nach einer finalen Rechtfertigung des Lebens am Ende des

Lebens das treibende Motiv, mit der das vielzählig erlittene Leiden wenn nicht notwendig so doch wenigstens nicht umsonst gewesen wäre.

Analog zur Selbstentwertung der Zweckkategorie ist auch die Selbstentwertung der Kategorie der Einheit bzw. Ganzheit zu denken. Vermittels dieser Kategorie wird in allem Werden ein ›Großes Ganzes‹ ausgemacht, das die Vielzahl der einzelnen Ereignisse umgreifen soll. In der Teilhabe am inneren Zusammenhang allen Geschehens sind die Individuen ihrer Endlichkeit enthoben und je nach dem Grad ihrer Annäherung an das einheitsstiftende Zentrum selbst ein »modus der Gottheit« (ebd., S. 47). Weil jedes Opfer, das sie zu leisten haben, ihr Beitrag zum Gedeihen des Ganzen ist, sind die einzelnen ihm gerade in ihrer Dienstbarkeit verbunden: »Das Wohl des Allgemeinen fordert die Hingabe des Einzelnen« (ebd.). Mit der Zersetzung der religiösen und sittlichen Bindungen in der anonymen Vergesellschaftung der Moderne schwindet die selbstverständliche Einordnung des Individuums in eine scheinbar naturwüchsige Einheit der Welt. Es erfährt sich nun als ausgesetzt in eine unüberschaubare Vielheit von Werdensprozessen, in denen ihm keinerlei wesentliche Rolle mehr zukommt. Umso nachhaltiger wird die Erfahrung der Einheit des Lebens nun in der personalen Identität des individuellen Daseins gesucht; der Nihilismus bekundet sich dann in einer unerhörten Aufspreizung des Individuums, die freilich – wie schon von Kierkegaard und Stirner bezeugt – jederzeit vom offenen Ausbruch der Verzweiflung untergraben wird.

»Diese zwei Einsichten gegeben«, fährt Nietzsche fort, »daß mit dem Werden nichts erzielt werden soll und daß unter allem Werden keine große Einheit waltet, in der der Einzelne völlig untertauchen darf wie in einem Element höchsten Werthes: so bleibt als Ausflucht übrig, diese ganze Welt des Werdens als Täuschung zu verurtheilen und eine Welt zu erfinden, welche jenseits derselben liegt, als wahre Welt« (ebd., S. 47f.). Diese gleichermaßen vom Platonismus wie vom Christentum betriebene Verneinung der Welt des Werdens hängt in ihrer Möglichkeit am dritten der »obersten Werte«, an dem des Seins oder der Wahrheit. Metaphysisch verstanden bilden die Wahrheit bzw. das Sein das Kriterium der unbedingten Unterscheidung und insofern die Möglichkeitsbedingung jeder Zwei-Welten-Lehre: noch Kierkegaards Entweder-Oder von Welt- und Heilsgeschichte entschied sich über die unbedingte Annahme oder Verwerfung der Wahrheit des Christentums im Sein Gottes. Indem sich mit der fortschreitenden historischen Bildung die Einsicht verbreitet, »wie nur aus psychologischen Bedürfnissen diese Welt gezimmert ist« (ebd., S. 48), kommt es zur Selbstentwertung auch dieser

Kategorie und folglich zur Heraufkunft der »letzten Form« des Nihilismus. Auf dieser Stufe des Entwertungsprozesses »verbietet« (ebd.) sich das aufgeklärte Bewußtsein den Glauben an eine jenseitige Welt und ist doch unfähig, seine Aussetzung in ein zweck-, einheits- und wahrheitsloses Werden ertragen, geschweige denn bejahen zu können. Nietzsche resümiert:

»Was ist im Grunde geschehen? Das Gefühl der Werthlosigkeit wurde erzielt, als man begriff, daß weder mit dem Begriff ›Zweck‹, noch mit dem Begriff ›Einheit‹, noch mit dem Begriff ›Wahrheit‹ der Gesammtcharakter des Daseins interpretirt werden darf. Es wird nichts damit erzielt und erreicht; es fehlt die übergreifende Einheit in der Vielheit des Geschehens: der Charakter des Daseins ist nicht ›wahr‹, ist falsch..., man hat schlechterdings keinen Grund mehr, eine wahre Welt sich einzureden...
Kurz: die Kategorien ›Zweck‹, ›Einheit‹, ›Sein‹, mit denen wir der Welt einen Werth eingelegt haben, werden wieder von uns herausgezogen – und nun sieht die Welt werthlos aus...« (ebd.).

Jetzt läßt sich der Eigensinn des nietzscheanischen Experiments präziser bestimmen. Einerseits versperrt Nietzsche jeden Rückweg auf vor-nihilistische Positionen – dies genau trennt ihn von Kierkegaard und allen anderen Versuchen, in die Bindung an einen an sich gegebenen Zweck des Werdens, eine an sich gegebene Einheit der Welt oder eine unbedingt geltende Wahrheit zurückzukehren. Alle solche Versuche bezeichnet Nietzsche als ›reaktiven Nihilismus‹ oder ›Nihilismus der Schwäche‹; in bezug auf die nihilistische Krise selbst kommt ihnen höchstens die Funktion zu, deren unverstellte Erfahrung aufzuschieben. Andererseits bestreitet er jede Möglichkeit, sich bewußt und willentlich in der Negativität des Nihilismus einzurichten – dies genau trennt ihn von Stirner, der in dieser Richtung am weitesten vorgedrungen ist. Solche Versuche, den nihilistischen Sinn- und Wertverlust zynisch oder heroisch überbieten zu wollen, bezeichnet er als ›aktiven Nihilismus‹ oder auch als ›Nihilismus der Stärke‹: Sie untergraben fortschreitend die religiösen oder metaphysischen Restbestände der gegebenen Glaubens-, Wissens- und Lebensformen, können selbst aber die Krise nicht auflösen, da sie nach wie vor – wenn auch negativ – an die entwerteten Werte des Zwecks, der Einheit und des Seins gebunden bleiben.

Seinen eigenen Lösungsansatz skizziert Nietzsche am Ende des Fragments über die Selbstentwertung der Werte, wo es heißt:

»Gesetzt, wir haben erkannt, inwiefern mit diesen drei Kategorien die Welt nicht mehr ausgelegt werden darf und daß nach dieser Einsicht die Welt für uns werthlos zu werden anfängt: so müssen wir fragen, woher unser Glaube an diese drei Kategorien stammt – *versuchen wir, ob es nicht möglich ist, ih-*

nen den Glauben zu kündigen. Haben wir diese drei Kategorien entwerthet, so ist der Nachweis ihrer Unanwendbarkeit auf das All kein Grund mehr, das All zu entwerthen« (ebd., S. 48f.).

Gemäß der so gestellten Doppelaufgabe – Aufklärung der Herkunft der metaphysischen Kategorien, Aufkündigung des Glaubens an diese Kategorien – zerfällt die trans-nihilistische Experimental-Philosophie ihrerseits in zwei Teile. Negativ geht es um den Nachweis der Herkunft der bisher herrschenden Werte. Dieser Nachweis wird historisch-kritisch in der Perspektive einer ›Genealogie‹ der platonisch-christlichen Moral geführt, die aufzeigt, wie deren Werturteile noch für die scheinbar irreligiösen ›modernen Ideen‹ leitend sind. Platonismus, Christentum, bürgerlicher Idealismus und junghegelianischer Sozialismus kommen Nietzsche zufolge in einer grundlegenden Verurteilung des Endlichen und Besonderen zugunsten eines vorgeblich unendlich-Allgemeinen überein. Dessen moralische Schätzung entspringt einem Ressentiment gegen die Leiblichkeit, Zeitlichkeit und Individualität des Daseins, das untergründig auch für die scheinbar wertneutrale moderne Wissenschaftlichkeit bestimmend geworden ist. Im Aufweis der Herkunft dieses Ressentiments dechiffriert die Genealogie in den zentralen Kategorien der moralischen und der wissenschaftlichen Erfahrung – Zweck, Einheit, Wahrheit – die »Resultate bestimmter Perspektiven der Nützlichkeit zur Aufrechterhaltung menschlicher Herrschaftsgebilde: und nur fälschlich projicirt in das Wesen der Dinge«: »Die obersten Werthe, in deren Dienst der Mensch leben sollte, namentlich wenn sie schwer und kostspielig über ihn verfügten: diese socialen Werthe hat man zum Zweck ihrer Ton-Verstärkung, wie als ob sie Commando's Gottes wären, als ›Realität‹, als ›wahre‹ Welt, als Hoffnung und zukünftige Welt über dem Menschen aufgebaut« (ebd., S. 49). In dieser Verschiebung der moralischen Qualitäten aus dem sozialen Lebensprozeß heraus in eine lebensjenseitige Sphäre des Unbedingten macht Nietzsche den Stiftungsakt des europäischen Zivilisationsprozesses aus: In der Moralisierung und der ihr folgenden Verwissenschaftlichung der Erfahrung wird dem vielfältig-bedingten Leben gegenüber ein vorgeblich unbedingtes Wertesystem errichtet, das nicht selbst den Bedingungen des Lebens unterliegen, sondern dieses Leben in absoluter Geltung richten soll.

In der Fortentwicklung des Dualismus zwischen der im moralischen Sollen lebensbestimmend gewordenen Welt des unendlich-Allgemeinen und der im selben Zug entwerteten Welt des leiblich-zeitlichen Daseins kommt dem Christentum auch deshalb die entscheidende Rolle zu, weil es das Verhältnis dieser zwei Welten futurisiert hat: Christlich verstanden ist die Abwertung des Diesseits zugunsten des Jenseits stets die Abwertung der gelebten Gegenwart zugunsten einer für morgen versprochenen Erlösung von allem Irdischen. Der Verzicht auf die hier und jetzt gelebte Gegenwart zugunsten eines künftigen Heils wandert verdeckt in die Ideale der technischen Rationalität und der Wissenschaft über und bestimmt noch die aufgeklärte Moderne, in der die christliche Erlösungshoffnung im Fortschrittsoptimismus der liberalen und sozialistischen Geschichtsphilosophien fortlebt.

Das Denken der Bejahung als Denken der Macht

Unschwer ist heute kenntlich, wie Nietzsche hier tatsächlich das »Schluß-Resultat« (ebd.) der modernen Aufklärung zieht und insofern zum Begründer mindestens ihrer Dialektik, wenn nicht gar ihrer postmodernen Verabschiedung wird.

Die Konsequenzen der Genealogie hat Nietzsche dann im positiven Teil seiner Philosophie ausarbeiten wollen, den er nicht mehr abgeschlossen hat. Obwohl das immer wieder neu konzipierte Hauptwerk unausgeführt blieb, kann der innere Zusammenhang seiner Begrifflichkeit aus den Fragmenten extrapoliert werden. Dann zeigt sich, wie er in unzähligen Anläufen versucht, in einer neuen Sprache und – wesentlicher noch – in einer neuen Sprechweise eine Welt zu Wort kommen zu lassen, die mit den metaphysischen Kategorien des Zweckes, der Einheit und der Wahrheit nicht mehr ausgelegt werden kann. Die Leitbegriffe seines aphoristisch-poetisch fragmentierten Denkens der Bejahung sind diejenigen des ›Willens zur Macht‹, der ›Ewigen Wiederkehr des Gleichen‹ und des ›Übermenschen‹. Zwischen diesen Begriffen vollzieht Nietzsche zugleich den Übergang von einem lebensphilosophischen Denken des Werdens der Welt zu einem existenzphilosophischen Denken des Werdens des Selbstes, das diese Welt als seine Welt bejahen und damit den Nihilismus überwinden kann.

Den Begriff ›Wille zur Macht‹ gewinnt Nietzsche in der Kritik seines Lehrers Arthur Schopenhauer. Dieser hatte im Anbruch der Moderne noch einmal eine Metaphysik klassischen Stils ausarbeiten wollen. In einer lebensphilosophischen ›Kehre‹ der metaphysischen Grundunterscheidungen war ihm allerdings nicht der Geist, sondern der Wille zum Wesenskern der Welt geworden: Das ›Ding an sich‹ hinter der Welt der Erscheinungen war ein an sich bewußtloser »elan vital« (Bergson), der sich in dumpfem Drang in die Vielzahl des Seienden zerteilt und so zur Quelle unaufhörlichen Leidens wird. Im menschlichen Dasein ist der Wille Schopenhauer zufolge zur selbstbewußten Subjektivität geworden. Deshalb kann er sich dort von sich selbst distanzieren, um in der Abtötung seines Antriebs eine Erlösung zu finden, die deutlich buddhistische Züge trägt. Nietzsche schließt sich zunächst der schopenhauerischen ›Kehre‹ vom Geist zum Willen an; wie für Schopenhauer ist die menschliche Subjektivität auch für ihn nicht Bewußtsein des Geistes, sondern Bewußtsein von der Willensform allen Lebens. Dann aber nimmt er zwei Umdeutungen vor. Im ersten Schritt sprengt er die Einheit des Willens auf. Der Wille zur Macht ist nicht das Eine, das sich in das Viele zerteilt, sondern nichts als der Name, der einer ursprünglichen Pluralität von Willen gegeben wird. Diese Willen selbst werden nicht als isolierte Willensatome, sondern strikt relational gedacht. In einem Fragment aus dem Jahr 1888 heißt es:

»Wir haben Einheiten nöthig, um rechnen zu können: deshalb ist nicht anzunehmen, daß es solche Einheiten giebt. Wir haben den Begriff der Einheit entlehnt von unserem ›Ich‹begriff, unserem ältesten Glaubensartikel. Wenn wir uns nicht für Einheiten hielten, hätten wir nie den Begriff ›Ding‹ gebildet. (...) Eliminiren wir diese Zuthaten: so bleiben keine Dinge übrig, sondern dynamische Quanta, in einem Spannungsverhältniß zu allen anderen dynamischen Quanten: deren Wesen in ihrem Verhältniß zu allen anderen Quanten besteht, in ihrem ›Wirken‹ auf dieselben« (KSA 13, S. 258f.).

Im Rückgang auf den Willen zur Macht vollzieht Nietzsche also gerade nicht die metaphysische Reduktion des bedingten Vielen auf das unbedingte Eine, sondern versucht, sich überhaupt aus dieser Ur-Scheidung herauszudrehen, um eine Welt denken zu können, die jenseits der Trennung von Wesen und Dasein einheits- und ursprungsloses Werden wäre. Konsequent heißt es an der angegebenen Stelle weiter: »Der Wille zur Macht nicht ein Sein, nicht ein Werden, sondern ein Pathos ist die elementarste Tatsache, aus der sich erst ein Werden, ein Wirken ergiebt« (ebd.). Das Wort ›Pathos‹ ist hier streng im ursprünglichen Wortsinn zu verstehen, nach dem mit ihm ein Erleiden und Erleben, eine Leidenschaft, eine Gemütsbewegung, auch: eine Krankheit bezeichnet wird. Als Pathos allen Lebens bezeichnet der Wille zur Macht folglich die innere Bewegtheit der Lebens- und Werdensprozesse selbst – »gesetzt, dass nichts anderes real ›gegeben‹ ist als unsre Welt der Begierden und Leidenschaften, dass wir zu keiner anderen ›Realität‹ hinab oder hinauf können als gerade zur Realität unsrer Triebe« (KSA 5, S. 54).

Daß das Pathos allen Lebens ›Wille zur Macht‹ sei, soll dann aber nicht oder jedenfalls nicht in erster Linie sagen, daß alles Leben von einem Wunsch nach Herrschaft im unmittelbar politischen Sinn des Wortes getrieben wäre. Im Ausdruck Wille zur Macht nimmt Nietzsche vielmehr die zweite Umdeutung Schopenhauers vor. Schopenhauer hatte den Willen im Anschluß an die Metaphysik als Willen zur Selbsterhaltung des Lebens gedacht. Nietzsche hingegen sucht im Willen zur Macht die ziel- und zwecklose Intensität des Lebens und seiner Begierden zu denken, deren Überfülle und Augenblicklicheit sich keinem ferneren Zweck, nicht einmal dem der Selbsterhaltung fügt. Als reine Verausgabung seiner Leidenschaften ist das Leben selbst reine Macht, reines Vermögen, der Wille zur Macht folglich die dem Leben inhärente Energetik, die die Psychoanalyse später im Begriff der Libido zu fassen suchte (eine explizit vom Willen zur Macht her inspirierte Revision des Libido-Begriffs unternehmen Deleuze/Guattari 1974 und Lyotard 1984). Im Willen zur Macht bejaht dieses Leben sich selbst in der Intensität seiner Leidenschaftlichkeit – will dieses Leben sich selbst als seine höchste Lust:

»Können wir ein Streben nach Macht annehmen, ohne eine Lust- und Unlust-Empfindung d.h. ohne ein Gefühl von der Steigerung und Verminderung der Macht? (...) Das Leben als die uns bekannteste Form des Seins ist spezifisch ein Wille zur Accumulation von Kraft: alle Processe des Lebens haben hier ihren Hebel: nichts will sich erhalten, alles soll summirt und accumulirt werden. Das Leben, als ein Einzelfall: Hypothese von da aus auf den Gesammtcharakter des Daseins: strebt nach einem *Maximal-Gefühl von Macht*: ist essentiell ein Streben nach Mehr von Macht: Streben ist nichts anderes als Streben nach Macht« (KSA 13, S. 261f.).

Die Rede vom »Maximal-Gefühl von Macht« erläutert die Rede vom Willen zur Macht als einem Pathos: gewollt wird nicht etwa die herrschaftliche Verfügung über Güter und Vorrechte im allgemeinen ›Kampf ums Dasein‹, sondern die Begierden *als* die Mächte des Lebens wollen *sich selbst* im Gefühl ihrer maximalen Intensität. Deshalb findet Nietzsche die höchste Verkörperung des Willens zur Macht innerhalb des menschlichen Daseins nicht in der Politik, sondern in der von allen unmittelbaren Nützlichkeitskalkülen gelösten Erkenntnismacht des ›Freien Geistes‹ und in der gleichermaßen selbstbezüglichen Schöpfungsmacht des Künstlers. Hier bejaht sich das Leben in einem freien Spiel von Formen, dessen Zweck in nichts anderem als in der Intensivierung der formenschaffenden Kräfte selbst besteht. Das Leben vom Willen zur Macht her denken zu wollen heißt dann, es von dem Pathos der Macht aus zu denken, das sich im Vollzug des Willens selbst realisiert: »Wollen befreit: das ist die wahre Lehre von Wille und Freiheit – so lehrt sie euch Zarathustra. Nicht-mehr-wollen und Nicht-mehr-schätzen und Nicht-mehr-schaffen! ach, dass diese grosse Müdigkeit mir stets fern bleibe!« (KSA 4, S. 111).

Nun bekundet sich im Nihilismus als dem »psychologischen Zustand« (KSA 13, S. 46) der modernen Subjektivität genau jene »große Müdigkeit« des »Nicht-mehr-wollens und Nicht-mehr-schätzens und Nicht-mehr-schaffens«, vor der Nietzsche sich retten will. Im philosophischen Experiment geht es folglich darum, das nihilistisch erschöpfte *Pathos* allen Lebens im bewußt ausgearbeiteten *Ethos* zunächst einmal des Experimental-Philosophen selbst aus seiner Depression zu befreien. An dieser Stelle genau vollzieht Nietzsche den Übergang von seinem lebensphilosophisch begründeten Denken des Willens zur Macht zu seinem existenzphilosophisch zugespitzten Denken der Ewigen Wiederkehr des Gleichen. Seinem Eigensinn nach steht dieser Übergang jenseits von Gut und Böse unter der Maxime: »Werde, der du bist!« (KSA 4, S. 297).

Wie man wird, was man ist

Die Befreiung des Willens zur Macht aus seiner nihilistischen Erschöpfung hat Nietzsche in der »Einverleibung« des Gedankens der ›Ewigen Wiederkehr des Gleichen‹ erreichen wollen. Im vorletzten Aphorismus des Vierten Buchs der *Fröhlichen Wissenschaft* wird auf dramatische Weise dargelegt, wie das existenzielle Durchleben dieses Gedankens zur Entscheidung über die Bejahung oder Verneinung des Lebens führen soll:

»Wie, wenn dir eines Tages oder Nachts ein Dämon in deine einsamste Einsamkeit nachschliche und dir sagte: ›Dieses Leben, wie du es jetzt lebst und gelebt hast, wirst du noch einmal und noch unzählige Male leben müssen; und es wird nichts Neues daran sein, sondern jeder Schmerz und jede Lust und jeder Gedanke und Seufzer und alles unsäglich Kleine und Grosse deines Lebens muss dir wiederkommen und Alles in der selben Reihe und Folge. (...) Die ewige Sanduhr des Daseins wird immer wieder umgedreht – und du mit ihr, Stäubchen vom Staube!‹ – Würdest du dich nicht niederwerfen und mit den Zähnen knirschen und den Dämon verfluchen, der so redete? Oder hast du einmal einen ungeheuren Augenblick erlebt, wo du ihm antworten würdest: ›du bist ein Gott und nie hörte ich Göttlicheres!‹ Wenn jener Gedanke über dich Gewalt bekäme, er würde dich, wie du bist, verwandeln und vielleicht zermalmen; die Frage bei allem und jedem: ›willst du diess noch einmal und noch unzählige Male?‹ würde als das grösste Schwergewicht auf deinem Handeln liegen! Oder wie müsstest du dir selber und dem Leben gut werden, um nach nichts mehr zu verlangen als nach dieser letzten Bestätigung und Besiegelung?« (KSA 3, S. 570.).

Unschwer erkennt man in der Rede des Dämons den archaischen Mythos vom ewigen Kreislauf des Lebens, der nicht nur in der griechischen Antike, sondern in nahezu allen außerchristlichen Kulturen die Grundform der religiösen Weltdeutung geliefert hat. Unschwer ist zugleich kenntlich, daß dieser Mythos das Werden der Welt jenseits der Kategorie des Zweckes denkt: Im Kreislauf seiner ewigen Wiederkehr läuft das Leben ohne Ziel und Zweck in sich selbst zurück. Von daher eröffnet der Rückgriff auf die heidnische Kosmologie durchaus eine Möglichkeit, dem Einsturz der Erlösungslehre des Christentums und ihrer geschichtsphilosophischen Ersatzbildungen begegnen zu können; tatsächlich trägt Nietzsche seinen Gedanken von der Wiederkehr an vielen Stellen in genau dieser kosmologischen Bedeutung vor (zur Deutung Nietzsches von einem kosmologisch verstandenen Wiederkunftsgedanken her vgl. Löwith 1987).

Freilich stellt sich im Durchgang durch die oben zitierte Stelle aus der *Fröhlichen Wissenschaft* schnell ein grundlegender Zweifel an der Tauglichkeit eines solchen Rückgriffs auf den Mythos ein: Wie soll die im übrigen wenig überzeugende Idee einer zyklischen Welt- und Geschichtszeit zur trans-nihilistischen »Formel der höchsten Bejahung« (KSA 6, S. 335) werden können? Wie soll der nihilistisch erschöpfte Willen zur Macht ausgerechnet durch die eher deprimierende Vorstellung befreit werden, nach der alles, was sich jemals ereignet hat, im Durchgang durch ein ein für alle Mal festliegendes Schema wiederkehrt, um schließlich erneut wiederzukehren und so fort bis in alle Ewigkeit? Liegt hier nicht ein platter Mißgriff vor, der von einem antichristlichen Affekt direkt in einen finsteren Archaismus zurückführt?

Tatsächlich hat Nietzsche diesem Einwand ausdrücklich stattgegeben und den kosmologisch verstandenen Wiederkunftsgedanken als zutiefst nihilistischen Gedanken bezeichnet. 1887 notiert er:

»Die Dauer, mit einem ›Umsonst‹, ohne Ziel und Zweck, ist der lähmendste Gedanke, namentlich noch, wenn man begreift, dass man gefoppt wird und doch ohne Macht (ist), sich nicht foppen zu lassen. Denken wir diesen Gedanken in seiner furchtbarsten Form: das Dasein, so wie es ist, ohne Sinn und Ziel, aber unvermeidlich wiederkehrend, ohne ein Finale ins Nichts: ›die ewige Wiederkehr‹! Das ist die extremste Form des Nihilismus: das Nichts (das ›Sinnlose‹) ewig! Die europäische Form des Buddhismus...« (KSA 12, S. 213).

Erinnert man nun, daß es Nietzsche gemäß der ›Magie des Extrems‹ nicht um die direkte Überwindung des Nihilismus, sondern zunächst nur um seine versuchsweise Vollendung geht, so begründet gerade der Aufweis des nihilistischen Charakters des Wiederkunftsgedankens seine zentrale Stellung innerhalb der trans-nihilistischen Experimental-Philosophie. Unterstellt man weiter – wie Nietzsche selbst dies getan hat – daß der Wiederkunftsgedanke die Weltdeutung der nachchristlichen Moderne in demselben Ausmaß unterwandern könnte, wie dies der christlichen Lehre von der Erlösung gegen die heidnische Weltdeutung der Antike gelungen ist, so wird klar, daß die Lage der nihilistisch erschöpften Subjektivität damit gänzlich unhaltbar geworden wäre. Freilich bleibt offen, wie er dann noch zur ›Formel der höchsten Bejahung‹ werden soll – er bleibt doch auch bei seiner massenhaften und dergestalt geschichtsmächtigen Verbreitung der lähmendste Gedanke, der gedacht werden kann: »das Nichts (das ›Sinnlose‹) ewig!« Wie soll der moderne Nihilismus, der nicht mehr wollen kann und will, ausgerechnet in seiner extremsten Aufgipfelung im Denken der Wiederkehr das Wollen lernen?

Nicht zufällig versucht Nietzsche die Antwort auf diese Frage in einem Buch zu geben, das sich schon in seiner Form mit dem Mythos – dem heidnischen wie dem christlichen – auseinandersetzt: im pseudoprophetischen Lehrgedicht *Also sprach Zarathustra*. Zwei Mal wird der Wiederkunftsgedanke dort als kosmologische Weltdeutung vorgetragen. Einmal sind es Zarathustras Tiere, die das ewig in sich selbst zurückrollende »Rad des Seins« als Zeichen des erneuerten heidnischen Mythos nehmen. Obwohl sie Zarathustras Rede von der Wiederkehr bis in die Wortwahl hinein wiederholen, hält dieser ihnen vor, aus ihr ein »Leier-Lied« gemacht zu haben (vgl. KSA 4, S. 270ff.). Das andere Mal ist es der den nihilistischen »Geist der Schwere« verkörpernde Zwerg, mit dem Zarathustra im Kapitel *Vom Gesicht und Räthsel* um den Sinn der Wiederkunft streitet (vgl. ebd., S. 197ff.).

Wie für Zarathustra stellt der Wiederkunftsgedanke auch für den Zwerg den Sinn, besser: den Unsinn der Geschichte dar. Anders als für Zarathustra liegt für ihn in der Ewigen Wiederkehr aber kein ungelöstes Rätsel mehr, im Gegenteil: Verächtlich belehrt er Zarathustra, daß alles Gerade lügt und die Wahrheit krumm ist, weil die Zeit selbst ein Kreis sei. Darauf aber herrscht Zarathustra ihn an: »Du Geist der Schwere! mache es dir nicht zu leicht! Oder ich lasse dich hocken, wo du hockst, Lahmfuss – und ich trug dich hoch!« (ebd., S. 199). Indem Zarathustra die Auslegung der Wiederkunft nach der Art des heidnischen Mythos ein »Leier-Lied« nennt und seinem erklärten »Erzfeind« in den Mund legt (vgl. ebd., S. 248), wird klargestellt, daß der Wiederkunftsgedanke gerade nicht in diesem Sinn verstanden werden darf. Wie aber soll die Lehre vom Kreislauf des Lebens sonst verstanden werden?

Zarathustra erläutert dem Zwerg die Wiederkunft im Bild eines Torwegs, in dem sich zwei lange Gassen treffen, die eine vor-, die andere zurücklaufend. Beide Gassen laufen in die Unendlichkeit der Zeit, die eine voraus in die Zukunft, die andere zurück in die Vergangenheit. Zukunft und Vergangenheit stoßen sich in einem Torweg »vor den Kopf«, der die Aufschrift »Augenblick« trägt (ebd., S. 200). Mit dem Zwerg unter dem Torweg sitzend, fragt Zarathustra, ob die endlos in die Vergangenheit bzw. in die Zukunft laufenden Gassen einander »ewig widersprechen« müssen. Auf diese Frage gibt der Zwerg die oben zitierte Antwort, daß die Zeit selbst ein Kreis sei: Ins Unendliche sich verlaufend, müssen ihre Bahnen sich irgendwo im Unendlichen treffen, um in sich selbst zurückzulaufen.

Was unterscheidet diese Deutung der Wiederkehr von derjenigen Zarathustras? Sagt nicht auch er, daß die Zeit kreisförmig in sich zurückläuft? Sieht man genauer auf das von Zarathustra bemühte Bild, dann zeigt sich, daß es im Streit mit dem Zwerg gar nicht um den Buchstabensinn der Wiederkehr geht, sondern um die Position, von der aus sie erfahren und gedacht wird. Der Zwerg stellt sich die Wiederkehr aus der Position eines selbst der Zeit enthobenen Zuschauers vor: Von außen den Ablauf der Ewigkeit betrachtend, steht er – wie Kierkegaard gesagt hätte – in einem ästhetischen Verhältnis zur Geschichte. Als objektivem Betrachter der endlosen Kette der Ereignisse sind ihm die Bahnen der Zeit objektiv vorfindlich; deshalb verlegt er ihren Zusammenschluß weit weg von sich in einen fernen Punkt der Unendlichkeit. Weil die kreisförmige Einigung der Zeit sich unabhängig von seiner Subjektivität ereignet, läuft ihm alles, was in der Zeit wiederkehrt, in der Form eines immerwährend gleichen Ablaufs hintereinander her. So muß alles was war und wird unzählige Male den Torweg passieren, jedes Ereignis für sich ein gleichgültiges Moment im endlosen Kreislauf der immergleichen Geschichte. Dabei übersieht der Zwerg, daß Zarathustra den Zusammenschluß der Zeitbahnen nicht in das Irgendwann einer fernen Ewigkeit verlegt, sondern unter den Torweg selbst, unter dem er gerade eben dem Zwerg das Rätsel vorträgt: Gegenläufig ineinanderfließend, stoßen Vergangenheit und Zukunft *im Augenblick* »sich vor den Kopf«!

Zarathustra denkt die Wiederkehr also nicht wie der Zwerg aus der Position eines objektiven Betrachters, sondern aus der Augenblicklichkeit des Handelnden, in dessen »schaffendem Willen« Vergangenheit und Zukunft existenziell zum Kreis zusammengeschlossen werden: »Alles ›Es war‹ ist ein Bruchstück, ein Räthsel, ein grauser Zufall – bis der schaffende Wille dazu sagt: ›Aber so wollte ich es!‹ – Bis der schaffende Wille dazu sagt: ›Aber so will ich es! So werde ich's wollen!‹ (ebd., S. 181). Das aber heißt: nicht als Spekulation über die objektive Verlaufsform der Weltgeschichte, sondern als in der eigenen Existenz aufzulösendes »Gesicht und Räthsel« ihrer untilgbaren Subjektivität kann und soll der Wiederkunftsgedanke zur ›Formel der höchsten Bejahung‹ werden. Dieser Subjektivität gilt dann auch das »heilige Ja-sagen«, das kein abstraktes Urteil über den gegebenen Stand der Weltgeschichte, sondern die Selbstbejahung der individuellen Existenz in ihrem unveräußerlichen und unvergleichlichen Eigentum ist. Die sich selbst bejahende Existenz bejaht sich als die Macht, die im lebendigen Werden *ihre* Vergangenheit und *ihre* Zukunft in sich zusammenschließt und darin entscheidet, was war, was ist und was sein wird: Das Gleiche, dessen Wiederkehr gewollt wird, ist nichts anderes als die Augenblicklichkeit des »schaffenden Willens« selbst – das »Maximal-Gefühl von Macht«!

Indem Nietzsche-Zarathustra die Weltgeschichte aus der existenziellen Zeitlichkeit ihrer Subjektivität heraus »neu beginnen« lassen will, überschreitet er gleichermaßen die zyklisch-konservative Zeit des heidnischen Mythos wie die linear-progressive Zeit des Christentums und der christlich gebliebenen Geschichtsphilosophie der Aufklärung. Jenseits von Linie und Zyklus entspringt das Sichwollen des Willens dem *kairos* seiner existenziellen Bejahung, in dem die endlose Dauer des Werdens zur endlichen Frist wird, die die individuelle Existenz sich selbst einräumt. Damit klärt sich zugleich, warum Nietzsche in dieses »Ja!« das ganze geschichtliche Werden einschließen kann – »ohne Abzug, Ausnahme und Auswahl«: Das Werden wird ja nun nicht mehr als unabänderlich zyklischer oder zweckgerichtet linearer Ablauf gedacht, sondern als gelebte Gegenwart, die augenblicklich gerade auf diese Bejahung hin geöffnet ist. Nietzsches *amor fati* ist folglich nur dann verstanden, wenn seine Zuspitzung auf die existenzielle Zeitlichkeit und deren jeweiliges »Ja!« und »Nein!« mitverstanden ist. Dies ist freilich selbst wieder nur dann möglich, wenn das Werden nicht als objektiv abrollender Weltlauf, sondern aus seinem subjektiv gelebten »Neubeginn« gedacht wird. In diesem Neubeginn kommen dann auch die lebensphilosophisch-kosmologische und die ethisch-existenzphilosophische Dimension des Wiederkunftsgedankens zusammen: »*Höchster Fatalismus doch identisch mit dem Zufalle und dem Schöpferischen (keine Werthordnung in den Dingen! sondern erst zu schaffen)*« (KSA 11, S. 292).

Mit dieser bis dahin ungekannten, freilich in christlicher Färbung schon bei Kierkegaard anklingenden Evokation einer nicht-objektiven Binnenzeitlichkeit des subjektiv gelebten Lebens und ihrer demonstrativen Entgegensetzung zum noch für Marx grundlegenden Fortschrittsoptimismus der Aufklärung entfaltet Nietzsche den

Kern der genuin existenzphilosophischen Zeitproblematik, in der Jaspers, Heidegger und Sartre später auf ihn und auf Kierkegaard zurückgreifen werden (zur – wenn auch eher beiläufig vorgetragenen – Berufung Heideggers auf Nietzsche vgl. SuZ, S. 396 sowie die im § 74 entfaltete Beschreibung der »Grundverfassung der Geschichtlichkeit«, ebd., S. 382ff.; bei Jaspers vgl. v.a. die Ausführungen zum existenziellen Augenblick in Phil II, S. 126ff., die wortwörtlich an Nietzsche und Kierkegaard anschließen).

Der existenzialistischen Perspektive des Wiederkunftsgedankens entspricht, daß seine Zweideutigkeit grundsätzlich nicht ausgeräumt werden kann und – darf. Ob die Wiederkehr als ›extremste Form des Nihilismus‹ oder als ›Formel der höchsten Bejahung‹ erfahren wird, entscheidet sich allein im Durchdenken und Durchleben des Gedankens selbst. Die Antwort auf die vom Nihilismus aufgeworfene Sinnfrage kann also immer nur in der individuellen Existenz gefunden werden: Bejahung oder Verneinung hängen davon ab, ob der einzelnen die Rückwendung dieser Frage auf die eigene Subjektivität gelingt, oder ob die Antwort vom objektiven ›Lauf der Dinge‹ erwartet wird. In diesem nur in der eigenen Existenz aufzulösenden Entweder-Oder »kommt zum Ausdruck, daß das Sichhalten in diesem Gedanken für sein Wahrsein selbst mit wesentlich ist, daß der Halt sich aus der Haltung bestimmt und nicht umgekehrt« (so Heidegger in GA 6.1, S. 351. Zur existenzialistischen Deutung des Wiederkunftsgedankens vgl. überhaupt ebd., S. 225-425; stärker ethisch akzentuiert Magnus 1978).

Noch einmal: wie man wird, was man ist

Nun ergibt sich gerade hier die größte Schwierigkeit der trans-nihilistischen Experimental-Philosophie. Diese Schwierigkeit wird sichtbar, wenn man das dem Wiederkunftsgedanken einbeschriebene Entweder-Oder Nietzsches mit dem Entweder-Oder Kierkegaards vergleicht. In beiden Fällen handelt es sich um eine gegenüber der Tradition unerhörte Intensivierung der Subjektivität des menschlichen Existierens, die konsequent zum Bruch mit dem allgemeinen Gesetz und dem allgemeinen Wissen führt. In der Aneignung des Abraham-Mythos kann sich Kierkegaard allerdings auf die Autorität der christlichen Religion und den Unterschied von Glauben und Wissen berufen. Genau über diese Möglichkeit verfügt Nietzsche in der Konstruktion des Zarathustra-Mythos nicht. Obwohl er sich von Anfang an gleichermaßen von der religiösen Überlieferung wie vom wissenschaftsgläubigen Aufklärungsrationalismus distanziert, steht er doch bewußt in der Tradition der aufklärerischen Metaphy-

sik- und Religionskritik und muß sich folglich deren Rationalitäts-
standards beugen. Nun bedarf es keines allzutiefen Scharfsinns um
einzusehen, daß der wörtlich genommene Wiederkunftsgedanke einem Rückfall auf metaphysische Positionen gleichkommt. Dem
Buchstabensinn nach impliziert die Wiederkunftslehre die Unterstellung zum einen einer objektiven Zeit einschließlich einer objektiven Unendlichkeit der Zeit sowohl nach der Vergangenheit wie
nach der Zukunft hin und zum anderen die Unterstellung einer
endlichen Menge von Dingen und Ereignissen. Nur unter diesen
beiden Unterstellungen ist es möglich, daß es zur selbst unendlichen Wiederkehr einer endlichen Totalität der Dinge und Ereignisse kommen kann. Ob der Zusammenschluß der Totalität mit
Zarathustra aus der Augenblicklichkeit der existenziellen Zeit oder
mit dem ›Geist der Schwere‹ aus einem abstrakten Räsonnieren
über den Verlauf der Weltgeschichte gedacht wird, ist für die Konstruktion selbst unmaßgeblich: Die genannten metaphysischen
Unterstellungen müssen in jedem Fall anerkannt sein. Spätestens
seit Kant aber sind solche Unterstellungen unentscheidbar und insofern müßig geworden (explizit zur Zeitproblematik vgl. in der
Kritik der reinen Vernunft, S. A 426ff. sowie die Diskussion bei
Röttges 1972, S. 240f.).

Nun hat Nietzsche diese Schwierigkeit selbst noch einbekannt
und insofern die eigentümliche Schwere seines »schwersten Gedankens« weiter verstärkt. In einer Reflexion auf den Status des Wiederkunftsgedankens vermerkt er, daß dessen leitende Intention nicht
auf seine wissenschaftlich erwiesene Haltbarkeit, sondern darauf
zielt, vermittels eines appellativen Gedankenexperiments »die einzelnen Menschen in ihren Affekten neu zu bestimmen und zu ord-
nen«:

»Der Gedanke und Glaube ist ein Schwergewicht, welches neben allen anderen Gewichten auf dich drückt und mehr als sie. Du sagst, daß Nahrung
Ort Luft Gesellschaft dich wandeln und bestimmen? Nun, deine Meinungen thun es noch mehr, denn diese bestimmen dich zu dieser Nahrung Ort
Luft Gesellschaft. – Wenn du dir den Gedanken der Gedanken einverleibst,
so wird er dich verwandeln. Die Frage bei allem, was du thun willst: ›Ist es
so, daß ich es unzählige Male thun will?‹, ist das größte Schwergewicht«
(KSA 9, S. 496; vgl. ebd., S. 494).

An anderer Stelle heißt es gleichen Sinnes:

»Prüfen wir, wie der Gedanke, daß sich etwas wiederholt, bis jetzt gewirkt
hat (das Jahr z.B., oder periodische Krankheiten, Wachen und Schlafen
usw.). Wenn die Kreiswiederholung auch nur eine Wahrscheinlichkeit oder
Möglichkeit ist, auch *der Gedanke einer Möglichkeit* kann uns erschüttern

und umgestalten, nicht nur Empfindungen oder bestimmte Erwartungen! Wie hat *die Möglichkeit der ewigen Verdammniß* gewirkt!« (ebd., S. 523f.).

In der Berufung auf die Wirkungsgeschichte der christlichen Erlösungslehre zeigt sich der eigentliche Einsatz der experimental-philosophischen ›Magie des Extrems‹: Gerade in der Konsequenz seiner Metaphysikkritik geht es Nietzsche nämlich gar nicht um eine Ersetzung des Mythos durch Wissenschaft, sondern um die Bestreitung der platonisch-christlichen Moral von der Position einer subjektiv konstruierten Gegenmoral aus! Folglich soll Nietzsches ›umgedrehter Platonismus‹ seine Plausibilität nicht aus der rational ausgewiesenen Evidenz seiner eigenen positiven Setzungen beziehen, sondern aus seiner Fähigkeit, die platonisch-christlichen Wertungen *entwerten zu* können. Und tatsächlich: haben Platonismus und Christentum ihr Eigenstes darin, das Irdisch-Vergängliche und Zufällig-Besondere des Lebens zugunsten des Ewigen und Einen des allgemeinen Geistes abzuwerten, so kehrt der Wiederkunftsgedanke diese Ur-Entscheidung der europäischen Vernunftgeschichte um: »Drücken wir das Abbild der Ewigkeit auf unser Leben! Dieser Gedanke enthält mehr als alle Religionen, welche dies Leben als ein flüchtiges verachten und nach einem unbestimmten anderen Leben hinblicken lehrten« (KSA 9, S. 503).

So erweist sich der von Nietzsche zur näheren Bezeichnung seines Unternehmens gewählte Titel des ›Immoralismus‹ als gut gewählt: Im doppelten Bruch mit der christlichen Moral einerseits und der in Stirner kulminierenden A-Moralität der nihilistischen Depression andererseits sucht er nach der Möglichkeit einer nachchristlichen Moralität. Wie im Durchgang durch den Wiederkunftsgedanken gezeigt, geht es dabei nicht um die Einsetzung irgendwelcher neuer Werte. Die Pointe des Immoralismus besteht vielmehr darin, nicht einen anderen Kanon vorgeblich unbedingter Normen zur Grundlage einer ethisch qualifizierten Lebensführung zu erheben, sondern die normenschaffende Kraft selbst: den im »existenziellen Imperativ« (Magnus) des Wiederkunftsgedankens bejahten Willen zur Macht. In einem Nachlaßfragment vom Anfang der achtziger Jahre konkretisiert Nietzsche diese Moral in genuin existenzialistischer Perspektive:

»Sobald wir den Zweck des Menschen bestimmen wollen, stellen wir einen Begriff vom Menschen voran. Aber es giebt nur Individuen, aus den bisher bekannten kann der Begriff nur so gewonnen sein, daß man das Individuelle abstreift, – also den Zweck des Menschen aufstellen hieße die Individuen in ihrem Individuellwerden verhindern und sie heißen, allgemein zu werden. Sollte nicht umgekehrt jedes Individuum der Versuch sein, eine höhere Gattung als den Menschen zu erreichen, vermöge seiner individuellsten Dinge? Meine Moral wäre die, dem Menschen seinen Allgemeincharakter immer mehr zu nehmen und ihn zu spezialisiren, bis zu einem Grade unverständlicher zu machen (und damit zum Gegenstand der Erlebnisse, des Staunens, der Belehrung für sie)« (KSA 9, S. 237).

Prägnant zeigen sich hier die grundlegende Übereinstimmung und – der grundlegende Unterschied zwischen Nietzsche und Stirner. Beide verwerfen jeden Allgemeinbegriff *des* Menschen zugunsten einer Entfesselung des »Individuellwerdens« und der »individuellsten Dinge«; gemeinsam ziehen sie darin die Konsequenz aus der nihilistischen Auflösung der überkommenen Moral. Doch während für Stirner damit die Geschichte überhaupt zuende ist, erwartet Nietzsche die Heraufkunft eines neuen Zeitalters – des Zeitalters des ›Übermenschen‹. Der Übermensch ist, wie heute wohl nicht mehr ausgeführt werden muß, keinesfalls als der amoralische Athlet eines generalisierten Sozialdarwinismus gedacht. Im Begriff des Übermenschen zielt Nietzsche vielmehr auf eine Existenzweise menschlicher Subjektivität, die in der Lage wäre, den nihilistischen Verlust in die Bejahung ihres Neu-beginnen-könnens aufzuheben. Mit dieser Überhöhung seines ansonsten von der Position Stirners gar nicht so weit entfernten Lösungsansatzes schärft Nietzsche das Bewußtsein für dessen Abhängigkeit von einer nach wie vor ungelösten Krise. Historisch reflektiert und relativiert, kann das Ethos der existenziellen Souveränität nicht mehr umstandslos auf die Überspanntheit eines Außenseiters reduziert werden, sondern ist – wie im Untertitel des *Zarathustra* angezeigt – als moralische Herausforderung »an alle und keinen« gerichtet.

Als solche stellt sie·sich noch der Gegenwart und kann – ›nach‹ Nietzsche – in den folgenden Fragen reformuliert werden: Kann die nihilistisch erschöpfte Subjektivität jetzt ihre Freisetzung in eine von keiner Vorsehung mehr garantierte Geschichtlichkeit annehmen, indem sie den Verlust der religiösen und metaphysischen Sicherungen im *amor fati* ihres »Individuellwerdens« verwindet? Kann sie dies auch dann, wenn sie in der Geschichte unwiderruflich darüber belehrt worden ist, daß an sich mit allem Werden nichts erreicht werden soll und daß unter allem Werden keine größere Einheit waltet, in der sie untertauchen dürfte wie in einem Element höchsten Werts?

Daß er eher mit diesen Fragen als mit seinen eigenen konkreten Antworten »zugunsten einer kommenden Zeit« wirken würde, hat Nietzsche am Ende seines Denk- und Lebensweges selbst noch geahnt. 1887 notiert er in einer Reflexion auf den möglichen Ausgang der nihilistischen Krise:

»Welche werden sich als die Stärksten erweisen? Die Mäßigsten, die, welche keine extremen Glaubenssätze nöthig haben, die, welche einen guten Theil Zufall, Unsinn nicht nur zugestehen, sondern lieben, die, welche vom Menschen mit einer bedeutenden Ermäßigung seines Werthes denken können, ohne dadurch klein und schwach zu werden: die Reichsten an Gesundheit, die den meisten Malheurs gewachsen sind und deshalb sich vor den Malheurs nicht so fürchten – Menschen, die ihrer Macht sicher sind und die die erreichte Kraft des Menschen mit bewußtem Stolze repräsentiren« (KSA 12, S. 217).

Nicht bloß rhetorisch und wohl auch nicht ohne Selbstzweifel schließt Nietzsche diese Überlegung mit der Frage ab: »Wie dächte ein solcher Mensch an die ewige Wiederkunft?« (ebd.).

II. Das Sein, das Selbst, das Nichts –
die Phänomenologie(n) der Existenz

1. Das Unzeitgemäße wird zeitgemäß

»Versteht man mich?... Hat man mich verstanden?... ›Schlechterdings
nicht! Mein Herr!‹« (KSA 5, S. 339). In dieser ironischen Wendung
Nietzsches ist der Preis benannt, den die drei ersten ›existierenden
Denker‹ für ihren Bruch mit den überlieferten Formen und Gehalten des Wissens und der Moral zu entrichten hatten. Daß dieser
Preis nicht nur im Ausschluß aus der akademischen Philosophie bestand, sondern mit der ganzen Biographie bezahlt werden mußte, ist
eingangs schon dargelegt worden. Eingeräumt wurde dabei, daß die
Außenseiterposition der ›existierenden Denker‹ nicht ohne Auswir-
kung auf ihr Werk geblieben ist: Der intellektuelle Aristokratismus
und die gelegentlich schrille Rhetorik müssen auch als Reflex ihrer
besonderen Lebenssituation verstanden werden. Der Rückgang von
der abstrakten Subjektivität des ›Vernunftwesens überhaupt‹ zur
konkreten Subjektivität der individuellen Existenz stellt freilich
nicht nur einen Bruch mit dem Idealismus, sondern zugleich dessen
– immanent überdrehte – Fortschreibung dar: Indem sie sich bewußt auf das unaustauschbare ›Eigentum‹ ihrer existenziellen Differenz berufen, radikalisieren sie im eigenen Denk- und Lebensweg
die zuerst von Kant aufgestellte Bestimmung der Subjektivität,
Zweck an sich selbst zu sein.

Die existenzielle Radikalisierung des Postulats von der Autonomie des Subjekts schließt allerdings drei entscheidende Modifikationen ein.

– Zum einen setzen sich Kierkegaard, Stirner und Nietzsche bewußt in ein parasitäres Verhältnis zu allen Formen des begriff-
   lich-methodisch ausgearbeiteten Wissens. Ihre ›existenzielle Einsprache‹ gegen die bisherige Philosophie gewinnt ihr Recht nicht
   aus der sicheren Verfügung über eine allgemein bewährte Wahrheit, sondern umgekehrt aus der skeptischen Bestreitung jedes
   absoluten Wissens, mit der die philosophische Frage nach der
   Wahrheit zur Frage nach dem notwendig perspektivisch gebundenen Wahrsein-Können des Individuums wird.
– Zum anderen trennen sie die aus der idealistischen Tradition
   übernommene Ethik der Autonomie von dem moralischen Uni-

versalismus ab, in dem sie bis dahin ihre rationale Rechtfertigung gefunden hatte. Sich nur auf sich zu berufen, nur sich zu
verantworten und in sich selbst den Zweck des eigenen Denkens
und Handelns zu sehen ist jetzt ein rigoros individuelles Abenteuer geworden, dessen gesellschaftliche Vermittlung wenn überhaupt dann erst in einer ›kommenden Zeit‹ für möglich gehalten
wird.
– Diese beiden Modifikationen schließen die dritte schon in sich
ein. Die existenziell radikalisierte Autonomie wird nicht als ver-
nunftbestimmte Verfügung des Subjekts über die Welt ausgeübt,
sondern als individuelle Ablösung von der herrschenden Ordnung der Dinge: »Verfassungslos zu werden, bestrebt sich der
Empörer« (EE, S. 355).

Daß die ›existierenden Denker‹ dennoch nicht einfach die randseiti-
gen Ketzer am Allgemeinen blieben, die sie zu Lebzeiten sein mußten, folgt daraus, daß ihr Einspruch gegen den geschichtsphilosophischen Optimismus der Aufklärung durch die historische Entwicklung selbst bestätigt wurde. Im Laufe nur weniger Jahrzehnte profa-
niert die Alltäglichkeit des bürgerlichen Lebens die Welt sehr viel
tiefgreifender, als dies zu Beginn des 19. Jahrhunderts überhaupt
vorgestellt werden konnte. Die wesentlichen Triebkräfte dieses Pro-
fanierungsprozesses waren und sind:

– die Verwissenschaftlichung der Erfahrung, mit der der Zusammenhang und die Geltung der religiös-metaphysischen Überlieferung als auch des vorwissenschaftlichen Weltverständnisses
fortschreitend entwertet werden;
– die Vernichtung der bäuerlichen und kleinhandwerkerischen
Produktions- und Reproduktionsweisen im Prozeß der kapitalistischen Industrialisierung;
– das dadurch bedingte sprunghafte Wachstum der großen Städte
und die dergestalt noch einmal intensivierte Zersetzung der aus
dem dörflichen und großfamilialen Leben überkommenen Ver-
gesellschaftungsformen;
– die gewaltsame Brechung dieser Auflösungs- und Zersetzungsbe-
wegungen in der Wiederherstellung des gesellschaftlichen Zusammenhangs durch staatsbürokratische, technologische und
massenmedial-marktförmige Vermittlungs- und Verwaltungspro-
zeduren.

Die Allianz von Wissenschaft, Technik, Kapital und nationalem
Staat löst den einheitlichen *ordo* der christlichen Kultur auf und
schließt die »entzauberte« Welt zugleich in das »stählerne Gehäuse«

(Weber) der Moderne ein. Freigesetzt aus der religiös gebundenen Sittlichkeit des traditionalen Lebens und im selben Augenblick schon der historisch rigidesten Verwertung aller Lebenstätigkeiten unterworfen, sieht das moderne Individuum sich in die Situation gestellt, gleichzeitig rückhaltlos vereinzelt und ausnahmslos zur Masse nivelliert zu werden. Spätestens mit dem Ausbruch des Ersten Weltkriegs im Jahr 1914 wird diese tendenziell schizophrene Lage zur Erfahrung der meisten. Zu ihrer Zeit noch unzeitgemäß, werden Kierkegaard, Stirner und Nietzsche nun vielerorts als die ersten Zeugen einer katastrophisch entfalteten Modernität und damit als »Erstlinge des zwanzigsten Jahrhunderts« entdeckt (KSA 5, S. 151). Freilich bleiben sie auch jetzt noch aus den philosophischen Seminaren ausgesperrt: Die etwa ab 1890 einsetzende Rezeption ihrer Werke verbreitet sich zunächst in den subkulturellen Milieus junger Künstlerinnen, Künstler und Literaten sowie in den Intellektuellenzirkeln am anarchistischen Rand der Arbeiterbewegung.

In den ersten beiden Jahrzehnten des 20. Jahrhunderts nimmt die nicht- bzw. antiakademische Rezeption der ›existierenden Denker‹ immer weitere Ausmaße an. In den kulturrevolutionären Avantgardebewegungen des Expressionismus, Dadaismus, Futurismus und Surrealismus kommt vor allem Nietzsche bald schon die Rolle zu, die Marx und Bakunin – zu dieser Zeit ebenfalls noch Unpersonen der Philosophiegeschichte – in den sozialistischen Massenorganisationen zugefallen war (vgl. Vietta/Kemper 1977). Wie umfassend die sich damals in ganz Europa formierenden Avantgardebewegungen gerade in den Schriften Nietzsches ihre eigene Erfahrung und ihr eigenes Vorhaben wiedererkannten, kann exemplarisch einer Rede entnommen werden, die der Dichter Hugo Ball kurz vor dem Ende des Ersten Weltkriegs in der Züricher *Galerie Dada* hielt. Vor einem Kreis junger Kriegsemigranten aus allen Ländern Europas formuliert Ball in direkter Paraphrase einer berühmten Stelle aus Nietzsches *Ecce Homo*:

»Zwei, drei Dinge sind es, die die Kunst unserer Tage bis ins Tiefste erschütterten, ihr ein neues Gesicht verliehen und sie vor einen gewaltigen neuen Aufschwung stellten: die von der kritischen Philosophie vollzogene Entgötterung der Welt, die Auflösung der Atome in der Wissenschaft und die Massenschichtung der Bevölkerung im heutigen Europa. Gott ist tot. Eine Welt brach zusammen. Ich bin Dynamit. Es gibt eine Zeit vor mir. Und es gibt eine Zeit nach mir. Religion, Wissenschaft, Moral – Phänomene, die aus Angstzuständen primitiver Völker entstanden sind. Eine Zeit bricht zusammen. Eine tausendjährige Kultur bricht zusammen. Es gibt keine Pfeiler und Stützen, keine Fundamente mehr, die nicht zersprengt worden wären. Kirchen sind Luftschlösser geworden. Überzeugungen Vorurteile. Es gibt keine Perspektive mehr in der moralischen Welt. Eine Revolution gegen Gott und seine Kreaturen fand statt. Das Resultat war eine Anarchie der befreiten Dämonen und Naturmächte. Die Titanen standen auf und zerbrachen die Himmelsburgen« (Ball 1984, S. 41f.; vgl. KSA 6, S. 365ff.).

Entsprechende Äußerungen lassen sich bei vielen anderen Avantgardistinnen und Avantgardisten finden; nicht zufällig zählen umgekehrt Theoretiker der Avantgarde wie etwa der hier schon erwähnte Surrealist Georges Bataille noch heute zu den wichtigsten Interpreten der ›existierenden Denker‹. Aus ihrer Wahlverwandtschaft zu den auf sie folgenden Künstlerbewegungen heraus kann die Antiphilosophie der ›existierenden Denker‹ als Pendant des künstlerischen Avantgardismus in der Philosophie verstanden werden. Die Übereinstimmung bezieht sich nicht allein auf die weltanschaulichen Überzeugungen, sie beginnt vielmehr schon im gleichsinnig vollzogenen Bruch mit den überkommenen Stil- und Darstellungsmitteln sowie dem überkommenen Selbstverständnis der Philosophie wie der Kunst. Diese werden dabei zu einer im Alltagsleben praktizierten subversiven Lebensform – ›Experimental-Philosophie‹, ›Experimental-Kunst‹ – entgrenzt, in der die auf sich selbst zurückgeworfene individuelle Existenz in einer nihilistisch dezentrierten Welt sich neu zu orientieren sucht.

Mit dem Aufweis der Wahlverwandtschaft der ›existierenden Denker‹ zum kulturrevolutionären Avantgardismus wird zugleich sichtbar, daß beide ihren historischen Ursprung letztlich in der romantischen Bewegung des späten 18. und frühen 19. Jahrhunderts haben. Diese war schon für Hegel Ausdrucksform eines Subjekts, »für welches alle Bande gebrochen sind und das nur in der Seligkeit des Selbstgenusses leben mag« (WA 13, S. 95). Schon die Romantik setzt dem Rationalismus der Aufklärung die expressive Innerlichkeit eines inspirierten Individuums entgegen, das sich ironisch von einer ihm fremd gewordenen Welt distanziert. Freilich nimmt der romantische Widerstand gegen die Moderne in seiner von Kierkegaard über Stirner und Nietzsche zum Avantgardismus führenden Radikalisierung eine entscheidende Wendung: Während die Romantik gegen die Auflösungstendenzen der Moderne nach einer Wiederherstellung der vormodernen Welt sucht, kehren die ›existierenden Denker‹ den romantischen Impuls um, indem sie nicht mehr hinter die Moderne zurück, sondern über sie hinaus- und so allererst in sie hineingelangen wollen. So gilt schon für Stirner und Nietzsche, was später den Avantgarden zugeschrieben wird – »Avantgarde ist Romantik ohne Christentum« (Raddatz 1991, S. 126).

Der Schwebezustand als »strenge Wissenschaft«: Edmund Husserl und die Phänomenologie

Nun könnte sich die Philosophie des 20. Jahrhunderts nicht selbst als Philosophie ›nach‹ Nietzsche begreifen, wenn ihre Abschottung gegen den Schock der Moderne und dessen Brechung in der antiphilosophischen Skepsis der ›existierenden Denker‹ endgültig gewesen wäre. Selbstverständlich hat auch die akademische Philosophie den im Begriff des Nihilismus reflektierten Abbruch der theologisch-metaphysischen Tradition und zugleich das Ungenügen des Aufklärungsrationalismus anerkennen müssen (vgl. Schnädelbach 1983). Ihrem Selbstverständnis entsprechend wollte sie die nihilistische Krise in der Wiederherstellung eines allgemeingültigen Wissens und einer allgemeingültigen Moral im Horizont der entfalteten Modernität beheben. Den weitreichendsten Versuch in dieser Richtung stellt die Phänomenologie Edmund Husserls dar.

In der um das Jahr 1910 herum entstandenen Programmschrift *Philosophie als strenge Wissenschaft* bilanziert Husserl den nahezu vollständigen Zusammenbruch der philosophischen Überlieferung und die Zersplitterung des einstmals absoluten Wissens in ein unüberschaubares Feld von Standpunkten, Weltanschauungen und Meinungen. Zugleich erkennt er im mühsam kaschierten Verzicht auch der akademischen Philosophen auf einen unbedingten Geltungs- und Wahrheitsanspruch die verdeckte Bankrotterklärung der Philosophie. Konsequent bricht er mit den Neukantianismen und Neuhegelianismen der Jahrhundertwende und verlangt einen umfassenden Neubeginn. Von Grund auf erneuert, soll die Philosophie von einer Weltanschauung zu einer Wissenschaft erhoben werden, die den von der metaphysischen Tradition nur angemaßten Anspruch auf universale Geltung einlösen würde (zur Einführung vgl. die 1985/86 edierte und mit einer umfangreichen Einleitung versehene zweibändige Textauswahl Klaus Helds). Dieses Unterfangen setzt dann – nicht ohne avantgardistisches Pathos – die ›Einklammerung‹ sämtlicher überlieferter Vorurteile und Scheingewißheiten voraus: Die zur Wissenschaft aufgestiegene Philosophie muß im Bruch mit der Überlieferung auf ›die Sachen selbst‹ zurückgehen. Indem sie endlich darauf verzichtet, unausgewiesene metaphysische Vormeinungen über das An-sich-sein von Subjekt und Objekt zwischen die erkennende Subjektivität und die erkannten Objekte zu schieben, soll die wirklich wissenschaftliche Philosophie theoriefreie Beschreibungen der ›Sachen selbst‹ erarbeiten – Beschreibungen der wirklichen Erfahrung, die rein wiedergeben, was im Vollzug der Erfahrung in welcher Weise erscheint. Weil sie in dem, was erscheint, ihren voraussetzungslosen Grund hat, versteht sich die erneuerte Philosophie als ›Phänomenologie‹, d.h. als die Wissenschaft von den Phänomenen der Erfahrung selbst.

In der methodisch reflektierten Naivität seines Rückgangs auf die ›Sachen selbst‹ entdeckt Husserl dann die ursprüngliche Einheit der Erfahrung. Diese Einheit sucht er im Begriff der Intentionalität zu fassen, den er aus dem lateinischen *intendere* (sich auf etwas richten) ableitet. Daß alle Erfahrung intentional verfaßt ist, heißt zunächst einmal nur, daß das Subjekt der Erfahrung im Erfahrungsakt notwendig und immer auf etwas gerichtet ist: Erfahrung ist immer Erfahrung von etwas, Erfahrung dessen, was mir leibhaftig erscheint, solange ich wahrnehmend auf es gerichtet bin. *Intentum* bzw. *cogitatum* (Bewußtseins- bzw. Erfahrungsgegenstand) und *intentio* bzw. *cogito* (Bewußtseins- bzw. Erfahrungsakt) gehören untrennbar zusammen und bilden so die ursprünglich einige Struktur jeder Erfahrung. Hinter die ›Korrelation‹ von Bewußtsein und Gegenstand kann Husserl zufolge nicht zurückgegangen werden, weil es ›vor‹ ihr weder ein Subjekt noch ein Objekt gibt: das, was *ist*, ist Erfahrung, ›vor‹ der Erfahrung *ist* nichts. Was in der Erfahrung erscheint, ist keine ›bloße‹ Erscheinung, hinter der sich ein unbekanntes X verbirgt, sondern nichts als das an sich Seiende selbst in der Weise seines Phänomenseins. ›Phänomen‹ im Sinne Husserls ist also all das, was sich in der bestimmten Jeweiligkeit seiner Erfahrung in einer besonderen ›Abschattung‹ seines Seins zu erkennen gibt. Ein Alltagsereignis, eine weltpolitische Situation, eine nächtliche Traumszene, ein Sachverhalt der Physik oder der Religion können als solche gleichermaßen Phänomen sein. Sie unterscheiden sich lediglich in der Weise, in der sie erfahren werden, nicht aber im Hinblick auf eine ›Wirklichkeit überhaupt‹, an der sie ihrem Seinsrang nach zu richten wären. Zugleich gilt: Eben weil alle Erfahrung Erfahrung von etwas ist, gibt es keine ›Erfahrung überhaupt‹ und folglich auch kein ›Bewußtsein überhaupt‹; alle Erfahrung und alles Bewußtsein ist faktische Erfahrung und faktisches Bewußtsein.

Der Rückgang auf die Intuitionen der lebendigen Erfahrung, die Fundierung des ›Geistes‹ – des Sinns, der Bedeutung, der Geltung – in den Intentionen einer lebendigen Subjektivität und die konsequente Zurückweisung sowohl der idealistischen Konstruktion eines ›Bewußtseins überhaupt‹ wie der realistischen Konstruktion einer ›Wirklichkeit überhaupt‹ erinnern keinesfalls zufällig an die ›existenziellen Einsprachen‹ Kierkegaards, Stirners und Nietzsches. Wie ihnen geht es auch Husserl um die Befreiung der lebendigen Erfahrung von ihrer vorgeblich objektiven Vermittlung durch eine von ihrer Subjektivität abgespaltene reine Vernunft.

Doch weil die Husserlsche Phänomenologie ›strenge Wissenschaft‹ sein will, kann sie nicht einfach beim Vollzug der subjektiven Erfahrung stehen bleiben. Sie muß den subjektiven Erfahrungsvollzug vielmehr auf das ihm einbeschriebene Allgemeine und Notwendige hin reduzieren. In der Variation der im Prinzip unabschließbar vielfältigen Erfahrungsdifferenzen sucht sie das, was sich in allen perspektivischen Ansichten als das Eine und Selbe durchhält. Dies aber nennt sie, in Rückkehr auf die gerade unterlaufene Grunddifferenz aller Metaphysik, das Wesen, das *eidos*. Obwohl die Wesenheiten der Phänomenologie nicht ›hinter‹ den Phänomenen verborgen, sondern ›im‹ Phänomen aufzuweisen sind, fungieren sie nicht anders als die der Metaphysik: Sie sind der Grund dessen, was erscheint, und zugleich der Grund dafür, daß die Phänomenologie ›Erste Wissenschaft‹ sein kann (vgl. hier Kapitel I.1).

Um den Allgemeinheitsanspruch seiner Phänomenologie begründen zu können, muß Husserl dann nicht nur die Differenz der faktischen Erfahrung, sondern auch die Differenz des konkreten Erfahrungssubjekts selbst überschreiten. Dies wird erreicht, wenn die Reduktion der situativ gebundenen Erfahrung auf ihre universalen Wesensgehalte auch auf die Existenz des Phänomenologen ausgedehnt wird. Auf sein Wesen hin reduziert, erfährt sich der Phänomenologe als seiner existenziellen Differenz enthobenes und folglich *transzendentales* Bewußtsein, als Bewußtsein also, daß *aller* Erfahrung als Möglichkeitsbedingung *vorausliegt*. Mit dem Auftauchen dieses übersubjektiven Bewußtseins werden sämtliche Gehalte der Erfahrung insoweit vereinheitlicht, als sie nunmehr allesamt Phänomene dieses einen Bewußtseins sind; zu diesen Phänomenen gehört nun auch die Existenz des Phänomenologen selbst, der nun nur noch ein empirischer Repräsentant des transzendentalen *ego cogito* einer ›Phänomenologie überhaupt‹ ist.

So schaltet Husserl in der Verabsolutierung *des* Subjekts *aller* Erfahrung die konkrete Subjektivität der bestimmten Erfahrung wieder aus, die er doch ursprünglich freisetzen wollte. Damit erneuert er – wie alle anderen Idealisten auch – in der vorgeblichen Auflösung von Theologie und Metaphysik die theologisch-metaphysische Ordnung selbst. Konsequenterweise bezeichnet er die Phänomene der Erfahrung einschließlich seiner eigenen Existenz als *mundan* (weltlich), während dem transzendentalen Subjekt der Erfahrung die Auszeichnung zukommt, *extramundan* zu sein: reine Transzendenz außer und über allem ›bloß‹ Weltlichen und absoluter Ursprung allen Rechts und aller Bedeutung.

Nahezu augenblicklich hat Husserls Rückkehr zum Idealismus eine neuerliche ›existenzielle Einsprache‹ gegen sich aufgebracht, in der der Idealität des transzendentalen Bewußtseins die nicht zu reduzierende Realität des konkreten Existierens entgegengehalten wird. Anders als bei den ersten ›existierenden Denkern‹ richtet sich der Einspruch nun aber nicht mehr gegen die Philosophie schlechthin, sondern hält am Husserlschen Projekt einer Erneuerung der Philosophie aus der lebendigen Erfahrung fest. Deshalb formuliert sich die Einsprache nun auch selbst als Philosophie – genauer: als *Phänomenologie der Existenz*. Deren wichtigste Vertreter sind Karl Jaspers, Martin Heidegger und Jean-Paul Sartre; zu ihrem Umkreis zählen ferner Simone de Beauvoir, Albert Camus, Maurice Merleau-Ponty, Gabriel Marcel, Nicola Abbagnano, Arnold Metzger, Eberhard Grisebach, Max Müller, Hannah Arendt, Jeanne Hersch u.a. (vgl. im bibliographischen Anhang). Gemeinsam ist allen der methodische Ausgang von Husserls Rückruf ›Zu den Sachen selbst!‹. Deren endlich unverstellte phänomenologische Erfahrung soll die Wiederherstellung einer mit fundamentalwissenschaftlicher Geltung belehnten Universalphilosophie ermöglichen, die ihren systematischen Abschluß in der Beantwortung der Grundfrage aller Metaphysik finden soll – der Frage nach dem Sein selbst.

Gemeinsam ist den genannten Autorinnen und Autoren aber auch, daß sie schon im Ansatz offen auf Begriffe, Motive und Methoden zurückgreifen, die sie dem erklärten Antiuniversalismus Kierkegaards, Stirners und Nietzsches entlehnen. Dabei übernehmen sie von Kierkegaard den Grundbestand ihres Vokabulars und von Stirner und Nietzsche einen zunächst methodisch, letztes Endes aber auch moralisch ausgeführten Atheismus.

Macht man sich – was im Rückblick leichter fällt als im Vorgriff – die Eigentümlichkeit der in diese Konstellation eingelassenen Dialektik klar, so erhellt, daß das gesteckte Ziel nicht auf direktem Wege, d.h. nicht in systematisch abgeschlossener Form zu erreichen war. So sind denn auch die anerkannten Hauptwerke der existenziellen Phänomenologie – Martin Heideggers *Sein und Zeit* (1927) und Jean-Paul Sartres *Das Sein und das Nichts* (1943) – Fragmente geblieben. Von den ursprünglich geplanten zwei Teilen von *Sein und Zeit* sind nur die ersten beiden Abschnitte des ersten Teils erschienen, der auf der letzten Seite von *Das Sein und das Nichts* angekündigte Abschluß der Phänomenologie in einer universalen Moralphilosophie ist nie erreicht worden. Ähnliches gilt für Karl Jaspers: Von der vierbändig angelegten *Philosophischen Logik* erschien 1947 unter dem Titel *Von der Wahrheit* lediglich der erste Band.

Dennoch kann das Nichterreichen des gesteckten Ziels nicht umstandslos als Scheitern ausgelegt werden. Zwar unterwandert der Rückgriff auf Kierkegaard, Stirner und Nietzsche die universalistischen bzw. metaphysischen Intentionen Jaspers', Heideggers und Sartres so tiefgreifend, daß sie aufgegeben werden bzw. unausgeführt bleiben. Doch führt andererseits gerade die phänomenologische Rezeption der ›existierenden Denker‹ zur begrifflichen Einholung ihrer ›unzeitgemäßen‹ Erfahrung in die Mitte einer dann grundlegend verwandelten Philosophie. So finden die Phänomenologien der Existenz zwar nicht die gesuchte allgemeinverbindliche Antwort auf die Seinsfrage der Metaphysik. Statt dessen aber leisten sie einen noch heute nicht überholten Beitrag zur Beantwortung der Frage, wie unter den Bedingungen entfalteter Modernität das Sein des »historisch existierenden Selbst« begriffen werden kann – »um welches Selbst es sich letztlich in der Philosophie irgendwie handelt« (GA 9, S. 35). Weil ihr sowohl dem methodischen wie dem sachlichen Ansatz nach die größte Bedeutung zukommt, liegt das Schwergewicht der folgenden Darstellung auf der Heideggerschen Variante einer Phänomenologie der Existenz; daß dieser Vorrang gleichwohl nicht für jede Dimension des Problems gilt, wird sich vor allem im Blick auf Sartre zeigen.

2. Karl Jaspers: Weltorientierung, Existenzerhellung, Metaphysik

Die Reihe der Existenzphänomenologen mit Karl Jaspers zu beginnen, läßt sich zunächst einmal damit begründen, daß er vor Heidegger und Sartre an die akademische Öffentlichkeit tritt. Obwohl er sich schon im Untertitel einer frühen Arbeit aus dem Jahr 1912 der »phänomenologischen Forschungsrichtung« zurechnet, arbeitet er zunächst nicht als Philosoph sondern als Psychiater. 1916 zum Professor der Psychologie an der Universität Heidelberg berufen, wechselt er mit seiner *Psychologie der Weltanschauungen* (1919) erklärtermaßen zum philosophischen Diskurs über und wird schon ein Jahr später wiederum in Heidelberg Extraordinarius für Philosophie. Im selben Jahr beginnt die Freundschaft mit Heidegger, die von beiden Seiten bis zum Bruch des Jahres 1933 als »Kampfgemeinschaft an der Neubelebung der Philosophie und an der grundsätzlichen Umbildung des Philosophierens« verstanden wird (vgl. Saner 1970, S. 39). Jaspers' knapp tausend Seiten umfassendes erstes Hauptwerk erscheint allerdings erst fünf Jahre nach *Sein und Zeit*; die insgesamt drei Bände stehen unter dem ebenso schlichten wie anspruchsvollen Titel *Philosophie* und gliedern sich nach den Aufgabenbereichen der philosophischen Weltorientierung, der Existenzerhellung und der Metaphysik. 1937 wird Jaspers von den Nazis abgesetzt, ein Jahr später wird er nach der Herausgabe der Programmschrift *Existenz-philosophie* mit Publikationsverbot belegt. Nach der Befreiung von der faschistischen Diktatur wird er zum Ersten Senator der Heidelberger Universität ernannt, siedelt jedoch 1948 endgültig nach Basel über, wo er bis zu seiner Emeritierung 1961 lehrt.

Mit Jaspers zu beginnen, ist auch insoweit gerechtfertigt, als er im Unterschied zu Heidegger und Sartre gar nicht die Ausarbeitung einer definitiv eigenständigen Existenzphilosophie anstrebt. So erklärt er einerseits, daß eine genuin moderne Philosophie ohne Kierkegaard und Nietzsche nicht konzipiert und deshalb auch nur als Existenzphilosophie begonnen werden kann. Bei dieser soll es sich dann aber andererseits »nicht um eine neue, nicht um eine besondere Philosophie« handeln, sondern »um die eine, ewige Philosophie«, um die es seit ihren Anfängen allen Philosophen zu tun war (VuW, S. 50). Deshalb bezieht sich Jaspers sowohl in sachlicher als auch in begrifflicher und methodischer Hinsicht gleichermaßen auf Kierkegaard und Nietzsche wie auf Kant, Hegel, Husserl und die gesamte metaphysische Tradition. Problematisch ist die Zusammenführung all dieser Traditionen nun aber deshalb, weil sie ohne ausdrückliche historisch-kritische Reflexion vorgenommen wird. Statt dessen setzt Jaspers unmittelbar inmitten der überkommenen Problemstellungen ein, um über den immanenten Aufweis ihrer Unabschließbarkeit den Übergang zur existenziellen Phänomenologie zu rechtfertigen. Weil dann aber sowohl der Eigensinn als auch der Sachgehalt seiner Phänomenologie an diesen Problemen hängt, muß er deren überkommene Stellung wie den Grundbestand der überkommenen Lösungsvorschläge dogmatisch-affirmativ voraussetzen und verteidigen. So hängen z.B. Jaspers' Ausführungen über die notwendige Begrenztheit des Wissens und die Unumgänglichkeit der existenziellen Entscheidung und des existenziellen Glaubens daran, daß sein Wissenschaftsbegriff strikt an denjenigen Kants gebunden bleibt. Erweist dieser sich aber als unzureichend oder hinfällig, entfällt zugleich der Kern der von Jaspers in eigener Sache aufgebotenen Argumentation. Gleichermaßen von der Tradition gelöst wie an sie gebunden, verfängt sich sein Philosophieren in einer Zweideutigkeit, die unauflöslich bleibt, ohne doch in jedem Fall Ambivalenzen der Sache selbst auszudrücken.

Nun liegt die Stärke der Jaspersschen Existenzphilosophie darin, gerade in ihrer systematischen Entfaltung dargestellt zu haben, daß ihre tendenziell selbstdestruktive Zweideutigkeit nicht nur einer methodischen Verfehlung des Autors entsprang. Denn nur indem sich Jaspers im Gegenzug auf die Selbstbescheidung der damaligen Philosophie auf das Abenteuer einläßt, die klassisch-metaphysische

Seinsfrage neu beantworten zu wollen, konnte er zeigen, daß diese Antwort unter den Bedingungen der entfalteten Moderne nur in der Erfahrung der »Zerrissenheit des Seins« und folglich in nicht-positiver Weise gefunden werden konnte: »Will ich wissen, was Sein ist, so zeigt sich also, je unerbittlicher ich weiterfrage und je weniger ich mich durch ein konstruktives Bild des Seins täuschen lasse, desto entschiedener die Zerrissenheit des Seins für mich. Nirgends habe ich das Sein, sondern immer nur ein Sein« (Phil III, S. 2). Zugleich konnte nur so deutlich werden, daß die Frage nach dem Sein keine Angelegenheit routiniert betriebener Gelehrsamkeit war, sondern nur im Durchgang durch eine existenzielle Erschütterung aufgenommen werden konnte, deren adäquater philosophischer Ausdruck erst zu finden war. Den historischen Hintergrund dieser Erschütterung benennt Jaspers eingangs der Programmschrift *Existenzphilosophie* wie folgt:

»Was Existenzphilosophie genannt wird, ist zwar nur eine Gestalt der einen, uralten Philosophie. Daß aber Existenz für den Augenblick das kennzeichnende Wort wurde, ist nicht zufällig. Es betonte, was die eine Zeitlang fast vergessene Aufgabe der Philosophie ist: *die Wirklichkeit im Ursprung zu erblicken und sie durch die Weise, wie ich denkend mit mir selbst umgehe, – im inneren Handeln – zu ergreifen.* Das Philosophieren wollte aus dem bloßen Wissen von Etwas, aus den Sprechweisen, aus den Konventionen und dem Spiel der Rollen – aus allen Vordergründen zurückfinden zur Wirklichkeit. Existenz ist eines der Worte für Wirklichkeit, mit dem Akzent durch Kierkegaard: alles wesentlich Wirkliche ist für mich nur dadurch, daß ich ich selbst bin. Wir sind nicht bloß da, sondern unser Dasein ist uns anvertraut als Stätte und als Leib der Verwirklichung unseres Ursprungs. (...) Wenn der Aspekt des Gesamtzeitalters seit einem Jahrhundert ein ganz anderer war, nämlich der der Nivellierung, Maschinisierung, Vermassung, dieses Daseins der universalen Ersetzbarkeit von Allem und Aller, in dem niemand mehr selbst da zu sein schien, so war dies der erweckende Hintergrund. Die Menschen, die sie selbst sein konnten, erwachten in dieser erbarmungslosen, jeden Einzelnen als Einzelnen preisgebenden Luft« (Ex, S. 1 f.).

Das Umgreifende

Jaspers' Verhältnis zu den ›existierenden Denkern‹ ist in der unscheinbaren Formulierung angezeigt, nach der die Existenz nur *eines* der Worte ist, in denen die von der Philosophie gesuchte »Wirklichkeit im Ursprung« benannt wird. Die ursprüngliche Wirklichkeit selbst aber ist über alle ihre Benennungen hinaus die positiv niemals zu fassende Einheit alles Seienden, die Jaspers seit *Vernunft und Existenz* (1935) im Begriff ›das Umgreifende‹ anspricht. Weil der Begriff der Existenz nur eines der Worte ist, in denen das Umgreifende benannt wird, stellt die Existenzerhellung auch nur einen der Wege dar, auf dem die Philosophie sich ihm anzunähern sucht. Daß die Philosophie gleichwohl nur über die Existenzerhellung an ihr Ziel gelangen kann, hängt am Umgreifenden selbst: Da es jede mögliche Benennung übersteigt und folglich begrifflich nicht fixiert werden kann, muß die Philosophie »zu ihm transzendieren in einem Denken, daß sich im Nichtdenkenkönnen vollendet« (Phil III, S. 38). Dieses »Nichtdenkenkönnen« wird erreicht, wenn die philosophierende Existenz ihre eigenen Grenzen erkennt und sich so unverstellt die Fragwürdigkeit des Umgreifenden bewußt macht. Deshalb ist Philosophie das »innere Handeln« einer auf sich vereinzelten Existenz, die sich freigibt »für das Entgegenkommen des Seins, das einem jeden nur fühlbar wird, sofern er sich selbst entgegenkommt und nicht ausbleibt, sich gleichsam geschenkt wird« (VuE, S. 125).

In der Annäherung an das Umgreifende geht Jaspers von Husserls Aufweis der Intentionalitätsstruktur der Erfahrung aus. Husserl selbst hatte bereits darauf hingewiesen, daß die Subjekt und Objekt korrelierende Intentionalität in jedem einzelnen Erfahrungsvollzug horizontal umschlossen ist: Jedes Phänomen der Erfahrung verweist auf ein anderes Phänomen, das selbst wieder auf weitere Phänomene und so schließlich auf den Horizont verweist, aus dem heraus alle Phänomene zugänglich werden. Wird die Grenze des gegebenen Horizonts erreicht, so zeichnet sich ein weiterer, umfänglicherer Horizont ab. Niemals aber stößt die Erfahrung auf einen letzten Horizont als solchen und folglich nie auf ein Ende des Verwiesenseins von einem Horizont auf den nächstumgreifenden. Jaspers zufolge wird nun aber im Fortgang von Horizont zu Horizont intuitiv verstanden, daß ein Ganzes sein muß, das als letztes Umgreifendes alles horizontal umgriffenen Seienden das Sein im Ganzen wäre. Da dieses letzte Umgreifende »ebenso unerbittlich ›ist‹, wie es nicht gesehen wird und und unbekannt bleibt« (VuE, S. 52), erschließt seine ebenso ungegenständliche wie unabweisbare Intuition das Ganze des Seins als unhintergehbar aufgespalten in ein bestimmtes ›Sein-für-uns‹ und ein unbestimmbares ›An-sich-sein‹. Folglich beharrt Jaspers im Rückgang von Husserl auf Kant auf der Unhintergehbarkeit der Subjekt-Objekt-Spaltung selbst: Subjektivität und Objektivität sind die elementaren Formen, in denen das eine Sein Gegenstand der Erfahrung werden kann und zugleich ungegenständlicher Grund und Grenze aller Erfahrung ist. So wandelt sich die Frage nach dem *einen* Umgreifenden – wiederum gut phänomenologisch – in die Frage nach den Weisen seines Gegebenseins und Nichtgegebenseins in der Erfahrung. Diese Frage richtet sich auf das erfahrene und zugleich der Erfahrung sich entziehende Sein als solches. Im selben Zug aber richtet sie sich auf uns selbst, sofern wir das Subjekt jeder möglichen Seinserfahrung sind.

Wandelt sich nun aber die Frage nach dem Sein in die Frage nach seinem Gegebensein in den Weisen des Umgreifens, so erschließt die grundlegende Subjekt-Objekt-Spaltung noch weitere Spaltungen. Diese benennt Jaspers nach der Seite des Seins als ›Welt‹ und ›Transzendenz‹, nach der Seite des Subjekts der Seinserfahrung als ›Dasein‹, ›Bewußtsein überhaupt‹ und ›Geist‹.

Alle diese Begriffe entnimmt er der philosophischen Tradition und folgt in ihrer Verwendung jeweils den Bedeutungen, die sie dort erhalten haben. Die getroffene Auswahl aber entspringt nicht einer begrifflichen Deduktion, sondern ihrer Tauglichkeit zur Benennung niemals eindeutig zu definierender existenzieller Grunderfahrungen – auch hier ist Jaspers Phänomenologe.

In der phänomenologischen Erhellung dieser Grunderfahrungen soll dann aufgewiesen werden, daß die diversen Weisen des Umgreifenden nicht einfach äußerlich nebeneinanderliegen, sondern selbst wieder in anderen Weisen des Umgreifenden aufeinander bezogen sind. Als solche benennt Jaspers im besonderen Anschluß an Kierkegaard die ›Existenz‹ und im umfassenden Anschluß an die gesamte europäische Metaphysik die ›Vernunft‹. Alle Weisen des Umgreifenden spalten sich dann noch einmal hinsichtlich ihres Gegebenseins (Immanenz) oder Nichtgegebenseins (Transzendenz) in der gegenständlichen Erkenntnis: Dasein, Bewußtsein überhaupt und Geist sowie die Welt als ihr Korrelat sind der Gegenstandserkenntnis immanent, Existenz und Transzendenz sind der Gegenstandserkenntnis transzendent. In *Von der Wahrheit* schematisiert Jaspers die genannten Weisen des Umgreifenden wie folgt (VdW, S. 50):

	Das Umgreifende, das wir selbst sind:	Das Umgreifende, das das Sein selbst ist:
Das Immanente:	Dasein Bewußtsein überhaupt Geist	Welt
Das Transzendente:	Existenz	Transzendenz

Das Band aller Weisen des Umgreifenden in uns: die Vernunft

Gemäß dieser Ausdifferenzierung des Umgreifenden differenziert sich dann auch die Philosophie:

»Daß alles Dasein am Grenzbegriff des Ansichseins zur Erscheinung wird, daß die Existenz sich nicht für das Sein schlechthin halten kann, daß sie sich vielmehr auf Transzendenz bezogen weiß, bereitete dem Impuls zum Suchen des Seins den Weg. Dieses Suchen hat daher drei Ziele, die sich, wie unbestimmbar sie auch bleiben, auseinander hervorbringen: es geht in die Welt, sich zu orientieren, dringt über die Welt im Appell an sich als mögliche Existenz und öffnet sich der Transzendenz. Es ergreift auf dem Weg in die Welt das Wißbare, um sich von ihm abzustoßen und wird so zur philosophischen *Weltorientierung*; es erweckt aus dem bloßen Weltdasein heraustretend die Aktivität der Selbstverwirklichung und wird so zur *Existenzerhellung*; es beschwört das Sein und wird *Metaphysik*« (Phil I, S. 28).

Das Dasein

Im Nach- und Ineinander von Weltorientierung, Existenzerhellung und Metaphysik »gibt es keinen radikalen Anfang. Niemand beginnt von vorn. Ich trete in keine Ursituation« (Phil I, S. 11). Gleichwohl entspringt, was erfahren und gedacht werden kann, »einem gemeinsamen Boden, dem Dasein des Denkenden« (ebd., S. 6). Dieses Dasein erschließt sich in der Grunderfahrung des »Ich bin da«, in der ich mich erfahre als »dieser Körper, als dieses Individuum, mit einem unbestimmten Bewußtsein im Spiegel meiner Geltung für meine Umgebung« (ebd., S. 13).

In meinem Dasein kann ich für mich selbst und für andere zum Gegenstand empirischer Erkenntnis werden. Ich werde dann unter einem bestimmten Aspekt meines Daseins zum Objekt: als körperliche Materie, als lebendiger Organismus, als Psyche, als soziale Person usw. Wie auch immer ich dabei beschrieben werde, stets verdankt sich die Beschreibung einer spezifischen Reduktion, in der die innere Erfahrung meines Daseins zugunsten seiner objektiven Darstellung ausgeblendet wird. Nach dieser inneren Erfahrung aber bin ich ein bestimmtes Gegenwärtigsein in der Welt, lebendiger Vollzug und Zusammenhang eines auf sich gestellten Lebens in seiner besonderen Umwelt, kurz – ich bin mein Dasein, für mich einzig und einzigartig. Insofern ich ein solches endliches Leben lebe, ist mein Dasein in sich selbst geschlossen; insofern ich in diesem Dasein intentional auf die Dinge der Welt und auf anderes Dasein gerichtet bin, bin ich zugleich offen zur Welt. In mich geschlossen und dennoch weltoffen, umgreife ich die ganze Welt und bin so selbst der Horizont, aus dem heraus mir die Dinge der Welt und alles Mitdasein begegnen.

Immer schon in die Welt versetzt, ist das Dasein ein »unablässiges Getriebensein zur Befriedigung vielfältigen Begehrens« (ebd., S. 9). Durch sein Bewußtsein von der Natur getrennt und im selben Augenblick seiner Endlichkeit und also seiner Vereinzelung bewußt, stellt der von Not und Todesangst getriebene Wille zur Selbstbehauptung seinen mächtigsten Antrieb dar. Der Todesangst sucht es im sinnlichen Genuß und im »Gefühl der Daseinserweiterung« zu entkommen, »für die es täglich sich bemüht« (ebd.). Deshalb lebt es in intentionaler Spannung auf künftige Möglichkeiten, Ziele, Lüste und Gefahren hin: »Sorge, entsprungen aus der Reflexion auf das Kommende, zwingt, Zukünftiges zu sichern. Der grenzenlose Lebenswille und die Machtinstinkte des Daseins verlangen ihre Befriedigung im Überwinden Anderer und im Genuß der eigenen Geltung im Spiegel der Umwelt. Es ist, als ob es erst darin sein eigentliches Daseinsbewußtsein hätte. Jedoch mit allem nur einen Augenblick befriedigt, drängt es weiter. Mit nichts eigentlich zufrieden, erreicht es kein Ziel, sondern hört auf mit seinem Tode« (ebd., S. 9f.).

Sich selbst erschlossen in der inneren Erfahrung des »Ich bin da« *und* im Ungenügen an dieser Grunderfahrung, ist das Dasein immer schon über die von ihm umgriffene Umwelt hinaus. Das Hinaussein über die nächste Umwelt eröffnet dann die nächste Weise des Umgreifenden, die Jaspers mit dem Kant entlehnten Leitbegriff der idealistischen Philosophie, mit dem Begriff des »Bewußtseins überhaupt« benennt.

Das Bewußtsein überhaupt

Erschließt sich die »Daseinswirklichkeit eines Trieblebens« (ebd., S.10) in der Grunderfahrung des »Ich bin da«, so erschließt sich das formale ›Bewußtsein überhaupt‹ in der Grunderfahrung der Einheit des »Ich denke«, in der Ichbewußtsein und Gegenstandsbewußtsein umgriffen sind. Wie die Daseinserfahrung ist auch diejenige des Bewußtseins eine Form der Selbsterfahrung:

»Im Ichbewußtsein, vom anderen Ich und vom Gegenstand, auf den ich mich richte, unterschieden, weiß ich mich aktiv und als identisch mit mir durch die Zeit; ich weiß mich als Ich, das nur eines ist. Im Gegenstandsbewußtsein gibt es für mich die Weisen des gegenständlichen Seins in den Kategorien; ich erfasse, was als bestimmtes Sein mir entgegentritt, und kenne als allgemeingültig eine mögliche Erkenntnis von allem Weltdasein. Ich bin als Bewußtsein überhaupt durch jedes andere vertretbar, das mit mir zwar nicht numerisch, aber der Art nach gleich ist« (ebd.).

Die universelle Vertretbarkeit des Bewußtseins überhaupt durch jedes beliebige individuelle Bewußtsein resultiert daraus, daß es die notwendigen Denkformen aller Gegenstände umgreift und insofern das Medium allgemeinverbindlicher und allgemein austauschbarer Erkenntnis bildet: Unabhängig von der Differenz meines individuellen Daseins nehme ich wie jede und jeder andere am Bewußtsein überhaupt teil, sowie ich in den gültigen Verstandeskategorien und -schemata denke. Wie das Dasein kann auch das Bewußtsein überhaupt zum Objekt der Erkenntnis werden. Dies geschieht, sofern es zum Gegenstand der philosophischen Logik wird, die nach den transzendentalen Bedingungen der Erkenntnis fragt. Da es selbst der ermöglichende Grund auch der Philosophie ist, kann es trotzdem niemals vollständig vergegenständlicht werden, sondern bleibt zugleich sich entziehender Horizont aller Vergegenständlichung.

Während das Dasein seine Grenze im unstillbaren Unbefriedigtsein seiner Begierden findet, findet das Bewußtsein überhaupt die seine im unabschließbaren Und-so-weiter potentiell wahrer Gegenstandserkenntnis einerseits und im Scheitern am Sichentziehen des Ungegenständlichen, zu dem es selbst gehört, andererseits. Insoweit entspricht die Erfahrungsdimension des Bewußtseins überhaupt bei Jaspers nicht nur dem Namen sondern auch der Sache nach dem, was Kant als die »ursprünglich-synthetische Einheit der Apperzeption« bezeichnet hatte, die in der Form des »Ich denke« alle meine Vorstellungen begleiten können muß (vgl. die *Kritik der reinen Vernunft*, § 16, S. B 131ff.). Exemplarisch zeigt sich an der Übernahme des kantischen Bewußtseinsbegriffs die geradezu eklektische Weise, in der Jaspers sich unmittelbar an die Tradition anschließt, ohne dies noch einmal kritisch zu reflektieren.

Die Welt

Die Daseinserfahrung des »Ich bin da« und die Bewußtseinserfahrung der Einheit des »Ich denke« kommen an ihren Grenzen in einer dritten Grund- und Selbsterfahrung überein, die sich in dem Satz »Ich bin in einer Welt« aussprechen läßt. Im Begriff der ›Welt‹ faßt Jaspers das Faktum, daß wir sowohl als Dasein wie als Bewußtsein überhaupt einem Anderen gegenüberstehen, das wir zwar seiner Form nach, nicht jedoch seiner Wirklichkeit nach bestimmen. Weil die Welt zwar das stete Gegenüber unseres Daseins und unseres Bewußtseins, zugleich jedoch nie ein einfacher Gegenstand ist, muß auch sie als Weise des Umgreifenden, als Horizont der Erfahrung begriffen werden. Welt ist dann das Worin aller Gegenstände, auf die wir in den Lebens-, Anschauungs- und Denkvollzügen unseres Daseins und Bewußtseins gerichtet sind.

Als endlos offener Raum aller möglichen Erfahrung umgreift sie meine eigene begrenzte Umwelt und zugleich alle anderen besonderen Umwelten. Weil sie in ihrer Ganzheit niemals zum Gegenstand der Erfahrung werden kann, ist sie in ihrem uneinholbaren Andersein der Ursprungsraum jedes bestimmten Andersseins. Als »Idee im Sinne Kants« (VdW, S. 97) gibt sie unserer aktuell immer beschränkten Erkenntnis das Ziel, den ersten Grund und letzten Zusammenhang alles Einzelnen und Besonderen finden zu wollen. Weil dieses Ziel schon im beschränktesten konkreten Erkenntnisvollzug angestrebt wird und dennoch faktisch nie zur Gänze erreicht werden kann, erschließt die Idee der Welt die Unabgeschlossenheit und Unabschließbarkeit und folglich die freie Offenheit des Raums der Erfahrung.

Der Geist

In der unabschließbaren Suche nach der Einheit der Welt erfahre ich, daß die Welt nicht einfach nur ›da‹ ist, sondern verändert werden kann. Zugleich erschließt sich mir, daß in der Veränderung gegebener Welten neue Welten hervorgebracht werden können. In der Grunderfahrung »Ich bringe eine Welt hervor« zeigt sich, daß ich nicht nur individuelles Dasein meiner Begierden und nicht nur universelles Bewußtsein meiner Erkenntnisse, sondern zugleich geschichtlicher ›Geist‹ bin, der religiöse, philosophisch-wissenschaftliche, politische, moralische und ästhetische Ideen erzeugt und verwirklicht. Als »geistiges Wesen« überschreite ich mein Dasein und mein Bewußtsein im geschichtlichen Sichhervorbringen der Gesellschaft, deren Subjektivität ich bin: »Geist als die Subjektivität des Individuums ist nur durch Teilnahme an einem objektiven Geist, den nicht der Einzelne hervorbringen kann, wenn er auch als Glied eines Zusammenhangs Miturspung objektiven Geistes wird. Als geistiges Wesen werde ich angesprochen von ihm als von einem Allgemeinen, das seine Einheit jeweils in geschichtlich an mich herantretenden Ideen hat« (Phil I, S. 170).

Hatte sich Jaspers im Begriff des Bewußtseins an Kant angeschlossen, so schließt er sich mit seinem Begriff des Geistes an Hegel an. Allerdings versteht Jaspers den Geist im Unterschied zu Hegel stets als einen partikularen Geist, der den Bedingungen seiner Genese unaufhebbar verhaftet bleibt: Geist einer Berufsgruppe, eines Standes, einer Klasse, eines Volkes, einer Glaubensgemeinschaft, einer Generation, einer Epoche, einer Kultur. Jeweils von einer besonderen gesellschaftlichen Formation getragen und ihren Angehörigen einverleibt, realisiert sich der Geist »in der materiellen Wirklichkeit seiner Welt, die in der Gemeinschaft von Menschen mittels der Ordnungen der Produktion, der soziologischen Abhängigkeitsverhältnisse und der Fixierung eines gemeinschaftlichen Tuns ihre Objektivität hat« (ebd., S. 178). In der Phase seiner Herausbildung zunächst eine »unreflektierte Lebensform« (ebd.), wird der Geist in der Folge der Generationen und im Mit-, Neben- und Gegeneinander besonderer gesellschaftlicher Gruppen seiner Partikularität bewußt. Er erfährt dann, wie jede seiner Ideen durch ihren geschichtlichen Ort bestimmt ist und wie folglich keiner ein unbedingter Vorrang vor der anderen zukommt: Jede einzelne für sich »hat jeweils ihr Recht an ihrem Platz. Sie ist geschichtlich wirksam im Erfolg« (VdW, S. 617). Mit dem wachsenden Bewußtsein ihrer Partikularität lockert sich die innere Einheit einer Geistesformation und trennt sich zunehmend in »Sphären« auf, »die im Kampf stehen« (Phil I, S. 180):

»Hier wird eine Grunderfahrung des Daseins maßgebend: *das Scheitern der Idee in der Realität.* Die Realität ist nie als Ganzes von der Idee durchdrungen, die Ideen sind in ihr. Wir vermögen in der Realität begrenzte Welten unter Ideen zu erkennen; aber diese Erkenntnis kommt nie ans Ende und gipfelt in keiner Universalidee, in der alle anderen Ideen aufgehoben wären. Wir vermögen unter Ideen Realisierungen zu vollziehen und vollzogen zu sehen; aber diese praktischen Realisierungen sind alle zum Untergang verurteilt. Die Welt in ihrer Realität ist unter Ideen nicht vollendet zu denken oder zu gestalten« (VdW, S. 619).

Prägnant zeigt sich an dieser Stelle das ganze Ausmaß des durch die Übernahme des Geistbegriffs zunächst verdeckten Unterschieds zwischen Jaspers und Hegel. Während der Geist bei Hegel im Zuge seiner geschichtlichen Bewußtwerdung zum »Weltgeist« wird, der alle Partikularität in die Unbedingtheit und Allgemeinheit seines Sichwissens aufhebt und darin zugleich die gesamte Realität durchdringt, führt die Bewußtwerdung des Geistes bei Jaspers ›nur‹ noch zur »Verselbständigung partikularer Sphären des Geistes« und ihrer »Auflehnung gegen ein Ganzes« (Phil I, S. 180). Damit aber enthüllt sich die zugleich philosophie- und realgeschichtliche Differenz, die Jaspers von Hegel trennt und seiner Aktualisierung des Geistbegriffs eine unüberwindliche Grenze setzt: Suchte Hegels Idealismus im Begriff des Geistes die allumfassende Einheit der Welt und der Geschichte, so ist die Einheit des Geistes bei Jaspers in die einander bekämpfenden Welten der modernen Ideologien und der sie tragenden sozialen Gruppen aufgesprengt.

Nicht zufällig führt der scheiternde Aufstieg vom Dasein und Bewußtsein über die Welt zum Geist zum Rückgang in die Existenz. Deren Begriff entlehnt Jaspers dem Gegenspieler Hegels, Kierkegaard:

»Angesichts der Gesamtheit der bis hierhin erörterten Weisen des Umgreifenden befällt den Philosophierenden, der nicht im Anblick des Denkbaren sich verlieren, sondern sich selbst zum eigentlichen Sein hervortreiben will, eine tiefe Unbefriedigung: er weiß zu wenig in dem Zuviel der scheinbar unermeßlich reichen Mannigfaltigkeit, auf die er verwiesen wird; er spürt in allen diesen Dimensionen dieses so gefaßten Umgreifenden nicht das Sein selbst; er ist befreit in eine Weite, in der es wie leer wird (...). Der Mittelpunkt des Philosophierens wird erst erreicht im Bewußtsein möglicher Existenz. Existenz ist das Umgreifende nicht im Sinne der Weite eines Horizonts der Horizonte, sondern im Sinne des Ursprungs der Bedingungen des Selbstseins, ohne das alle Weite Verblasenheit wäre« (VuE, S. 52).

Das »Bewußtsein möglicher Existenz« kann nicht direkt intendiert werden, sondern erschließt sich zunächst in der Reflexion auf die Grenzen der bisher genannten Weisen des Umgreifenden. Der ›Zerrissenheit des Seins‹ reflexiv inne werdend, nehme ich mich aus dem bloßen Getriebensein im Dasein, aus der Objektivität des Bewußtseins überhaupt und aus meiner politisch-moralischen Bindung an den Geist meiner jeweiligen Gesellschaftlichkeit zurück. Im selben Augenblick stoße ich auf mich selbst als die mir nächste und doch nie geradehin verfügbare Differenz in den Differenzen des Seins: »Ich bin das Sein, das sich um sich bekümmert und im Sichverhalten noch entscheidet, was es ist« (Phil II, S. 35).

Weil ich meine Existenz nun aber nicht als objektive Gegebenheit vor mich bringen kann, kann es zwischen dem Dasein, dem Bewußtsein überhaupt und dem Geist einerseits und der Existenz andererseits keinen kontinuierlichen Übergang, sondern nur die Diskontinuität des ›Sprunges‹ und der Entscheidung geben:

»Existenz, die das Umgreifende verwirklicht, das ich selbst bin, ist eigentlich ein Seinkönnen: Sie steht ständig in der Wahl, zu sein oder nicht zu sein. Sie muß sich über sich entscheiden. Ich bin nicht nur da, bin nicht nur der Punkt eines Bewußtseins überhaupt, bin nicht nur Stätte geistiger Bewegungen und geistigen Hervorbringens, *sondern ich kann in diesen allen ich selbst sein oder nicht ich selbst sein*« (VdW, S. 77).

Das existenzielle Entweder-Oder möglichen Selbstseins erschließt sich nur in den unverfügbaren Grunderfahrungen, die Jaspers

»Grenzsituationen« nennt. In einer Grenzsituationen steht mein Sein insofern zur Entscheidung, als ich augenblicklich zu seiner gänzlichen und unbedingten Bejahung oder Verneinung aufgerufen bin. Zur unbedingten Bejahung oder Verneinung steht aber nur das aus, was nicht auch anders sein und deshalb nur angenommen oder verworfen, nicht aber verändert werden kann: »Situationen wie die, daß ich immer in Situation bin, daß ich nicht ohne Kampf und ohne Leid leben kann, daß ich unvermeidlich Schuld auf mich nehme, daß ich sterben muß« (Phil II, S. 203).

Grenzsituationen sind mit unserem Sein selbst gegeben und insofern unausweichlich, endgültig und unhintergehbar. Sie können weder erklärt noch abgeleitet, sondern nur unverstellt hingenommen oder aber verdeckt und verdrängt werden. Zur Eröffnung der Existenz führen sie freilich nur dann, wenn ihr Entweder Oder auch tatsächlich »entschieden« wird: »Auf Grenzsituationen reagieren wir daher auch nicht durch Plan oder Berechnung, sondern durch *eine ganz andere Aktivität, das Werden der in uns möglichen Existenz.* (...) Grenzsituationen erfahren und existieren ist dasselbe« (ebd., S. 203f.).

Sind nun aber unverstellte Erfahrung der Grenzsituation und Eröffnung der Existenz dasselbe, so stellt die Empörung die erste Regung des Existierens dar. Ohne meine Einwilligung in die grund- und rechtfertigungslose Realität eines Daseins versetzt, aus dem ich wiederum ohne Einwilligung herausgerissen werde, erhebe ich mich gegen diese Realität und setze ihr meine Weigerung entgegen: »Ich gebe, was mir ohne meinen Willen zuteil wurde, eigenmächtig zurück in der Möglichkeit des Selbstmordes aus Trotz« (Phil III, S. 71). Wird der radikale Vollzug der existenziellen Empörung aufgeschoben, so bleibt nur der Rückzug aus der Existenz in die Selbstlosigkeit eines Geradehinlebens in Dasein, Bewußtsein überhaupt und Geist oder aber das bewußte Festhalten des Aufschubs der Entscheidung, in der ich mir selbst zur »ständigen Frage« werde (ebd., S. 72). Im Offenhalten der Frage hin und her gerissen zwischen der Möglichkeit faktischer Selbstauslöschung durch Verwerfung des Daseins und dem Selbstverlust durch Rückzug aus der gerade erst eröffneten Existenz, bricht die »existenzielle Angst« auf, die mit der Todesangst des Daseins nicht verwechselt werden darf: »Ich sorge mich nicht mehr um mein Dasein, habe nicht die sinnliche Angst vor dem Tode, sondern die vernichtende Angst, schuldig mich selbst zu verlieren« (Phil II, S. 266).

Im Andrang der existenziellen Angst erschließt sich dann aber die dritte Möglichkeit in der unverfügbaren Eröffnung der Existenz. Diese Möglichkeit liegt zunächst nur darin, »aus der leeren Indifferenz heraus die Angst geradezu zu wollen, um wieder zu sich zu kommen« (ebd., S. 267). Im »Mut zur Angst« (ebd.) erfahre ich mich als unbedingte Freiheit zur Verwerfung oder Annahme meiner selbst und insofern als Freiheit zur Verwerfung oder Annahme der Freiheit selbst: Durch mich selbst ermächtigt zur unbedingten Entscheidung über das eigene Sein, wähle ich mich als Möglichkeit der Wahl. Die Unbedingtheit der existenziellen Wahl liegt darin, daß sie als Selbstwahl in der unverstellten Konfrontation mit der Grenzsituation »nicht das Resultat eines Kampfes der Motive, nicht die nur scheinbare Entscheidung nach Ausführung gleichsam eines Rechenexempels, nicht Gehorsam gegen einen objektiv formulierten Imperativ (ist). Vielmehr ist das Entscheidende der Wahl, daß ich wähle. (...) Diese Wahl ist der Entschluß, im Dasein ich selbst zu sein« (ebd., S. 180f.).

Blickt man vom Drama der Selbstwahl zurück auf den Weg vom Dasein zur Existenz, so zeigt sich, wie Jaspers in der phänomenologischen Entfaltung der Seinsfrage dem Stufengang der Existenz-Dialektik Kierkegaards folgt: In der Erfahrung der Grenzsituation ist die Existenz auch für ihn die Realität, an der das Denken »stranden« muß (vgl. UNS II, S. 14). Allerdings betreiben beide ihre Existenz-Dialektik in entgegengesetzter Richtung. Während Kierkegaard im Sprung in das ›wesentliche Existieren‹ zugleich aus der Philosophie herausspringen will, stellt die Einkehr in die Existenz für Jaspers umgekehrt den Übergang in ein »philosophisches Leben« dar: »Die Überwindung der Angst im absoluten Bewußtsein ist das nicht objektive, aber im Innersten erfahrene Kriterium philosophischen Lebens. Wer den Weg zum absoluten Bewußtsein aus eigenem Ursprung sucht, ohne objektive Garantien gegen die Angst, lebt philosophisch« (Phil II, S. 268).

Rekonstruiert man Jaspers' Differenzierung der Weisen des Umgreifenden, die wir selbst sind, auf der Folie der Existenz-Dialektik Kierkegaards, so wäre das unmittelbare Leben des Daseins, des Bewußtseins überhaupt und des Geistes ›vor‹ seiner existenziellen Verwandlung als Form des bloß ästhetischen Existierens zu bezeichnen: Das Dahingetriebenwerden von der Begierde, die interesselos distanzierte Gegenstandserkenntnis und die unreflektierte Übernahme gesellschaftlich vorgegebener Ideologien wären dann Weisen, ohne Vollzug eines ausdrücklichen Selbstverhältnisses dem bloß Gegebenen verhaftet zu bleiben.

Mit dem Sprung aus dem ästhetischen Existieren in die Wesentlichkeit der ausdrücklich ergriffenen Existenz öffnet sich dann bei Jaspers nicht anders als bei Kierkegaard zunächst einmal die ethische Sphäre der Existenz (vgl. Kap. I.3). Wie bei Kierkegaard ist die existenzielle Angst darum auch bei Jaspers im Kern Gewissensangst, die im Augenblick der Selbstwahl aufbricht. Vom Gewissen angerufen, findet die Existenz sich im Augenblick ihrer Selbstermächtigung zur Freiheit schon in die Wahl von Gut und Böse gestellt. Mit dieser Wahl öffnet sich für die Existenz der Raum ihrer eigentlichen Geschichtlichkeit, die Jaspers wie Kierkegaard als Einheit von Dasein und Existenz, von Notwendigkeit und Freiheit und von Zeit und Ewigkeit bestimmt.

- In der Einheit von Dasein und Existenz gibt das Selbst seinem individuellen Dasein absolute Bedeutung, um es zugleich vor der Freiheit seines Wählenkönnens zu relativieren. Diese Doppelbewegung von Bindung und Loslösung bezeichnet Jaspers als die »existenzielle Beseelung des Daseins«, in der das gelebte Leben zugleich »ernst« und »verschwindend« wird (VdW, S. 78). Das existierende Selbst übernimmt ausdrücklich sein Gewordensein aus dieser Herkunft, dieser Familie, dieser Heimat, es übernimmt zugleich »den Jubel des Daseins« und »leidet am Dasein als Dasein« und weiß sich doch jederzeit als das Nichtidentische zu allem Gegebenen (ebd.).
- In der Einheit von Notwendigkeit und Freiheit realisiert die Existenz, daß die bestimmten Situationen ihres Daseins gerade in ihrer Bestimmtheit nichts als die konkreten Bedingungen seiner Freiheit sind. Im Dasein immer schon in der Folge von eigenen und fremden Entscheidungen stehend und deshalb nie von vorne beginnend, ist die Existenz dennoch die Erfahrungsdimension, in der alles Wirkliche nur so erscheinen kann, daß es von der Möglichkeit seiner existenziellen Bejahung oder Verneinung und folglich von Freiheit durchsetzt ist. So folgt aus der Selbsterschlossenheit der Existenz der Respekt vor der Wirklichkeit, der sich dem Utopismus und der moralischen Rigorosität entgegensetzt, und zugleich die Bereitschaft, alles Wirkliche im Licht des Möglichen und so im Licht seines Andersseinkönnens zu bestimmen.
- In der Einheit von Zeit und Ewigkeit schließlich ergreift die Existenz in der Augenblicklichkeit den eigentlichen Horizont ihres Seins: »Existieren ist die Vertiefung des Augenblicks, so daß die zeitliche Gegenwart Erfüllung ist, die, Vergangenheit und Zukunft in sich tragend, weder auf die Zukunft noch auf die Vergangenheit abgelenkt wird« (Phil II, S. 126). Weil sie in sich selbst den Zweck ihres Daseins ergriffen hat, sperrt sich die Existenz gegen die Herabsetzung der Gegenwart zur Stufe im Dienst der Zukunft oder zum Ort der Bewahrung des Vergange-

nen. Weil sie zugleich zu allem Bestehenden als das Nichtidentische sich weiß, das stets über sich hinausdrängt, geht es ihr dennoch nicht um »den bloßen Augenblick und das Schwelgen im Erleben«. Vielmehr sucht sie, wie Jaspers in ausdrücklichem Bezug auf den Wiederkunftsgedanken Nietzsches sagt, nach dem »hohen Augenblick«, in dem sich die Zeitlichkeit ihres Daseins zur Einheit einer »ewigen Gegenwart« schließt (ebd., S. 127; vgl. hier Kap. I.5).

Die existenzielle Kommunikation

Allerdings darf die Existenz trotz der im »hohen Augenblick« vollzogenen »existenziellen Beseelung« des Daseins nicht als monologisches Sich-in-sich-verschließen verstanden werden. Jaspers zufolge öffnet sich die Existenz als Weise des Umgreifenden gänzlich erst im dialogischen Verhältnis der »existenziellen Kommunikation«. Diese unterscheidet sich grundlegend von der strategisch geführten Alltagsrede, vom verstandesgeleiteten Argumentieren und von der ideologisch vermittelten sozialen Bindung:

»Im Unterschied von der Kommunikation identischer, immer noch beliebig vertretbarer Punkte des Bewußtseins überhaupt ist diese existenzielle Kommunikation zwischen unvertretbaren Einzelnen. Im Unterschied vom Daseinskampf um Macht und Übermacht und Vernichtung geschieht in ihr der Kampf um den Gehalt der Existenz ohne Machtwillen unter gegenseitiger Auslieferung aller Waffen. Der Kampf findet statt auf dem gleichen Niveau, auf dem jedes Voran je des Einzelnen nur erfolgt, wenn der Andere voran kommt, jeder Verlust des Anderen eigener Verlust ist. Im Unterschied von der geistigen Gemeinschaft als der Geborgenheit in der umgreifenden Idee übersieht die Kommunikation liebenden Kampfes nicht das Zerbrochensein des Seins für uns und ist daher erst eigentlich offen für Transzendenz. (...) Selbstsein und Wahrsein ist nichts anderes als in Kommunikation sein« (VdW, S. 377; vgl. auch VuE, S. 86).

In der freien Gegenseitigkeit unvertretbarer einzelner überschreitet die existenzielle Kommunikation sowohl den Solipsismus wie den Universalismus: Kommunikation im existenziellen Sinn des Wortes ereignet sich Jaspers zufolge immer nur zwischen Zweien, und zwar zwischen Zweien, die im Vollzug der Kommunikation für sich einzelne, ja sogar Einsame bleiben. Gelungen ist sie dann, wenn die einzelnen jeweils »mit der anderen Existenz, durch sie und zugleich mit ihr, zu sich selber kommen« (ebd.). Dies aber kann nur dann erreicht werden, wenn das Gespräch als ein »Kampf um Existenz« geführt wird, in dem es »um die restlose Offenheit, um die Ausschaltung jeder Macht und Überlegenheit, um das Selbstsein des Anderen so gut wie um das eigene (geht)« (Phil II, S.65). Insofern stellt Jaspers' Entwurf des dialogischen »Kampfs um Existenz« eine kritische Fortschreibung von Hegels Dialektik der Anerkennung dar. In der existenziellen Wiederaufnahme dieser Dialektik wird gegen Hegel festgehalten, das mit dem Ende des offenen Kampfes um Herrschaft und Knechtschaft in der verrechtlichten bürgerlichen Gesellschaft das Problem der gegenseitigen Anerkennung freier Subjekte noch nicht gelöst ist, ja das dieses Problem gesellschaftlich vielleicht gar nicht zu lösen ist.

Die »Chiffern« der Transzendenz

Nun spricht Jaspers nicht einfach nur von der Offenheit des existenziellen Gesprächs für die geschichtliche Erfahrung der ›Zerrissenheit des Seins‹, sondern zugleich von seiner Offenheit für Transzendenz. Im Begriff der ›Transzendenz‹ benennt er die Weise des Umgreifenden, die das Sein selbst ist und die doch nie zur gegenständlichen Erscheinung kommt: Transzendenz ist das An-sich des Seins schlechthin, das sich im Erscheinen der Welt immer schon entzogen hat und dennoch der Grund allen Erscheinens ist.

Innerhalb der Jaspersschen Existenzphänomenologie kommt der Transzendenz genau die Funktion zu, die Kierkegaard in seiner Existenz-Dialektik dem Gott der christlichen Offenbarung zugesprochen hatte. Deshalb definiert Jaspers die Existenz in direkter Paraphrase Kierkegaards als »das Selbstsein, das sich zu sich selbst und darin zu der Transzendenz verhält, durch die es sich geschenkt weiß, und auf die es sich gründet« (Ex, S. 17; vgl. auch Phil I, S. 15; zur entsprechenden Formulierung Kierkegaards vgl. KzT, S. 9f.).

War für Kierkegaard Gott der absolute Grund der Existenz und diese folglich das Medium seiner geschichtlichen Selbstoffenbarung in der Welt, so gilt bei Jaspers dasselbe für das Verhältnis von Existenz und Transzendenz: Transzendenz erschließt sich in der Erfahrung der Existenz, nicht durch sich selbst, sondern durch ein Anderes zu sein, durch das sie unverfügbar an sich überantwortet wird. Dem entspricht, daß für beide die höchste Intensität des Sich-zu-sich-verhaltens nicht im Handeln in der Welt und nicht im Wissen von der Welt erreicht wird, sondern im Glauben als dem Sichverhalten der Existenz zu Gott bzw. zur Transzendenz. In den Radiovorträgen zur *Einführung in die Philosophie* (1950) heißt es bündig: »Die Realität in der Welt hat ein verschwindendes Dasein zwischen Gott und Existenz« (ebd., S. 81).

Der grundlegende Unterschied beider bricht dann aber in der näheren Bestimmung des Glaubens auf. Für Kierkegaard ist der

Glaube der existenziell erneuerte Offenbarungsglaube der christlichen Religion, in dem sich der oder die wesentlich Existierende in die unmittelbare Gefolgschaft Christi stellt. Für Jaspers aber ist der Glaube ›nach‹ Nietzsche und dem Tod des christlichen Gottes zum »philosophischen Glauben« geworden. Im philosophischen Glaube offenbart sich die Transzendenz der gläubigen Erfahrung als »das eigentliche Sein«, das »in einem wißbaren Sinn nicht zu finden« ist, weil es kein Phänomen des Bewußtseins, sondern das Sein ist, zu dem »nur jeweils Existenz in Bezug tritt« (Phil I, S. 23). Der existenzielle Transzendenzbezug wird nun aber schon vom Glauben der Religion verkannt, der Jaspers zufolge eine Verdinglichung der Transzendenzerfahrung darstellt. Deshalb kritisiert Jaspers noch Kierkegaards radikal-protestantischen Erneuerung als Form der »Katholizität«:

»Die Katholizität glaubt sich im Besitz der Einheit. Sie befreit von der Unruhe des Zerbrechenmüssens im Fortgang der Wahrheit. (...) Statt der Offenheit des Einen auf dem Wege in der Spannung aller Umgreifenden ist vielmehr durch Katholizität das Eine kollabiert in die Gestalt einer vorzeitigen, darum unzureichenden, immer engen und nur in geschichtlicher Besonderheit einmal gehaltvollen Einheit« (VdW, S. 850).

In der existenziellen Sprengung der Katholizität im philosophisch gewordenen Glauben sind die historischen Namen der Transzendenz – Sein, Idee, Geist, Gott usw. – deshalb lediglich »Chiffern« der gesuchten Einheit. Diese Zeichen oder Spuren der Transzendenz kann der Gläubige im Versuch der Mitteilung seiner Erfahrung frei gebrauchen, wenn er nicht vergißt, daß sie kein gegenständliches Substrat, sondern nur die existenzielle Erfahrung des ›ganz Anderen‹ benennen: Die Chiffer markiert, *daß* die Transzendenz in der gläubigen Existenz sich gemeldet hat, daß sie spürbar, fühlbar gewesen ist. Das Spür- oder Fühlbarwerden der Transzendenz ist dann nicht ihre unmittelbare Anwesenheit in der Erfahrung, sondern ihre Vermittlung durch Verwandlung eines bestimmten Seins zum Zeichen des Seins schlechthin. Auf einer der letzten Seiten der bezeichnenderweise unvollendet gebliebenen *Philosophischen Logik* heißt es deshalb:

»Unsere mögliche Vollendung ist die Vermittlung. Der Aufschwung zum einen Gott geht durch die Welt der Erscheinungen. Die Verwandlung der Welt in eine Vermittlung zwischen uns und dem einen Gotte ist ihre Verwandlung in Chiffersein. Daß die Wirklichkeit selbst der eine Gott sei, erfahren wir nur indirekt in der Realität der Welt durch die Sprache der Welt. Wir erfahren es durch unseren Aufschwung im Innewerden der Chiffern, deren jede uns keine Ruhe läßt, uns Abstoß zu weiterem Fluge wird. Gäbe es eine direkte Erfahrung vom einen Gotte, so wäre sie inkommunikabel und könnte sich selber in der Folge der Zeit doch wieder nur indirekt durch Erscheinungen in der Welt bestätigen, erinnern und vergewissern. Zum einen Gott gibt es nur einen Weg, auf dem uns alles, was ist, was uns begegnet, was wir selber sind und tun, transparent wird. Dieses Transparentwerden ist das Chifferwerden, und dieses Chifferwerden geht unabsehbar in die Tiefe wachsender Bedeutungen, deren keine einen Sinn abschließend wißbar vollendet. Wir sollen uns ständig offenhalten für die Chifferschrift, deren Vernehmen wir durch Absicht und Plan nicht erzwingen können. Alles, was ist, muß Chiffer werden« (VdW, S. 1051).

Die Vernunft

Tatsächlich läßt sich der Einsatz Jaspers' kaum deutlicher anzeigen als in dieser Rückbindung eines ursprünglich Kierkegaardschen Impulses an den Hegelschen Leitbegriff der Vermittlung: Mit Kierkegaard von der Geschichtlichkeit des objektiven Geistes in die der subjektiven Existenz und so vom Wissen in den Glauben zurückschreitend, will Jaspers im Glauben dennoch nicht die Religion, sondern die Philosophie retten. Konsequenterweise schließt sein Philosophieren deshalb weder mit dem Begriff der Transzendenz, noch mit dem der Existenz, sondern mit dem der Vernunft ab. Die Vernunft ist als »Band aller Weisen des Umgreifenden« (VuE, S. 57) die Möglichkeitsbedingung für den inneren Zusammenhang von Dasein, Bewußtsein überhaupt, Geist und Welt; zugleich ermöglicht sie die Offenheit der Existenz zur Welt und zur Transzendenz. Sie ist

»kein eigener Ursprung, aber weil sie das umfassende Band ist, ist sie wie ein Ursprung, in dem alle Ursprünge erst zutage kommen. Sie ist die Unruhe, die es nicht erlaubt, es bei etwas bewenden zu lassen; sie vollzog den Bruch mit einer Unmittelbarkeit des noch Unbewußten in jeder Weise des Umgreifenden, die wir sind; sie treibt beständig voran« (ebd., S. 58).

Jaspers' Vernunftbegriff steht gleichsam in der Mitte zwischen dem Rationalismus der Aufklärung und dem von Kierkegaard, Stirner und Nietzsche bezeugten Einbruch des Irrationalen. Zur notwendig scheiternden Anstrengung individuellen Existierens in der Welt geworden, will Vernunft noch immer die zwingende Gültigkeit des Denkbaren und die grenzenlose Verfügung über alle mögliche Erkenntnis. Zugleich aber lebt sie aus der Anerkennung der nie zu rationalisierenden ›Zerrissenheit des Seins‹. Deshalb erkennt sie im Streben nach der Einheit des Seins und der Erfahrung ihr höchstes Ziel und steht dennoch in skeptischer Distanz zu den gegebenen Einheitsbildungen des Bewußtseins wie des Geistes. So bezeugt sich die vielfältig gespannte Einheit von Vernunft und Existenz nicht im endgültigen Abschluß eines Systems des Wissens oder des Gesetzes, sondern überall dort, »wo Existenz diese Einheiten durchbricht«: Weil sie einerseits ihrer inneren Tendenz nach »zu Gesetz und Ordnung treibt« und andererseits »gerade deren Verletzung« als legitime »Möglichkeit der Existenz« begründen kann, hat Vernunft ihre Mitte überall dort, wo »die sich am Abgrund absoluten Fernseins gegenüberstehenden Existenzen zur Kommunikation« angetrieben werden (ebd., S. 59).

Als Versuch der Mitteilung von Existenz ist die Phänomenologie Jaspers' selbst noch in die unauflösliche Spannung von Vernunft und Existenz eingelassen. Ihre Bewährung findet sie nicht im wissenschaftlich objektivierten Beweis, sondern im kommunikativ geteilten Innewerden der Vernunft. Dieses Innewerden der Vernunft in der Existenz läßt sich nur appellativ anrufen:

»Das Ziel und der Sinn eines philosophischen Gedankens ist statt des Wissens von einem Gegenstande vielmehr die Veränderung des Seinsbewußtseins und der inneren Haltung zu den Dingen. Die Vergegenwärtigung des Sinns des Umgreifenden hat eine Möglichkeit schaffende Bedeutung. Der Philosophierende spricht darin zu sich: Bewahre dir den freien Raum des Umgreifenden! Verliere dich nicht an ein Gewußtsein! Lasse dich nicht trennen von der Transzendenz!« (ebd., S. 68f.).

Aufgrund seiner zweideutigen Mittlerposition zwischen dem Rationalismus und Universalismus der Tradition und dem Skeptizismus und Relativismus der entfalteten Moderne wie zwischen der religiösen Vergangenheit und der atheistischen Gegenwart wurde Jaspers vornehmlich in den fünziger Jahren zum populären Autor mit unmittelbarem Zugang zu den bürgerlichen Bildungsinstitutionen und zu den Massenmedien: Mit ihm konnte die radikale Modernität Kierkegaards und Nietzsches anerkannt *und zugleich* an einer Philosophie des Bewußtseins, des Geistes, der Vernunft und der Transzendenz festgehalten werden. Auf dem Hintergrund der unbewältigten Erfahrung von Faschismus und Weltkrieg ging von einem solchen Vermittlungsversuch eine geradezu erbauliche Wirkung aus – eine Umwandlung der ursprünglichen Impulses ›existenzieller Einsprache‹, die nur um den Preis der Entschärfung ihrer ›Magie des Extrems‹ möglich war. Durchaus nicht zufällig geriet Jaspers deshalb schnell ins Kreuzfeuer der Kritik auch der anderen Existenzphilosophen. Bei aller Nähe kritisierte Heidegger schon sehr früh den »Synkretismus« Jaspers', der es ihm erlaube, unvereinbare philosophische Positionen wie diejenigen Hegels, Kants und Kierkegaards in einer der Lebensphilosophie entsprungenen »Verblasenheit« zusammenzubringen (GA 9, S. 27). Albert Camus nannte ihn polemisch einen »Apostel des demütigen Denkens« (Camus 1959, S. 33). Sartre schließlich sah in ihm den Vertreter »eines gewissen europäischen Bürgertums, das seine Vorrechte durch eine Aristokratie der Seele rechtfertigen will«: »Worauf es Jaspers ankommt, ist, daraus einen subjektiven Pessimismus herzuleiten und ihn in einen theologischen Optimismus münden zu lassen« (ME, S. 16f.). Hannah Arendt hat demgegenüber allerdings auf die zentrale Rolle der ›existenziellen Kommunikation‹ bei Jaspers verwiesen und darauf insistiert, daß die Existenzphilosophie zuerst bei ihm die monologische Grundposition ihrer Anfänge überschritten habe: Seit Jaspers erst sei die an sich selbst verwiesene Existenz zugleich »als ein Wesen bestimmt, das mehr ist als sein Selbst und mehr will als sich selbst« (Arendt 1990, S. 47). Obwohl Jaspers heute nicht zu Unrecht im Schatten Sartres und Heideggers steht, muß doch festgehalten werden, daß er in der Öffnung der Existenzphilosophie zum dialogischen »Kampf um Existenz« (Phil II, S. 65) tatsächlich das Problem aufgeworfen hat, in dessen Entfaltung sie letztlich über sich selbst hinausschreiten wird.

3. Martin Heidegger:
Existenzialanalytik als Fundamentalontologie und umgekehrt

»Der Irrationalismus – als das Gegenspiel des Rationalismus – redet nur schielend von dem, wogegen dieser blind ist« (SuZ, S. 136): In dialektischer Präzision belegt diese Stelle aus *Sein und Zeit*, daß die Phänomenologie Martin Heideggers im Ansatz wenigstens derselben Intuition folgt wie diejenige Jaspers'. Auch Heidegger sucht in der offenbaren Krise der Philosophie nach einem Neubeginn in der Zuwendung auf die lebendige Erfahrung. Seit 1919 ist er Assistent Husserls an der Freiburger Universität, 1927 erscheint sein frühes Hauptwerk *Sein und Zeit*, ein Jahr später übernimmt er die Professur seines Lehrers.

Weil er 1933 die Machtübernahme der faschistischen Diktatur begrüßt und sich in derselben Zeit von den Nazis zum Rektor der Universität befördern läßt, verliert er nach 1945 die Lehrbefugnis. In der Konsequenz des Scheiterns seiner politischen Intervention – vom Rektorat war Heidegger bereits nach einjähriger Amtszeit zurückgetreten – unternimmt er schon in den dreißiger Jahren eine grundlegende Revision seiner philosophischen Anfänge, die ihn bei untergründiger Fortwirkung existenzialistischer Einstellungen nicht nur aus der Existenzphilosophie, sondern überhaupt aus der akade-

mischen Philosophie hinausführt. Die folgende Darstellung beschränkt sich deshalb auf die Interpretation der Daseinsanalyse von *Sein und Zeit*, mit der Heidegger zum ›klassischen‹ Autor der existenzial gewendeten Phänomenologie wurde; die Ereignisse des Jahres 1933 und ihre Verarbeitung im Spätwerk werden im abschließenden Ausblick auf die Nachgeschichte der Existenzphilosophie behandelt (vgl. hier Kap. III.1 bzw. Kap. III.3. Eine nahezu jede einzelne Arbeit berücksichtigende Rekonstruktion der »Textgeschichte« Heideggers von 1910-1976 einschließlich eines systematischen Überblicks über die unterschiedlichen Interpretationen der Heideggerschen Politik findet sich bei Thomä 1990, vgl. bes. S. 475ff.).

Wie Jaspers lehnt auch Heidegger die idealistische Wende Husserls ab, in der die Phänomenologie an die weltjenseitige Instanz eines transzendentalen Ichs gebunden werden sollte. Schon in einer Vorlesung des Wintersemesters 1921/22 kündigt er die Ausarbeitung einer »radikalsten Phänomenologie« an, die ihr Medium nicht im transzendentalen Ich, sondern im »faktischen Leben« haben soll:

»Problem der Faktizität – radikalste Phänomenologie, die ›von unten‹ *anfängt* im echten Sinne. Bei sich selbst radikal ›Bewegung‹ machen; der Betrieb sowohl in der Welt wie die echte Leistung in dieser kommen ›von selbst‹, vom ›Selbst‹« (GA 61, S. 195; mit dem später durch den Begriff ›Dasein‹ ersetzten Ausdruck ›faktisches Leben‹ ist angezeigt, daß neben der Husserlschen Phänomenologie die Lebensphilosophie eine der zentralen Quellen Heideggers ist; vgl. hierzu Gethmann 1986/87 und Kisiel 1986/87).

Wie Jaspers sucht Heidegger in der phänomenologischen Aufklärung des ›faktischen Lebens‹ nicht nur die Erhellung der menschlichen Existenz, sondern zugleich die Antwort auf die Frage nach dem Sein schlechthin.

Im überlieferten Gefüge der Metaphysik sollte diese Frage von der Ontologie, der Lehre vom Sein, beantwortet werden. Die zentrale Bedeutung der Ontologie auch für sich unterstreichend, definiert Heidegger: »Ontologie und Phänomenologie sind nicht zwei verschiedene Disziplinen neben anderen zur Philosophie gehörigen. Die beiden Titel charakterisieren die Philosophie selbst. Philosophie ist universale phänomenologische Ontologie« (SuZ, S. 38).

Der Unterschied der beiden Existenzontologen bricht dann in der näheren Ausarbeitung der Seinsfrage auf. Trotz bzw. gerade infolge seiner Erfahrung der ›Zerrissenheit des Seins‹ geht es Jaspers um die Bewahrung und Fortbildung der ontologischen Tradition. Deshalb versteht er sein Philosophieren als Beitrag zur ›einen, ewigen Philosophie‹ und greift auf eine Vielzahl überlieferter Begriffe

Subjekt, Objekt, Bewußtsein, Geist, Idee usw. – zurück, um sie durch die Problematik der Existenz zu aktualisieren.

Heidegger hingegen macht die »Destruktion der ontologischen Überlieferung« zur Bedingung einer »wahrhaften Konkretion« der Seinsfrage (ebd., S. 26): »Soll für die Seinsfrage selbst die Durchsichtigkeit ihrer eigenen Geschichte gewonnen werden, dann bedarf es der Auflockerung der verhärteten Tradition und der Ablösung der durch sie gezeitigten Verdeckungen« (ebd., S. 22). Um nicht wie Jaspers schon in der Begriffswahl der Tradition verhaftet zu bleiben, verzichtet Heidegger – abgesehen von den Leitbegriffen ›Sein‹ bzw. ›Seiendes‹ – nahezu vollständig auf das klassische Vokabular der Philosophie; wo er nicht neue Ausdrücke einführt, deutet er übernommene Begriffe so weit um, daß sie eine grundlegend veränderte Bedeutung oder Funktion gewinnen.

Freilich geht es in der Destruktion der bisherigen Ontologie nicht einfach um deren negative »Abschüttelung«. Vielmehr sucht Heidegger in der »Ablösung« der metaphysischen »Verdeckungen« nach den *ursprünglichen Erfahrungen*, in denen die ersten und fortan leitenden Bestimmungen des Seins gewonnen wurden« (SuZ, S. 22). Deshalb fragt er auch nicht wie die Tradition direkt nach dem Sein, sondern nach dem »Sinn von Sein« als »nach dem, was wir mit dem Wort ›seiend‹ eigentlich meinen« (ebd., nichtpaginiertes Vorwort).

Dem entspricht, daß der Ausarbeitung der Seinsfrage eine Analytik des Seienden vorausgesetzt wird, das nach dem Sein selbst fragen kann. Dieses Seiende sind »wir, die Fragenden, je selbst. Ausarbeitung der Seinsfrage besagt demnach: Durchsichtigmachen eines Seienden – des fragenden – in seinem Sein. (...) Dieses Seiende (...) fassen wir terminologisch als Dasein« (ebd., S. 7). Definitorisch heißt es deshalb:

»Philosophie ist universale phänomenologische Ontologie, ausgehend von der Hermeneutik des Daseins, die als Analytik der *Existenz* das Ende des Leitfadens alles philosophischen Fragens dort festgemacht hat, woraus es *entspringt* und wohin es *zurückschlägt*« (ebd., S. 38).

Mit der Einfügung des Existenzbegriffs zeigt Heidegger die Tiefe seines Bruchs mit der Tradition an. In der Frage nach dem Sein suchte die Tradition nach dem höchsten und allgemeinsten Begriff als dem Begriff des überzeitlichen Einen ›über‹ dem zeitlichen Vielen: Idee, Geist, Gott, transzendentales Ich, oder, so Jaspers, Umgreifendes. Deshalb sollte die Ontologie ›universal‹, d.h. jederzeit, überall und für alle gültig sein. Scheinbar gleichen Sinnes vermerkt auch Heidegger, daß die Frage nach dem Sinn von Sein »die univer-

salste und leerste« sei. Gleich danach jedoch fügt er in kierkegaard-schem Pathos hinzu: »In ihr liegt aber zugleich die Möglichkeit ihrer eigenen schärfsten Vereinzelung auf das jeweilige Dasein« (ebd., S. 39). Damit aber ist die Seinsfrage »gemäß der ihr zugehörigen Voll-zugsart, d.h. als vorgängige Explikation des Daseins in seiner Zeit-lichkeit und Geschichtlichkeit, von ihr selbst dazu gebracht, sich als *historische* zu verstehen« (ebd., S. 21). Indem Heidegger die Seins-frage als historische Frage stellen will, in der »Sein aus der Zeit be-griffen werden« soll (ebd., S. 18), bricht er schon im Ansatz aus der Metaphysik aus: Bis hin zu Jaspers sucht alle Metaphysik das Sein in der beständigen Anwesenheit des unwandelbaren Einen jenseits von Zeit und Geschichte. Ziel der phänomenologischen Destruktion der Ontologie ist folglich, in einer Analyse des Daseins herauszufinden, wie es zum metaphysischen Dogma vom Sein als beständiger Anwe-senheit kommen konnte. Folglich besteht die Fundamentalität der existenzialen Ontologie darin, zunächst einmal Kritik aller Ontolo-gie zu sein.

Sein, Seiendes, Dasein: Die ontologische Differenz

Weil diese Ontologiekritik nun aber nur über die Begriffe des Seins bzw. des Seienden erschlossen werden kann, wurde Heidegger in der Rezeption immer wieder unterstellt, selbst nach einer letztgültigen Antwort auf die klassisch-metaphysische Seinsfrage zu suchen. Die-ses Mißverständnis taucht schon in den ersten Interpretationen auf (vgl. Beck 1928) und findet sich danach in vielen Heidegger aufge-schlossen gegenüberstehenden Arbeiten, allen voran denjenigen Jas-pers' und Sartres. Es findet sich häufiger noch in der kritischen Re-zeption und führt auch die schärfste Auseinandersetzung mit Hei-degger vollständig in die Irre, diejenige Theodor W. Adornos (vgl. Adorno 1964 u. v. a. 1966, S. 67ff.). Dasselbe Mißverständnis läßt sich noch in jüngsten Interpretationsversuchen nachweisen, dort etwa, wo Jürgen Habermas in Heideggers Seinsbegriff den Titel ei-ner »temporalisierten Ursprungsphilosophie« sieht (vgl. Habermas 1985, S. 158ff.). Um diesem zentralen Mißverständnis der Daseins-analyse entgegenzutreten, soll im folgenden zunächst einmal Hei-deggers eigentümliche Verwendung des Begriffsdreiecks ›Sein-Seien-des-Dasein‹ und der diese Begriffe gleichermaßen trennende und zu-sammenhaltende Begriff der ›ontologischen Differenz‹ erläutert wer-den.

Der Begriff des Seienden muß in Analogie zum Begriff des Phä-nomens bei Husserl verstanden werden (vgl. Kap. II.1). Seiend ist dann nicht einfach das wie immer auch ›objektiv‹ Wirkliche und

Tatsächliche gegenüber dem ›bloß subjektiv‹ Vorgestellten oder Geglaubten als dem eigentlich Nichtseienden, sondern »alles, wovon wir reden, was wir meinen, wozu wir uns verhalten, seiend ist auch, was und wie wir selbst sind« (SuZ, S. 6f.).

Sein hingegen ist das, »was Seiendes als Seiendes bestimmt, das, woraufhin Seiendes, mag es wie immer auch erörtert werden, je schon verstanden ist« (ebd., S. 6). Sein ist überall dort ›gegeben‹, wo wir irgendein Seiendes als *dieses* Seiende verstehen – d.h. eben als das, was und wie es *ist*: »Sein liegt im Daß- und Sosein, in Realität, Vorhandenheit, Geltung, Dasein, im ›es gibt‹« (ebd.).

Weil es je nach seiner Art jedes Seiende bestimmt, ist »das Sein des Seienden selbst kein Seiendes« (ebd.) – dies genau meint dann der Begriff der ›ontologischen Differenz‹. Der Begriff hat folglich keine positive Bedeutung und benennt nicht *Etwas* – was ja dann selbst wieder ein bestimmtes Seiendes wäre – , sondern dient allein dazu, *systematisch* eine Vergegenständlichung des Seins zum Seienden abzuwehren. Weil das Sein kein Seiendes ›ist‹, kann es im Unterschied zum metaphysisch gedachten Sein nicht der erste Grund des Seienden sein: Es kann weder *arche* (Anfang und Erstes), noch *telos* (Ende und Zweck), weder Idee, noch Prinzip, noch Begriff, noch Geist, noch Gott, noch transzendentales Subjekt, noch auch Umgreifendes sein. Alle diese sind ihrerseits Seiende, die selbst wieder je nach ihrem Sein verstanden werden müssen. Deshalb geht noch Habermas' Vorwurf, Heidegger unterstelle die Geschichte einer anonym-autonomen Ursprungsmacht, in die Irre: Um Machtverhältnisse zwischen Seienden herstellen zu können, müßte eine solche Ursprungsmacht ja selbst wieder ein Seiendes sein, das anderes Seiendes in der Folge von Ursache und Wirkung beherrschen könnte.

Die einzige Bestimmtheit, die vom Sein immer ausgesagt werden kann, ist die, stets auf ein Dasein bezogen zu sein, das Sein versteht und sich zu Seiendem verhält. Dieser Bezug zum Dasein ist dem Sein nicht äußerlich, es gibt nicht ›an sich‹ das Sein und später auch einen Bezug des Seins zum Dasein, sondern Sein ›ist‹ selbst nur als vom Dasein verstandenes (bzw. mißverstandenes) Sein:

> »Nur solange Dasein existiert, d.h. die ontische Möglichkeit von Seinsverständnis, ›gibt es‹ Sein. Wenn Dasein nicht existiert, dann ›ist‹ auch nicht ›Unabhängigkeit‹ und ›ist‹ auch nicht ›An sich‹. Dergleichen ist dann weder verstehbar, noch unverstehbar. (...) Nur wenn Seinsverständnis ist, wird Seiendes als Seiendes zugänglich, nur wenn Seiendes ist von der Seinsart des Daseins ist Seinsverständnis als Seiendes möglich« (SuZ, S. 212).

Weil von Sein nur gesprochen werden kann, sofern es vom Dasein verstanden wird, ergibt sich »eine Abhängigkeit des Seins, nicht des

Seienden, vom Seinsverständnis« (ebd., S. 212), derzufolge in »der Frage nach dem Sinn des Seins« stets »das Woraufhin des allem Sein von Seiendem *zugrundeliegendem* Seinsverstehens zum Thema« wird (ebd., S. 325).

Daß nun nicht das Dasein zum höchsten Seienden mutiert, das geist- und gottgleich den *ordo* der Welt erschafft, folgt daraus, daß umgekehrt auch das Dasein nur aus seiner Bezüglichkeit zum Sein und zum von ihm unabhängigen Seienden verstanden werden soll: Das Dasein ist das Seiende, das Sein versteht und sich zu Seiendem verhält, indem es immer schon in eine »Unverborgenheit« des Seins gestellt ist, die es nicht selbst erzeugt hat (zum Begriff ›Unverborgenheit‹ vgl. ebd., § 44). Das aber heißt: In der ontologischen Differenz von Sein und Seiendem bzw. Dasein versucht Heidegger *ein ursprüngliches Zusammengehören* zu denken, ›vor‹ dem weder von Sein, noch vom Seienden, noch auch vom Dasein gesprochen werden kann.

Damit erweist sich die Fundamentalontologie zum einen als Versuch, die von Husserl im Begriff der Intentionalität gefaßte Einheit der Erfahrung zu beschreiben, ohne auf das traditionelle Vokabular von Subjekt und Objekt zurückzugreifen: Was Husserl als die horizontal umschlossene Einheit von *intentio* (Erfahrungsvollzug) und *intentum* (Erfahrungsgegenstand) beschrieben hatte, *innerhalb* der jeweils ein Subjekt auf ein Objekt gerichtet ist (vgl. Kap. II.1), faßt Heidegger als das *in* der Unverborgenheit des Seins vollzogene Sichrichten des Daseins auf das von ihm erfahrene Seiende. Indem Sein, Seiendes und Dasein in ihrer Differenz aus ihrem unhintergehbaren Zusammengehören gedacht werden, wird zum anderen deutlich, daß die Fundamentalontologie nicht als vorkritischer Rückfall hinter die ›kopernikanische Wende‹ Kants mißverstanden werden darf. Lag der Kern der kantischen ›Revolution der Denkungsart‹ in der Entdeckung, daß es eine Erkenntnis des ›Seins-an-sich‹ nicht geben kann, weil die Gegenstände unserer Erkenntnis sich nach den Möglichkeitsbedingungen dieser Erkenntnis richten und nicht umgekehrt, so gilt für Heidegger: »Die Bedingungen der Möglichkeit von Seinsverständnis sind die Bedingungen der Möglichkeit von Sein« (Franzen 1975, S. 24ff).

Der hermeneutische Zirkel der Existenz und die Indifferenz der Alltäglichkeit

Wie aber kommt Heidegger dazu, sein ganzes Unternehmen auf ein ursprüngliches Zusammengehören von Sein und Dasein zu gründen? Setzt er nicht einfach eine unausgewiesene These voraus, die nämlich, daß Sein und Dasein immer schon aufeinander bezogen sind? Liegt hier nicht einfach ein logischer Zirkel vor, in dem dogmatisch behauptet wird, was erst bewiesen werden soll?

Diese Einwände wären berechtigt, wenn Heidegger die Seinsfrage metaphysisch als Frage nach einem von uns unabhängigen, ›an sich‹ seienden Sein gestellt hätte. Statt dessen aber fragt er – wie eben ausgeführt – nach dem ›Sinn von Sein‹: »Wenn wir nach dem Sinn von Sein fragen, dann wird die Untersuchung nicht tiefsinnig und ergrübelt nichts, was hinter dem Sein steht, sondern fragt nach ihm selbst, *sofern es in die Verständlichkeit des Daseins hereinsteht*« (SuZ, S. 152).

Die Frage nach dem Sinn von Sein bewegt sich dann aber doch in einem Zirkel: Sie fragt ausdrücklich nach dem, was wir – unausdrücklich, vage und möglicherweise auch unangemessen – schon verstanden haben müssen, damit es uns überhaupt fraglich werden kann. Dieser Zirkel ist jedoch kein unzulässiger *logischer*, sondern der unvermeidbare *hermeneutische* Zirkel, der Zirkel nicht des Beweises, sondern der Auslegung. Im hermeneutischen Zirkel bewegen wir uns immer dann, wenn wir etwas *als* Etwas auslegen. Ein Seiendes als solches auszulegen, heißt, es zu bestimmen als dieses so-und-so-seiende Etwas. Die Auslegung des Seienden ist folglich Bestimmung des Seienden in seinem Sein, in ihr wird ›vorausgesetzt‹, daß das Seiende so bestimmt wird, wie es wirklich *ist*:

»Das ›Voraussetzen‹ des Seins hat den Charakter der *vorgängigen* Hinblicknahme auf Sein, so zwar, daß aus dem Hinblick darauf das vorgegebene Seiende in seinem Sein vorläufig artikuliert wird. Diese leitende Hinblicknahme auf das Sein entwächst dem durchschnittlichen Seinsverständnis, in dem wir uns immer schon bewegen, und das am Ende zur Wesensverfassung des Daseins gehört. Solches ›Voraussetzen‹ hat nichts zu tun mit der Ansetzung eines unbewiesenen Grundsatzes, daraus eine Satzfolge deduktiv abgeleitet wird. Ein ›Zirkel im Beweis‹ kann in der Fragestellung nach dem Sinn des Seins überhaupt nicht liegen, weil es in der Beantwortung der Frage nicht um eine ableitende Begründung, sondern um eine aufweisende Grund-Freilegung geht« (ebd., S. 8).

Als ›Hermeneutik des Daseins‹ setzt nun aber auch die Phänomenologie im Zirkel des »durchschnittlichen Seinsverständnisses« an. Wie aber verstehen wir uns selbst? Und: Was ist der aufweisend freizulegende ›Grund‹ unseres Seins?

In der Beantwortung dieser Fragen bezieht sich Heidegger zunächst auf die neuzeitliche Philosophie, die sich seit Descartes als Philosophie der menschlichen Subjektivität versteht. Von Descartes an wird der Mensch aus dem *ego cogito* heraus vom ›Ich denke‹ des erkennenden Bewußtseins her bestimmt. Diese Bestimmung ist eine Umbildung der in der antiken Philosophie aufgestellten Definition des Menschen als eines *animal rationale*, eines aus Leib, Seele und Geist zusammengesetzten vernünftigen Lebewesens. Dieser Definition folgt nicht nur Descartes, sondern auch die an ihn anschließende Philosophie, die das *ego cogito* sukzessive als Subjekt, Seele, Bewußtsein, Geist und Person auslegt. Alle diese Bestimmungen antworten auf die Frage nach dem, *was* der Mensch sei. Genau hier setzt Heidegger ein:

»Descartes, dem man die Entdeckung des cogito sum als Ausgangsbasis des neuzeitlichen philosophischen Fragens zuschreibt, untersuchte das cogitare des ego – in gewissen Grenzen. Dagegen läßt er das *sum* völlig unerörtert, wenngleich es ebenso ursprünglich angesetzt wird wie das cogito. Die Analytik stellt die ontologische Frage nach dem Sein des sum. (...) *Eine ihrer ersten Aufgaben wird es sein zu erweisen, daß der Ansatz eines zunächst gegebenen Ich und Subjekts den phänomenalen Bestand des Daseins von Grund aus verfehlt.* Jede Idee von ›Subjekt‹ macht noch – falls sie nicht durch eine vorgängige ontologische Grundbestimmung geläutert ist – den Ansatz des subjectum (hypokeímenon) ontologisch mit, so lebhaft man sich auch ontisch gegen die ›Seelensubstanz‹ oder die ›Verdinglichung‹ des Bewußtseins zur Wehr setzen mag. Dinglichkeit selbst bedarf erst einer Ausweisung ihrer ontologischen Herkunft, damit gefragt werden kann, was *positiv* unter dem nichtverdinglichten *Sein* des Subjekts, der Seele, des Bewußtseins, des Geistes, der Person zu verstehen sei« (ebd., S. 46).

In definitorischer Strenge wird hier deutlich, daß Heideggers Rückgang vom Subjekt zum Dasein nicht als Verwerfung von Subjektivität schlechthin verstanden werden darf: Vielmehr soll auf dem Wege einer »Läuterung« verdinglichender Subjektkonstruktionen freigelegt werden, worin das spezifische Sein menschlicher Subjektivität besteht. Insofern muß der Eigensinn der Destruktion nach der treffenden Formulierung Hans Ebelings in der »Substruktion« der traditionellen Subjektphilosophie durch die Daseinsanalyse gesehen werden (vgl. Ebeling 1991, S. 91).

Im Rückgang auf das »Sein des sum« schließt Heidegger dann an Kierkegaard und – unvermerkt – an Stirner an, der als Erster die traditionelle Frage ›Was ist der Mensch?‹ in die Frage ›Wer ist der Mensch?‹ verkehrt hatte (vgl. Kap. I.4):

»Das ›Wesen‹ des Daseins liegt in seiner Existenz. Die an diesem Seienden herausstellbaren Charaktere sind von daher nicht vorhandene ›Eigenschaften‹ eines so und so ›aussehenden‹ vorhandenen Seienden, *sondern je ihm mögliche Weisen zu sein und nur das*. Alles Sosein dieses Seienden ist primär Sein. Daher drückt der Titel ›Dasein‹, mit dem wir dieses Seiende bezeichnen, nicht sein Was aus, wie Tisch, Haus, Baum, sondern das Sein. *Das Sein, darum es diesem Seienden geht, ist je meines*« (SuZ, S. 42).

Wiederum in Anlehnung an Kierkegaard bestimmt Heidegger das im Begriff der Existenz gefaßte ›Wesen‹ des Daseins wie folgt:

»Das Dasein versteht sich selbst immer aus seiner Existenz, einer Möglichkeit seiner selbst, es selbst oder nicht es selbst zu sein. Diese Möglichkeiten hat das Dasein *entweder* selbst gewählt *oder* es ist in sie hineingeraten *oder* je schon darin aufgewachsen. Die Existenz wird in der Weise des Ergreifens oder Versäumens nur vom jeweiligen Dasein selbst entschieden. Die Frage der Existenz ist immer nur durch das Existieren selbst ins Reine zu bringen. (...) Die Frage der Existenz ist eine ontische ›Angelegenheit‹ des Daseins« (ebd., S. 12).

Schon im Anschluß an Kierkegaard geht Heidegger nun aber entscheidend über den ersten ›existierenden Denker‹ hinaus. Kierkegaard hatte das Existieren als Streben nach der Synthese der Unterschiede des Selbstes bestimmt, als Streben nach der Synthese von Idealität und Realität, Ewigkeit und Zeitlichkeit, Möglichkeit und Notwendigkeit – kurz: von Leib, Seele und Geist (vgl. Kap. I.3). Heidegger begreift die Existenz zwar mit Kierkegaard als Sich-Verhalten zum eigenen Sich-Verhalten, doch setzt er dem nicht mehr die Substanzialität von Leib, Seele und Geist, sondern nur noch seine eigene Zeitlichkeit ›voraus‹ (vgl. Schulz 1969, S. 98ff. sowie Tugendhat 1989, S. 158ff. u. S. 193ff.). In der Zeitlichkeit ihres Daseins lebt die Existenz im dynamischen Widerspiel von ›Geworfenheit‹ oder ›Faktizität‹ einerseits und ›Entwurf‹ oder ›Existenzialität‹ andererseits. Darunter ist nichts anderes zu verstehen als das Widerspiel von dem, was ich je schon bin und dem, was ich werden kann: Dasein ist nichts anderes als sein Werden-Können selbst.

Aus der »Entsubstanzialisierung« (Schulz 1969, S. 99) der Existenz folgt der zweite grundlegende Unterschied zu Kierkegaard, in dem sich Heidegger zugleich von Jaspers absetzt. Bei Kierkegaard verwies das unvordenkliche Daß der Existenz auf Gott als die Macht, der das Selbst sein Sein zu verdanken hatte. Diese theologische Fundierung der Existenz findet sich dann auch bei Jaspers, bei dem das Selbst in einer gegenständlich nicht fixierbaren Transzendenz gegründet wird. Heidegger aber »setzt die Geworfenheit als eine Wesensbestimmung das Daseins selbst an. Nach einem Werfer außerhalb ihrer zu suchen, wäre genauso abwegig, wie zu fragen, wie das Dasein in die Welt gekommen sei« (ebd., S. 102). Während Kierkegaard und Jaspers also das »Daß dieses Subjektes noch theologisch auf Gott zurückzuführen« suchen, versucht Heidegger das Dasein »als reine Subjektivität in sich abzuschließen und nur aus sich selbst auszulegen« (ebd.).

Indem der hermeneutische Zirkel der Daseinsanalyse zum Zirkel einer von jeder vorgegebenen Substanzialität des Leibes, des Geistes oder der Seele und zugleich von jeder transzendenten Instanz befreiten Selbstauslegung *meiner* Existenz wird, stellt sich dann aber die Frage, wie eine solche Selbstauslegung als universal-ontologische und mithin allgemeingültige möglich sein soll. Immerhin hatte Heidegger in der Wendung der Daseinsfrage vom ›Was‹ zum ›Wer‹ ausdrücklich vermerkt, daß das Sein des Daseins als *je meines* auch nur von mir selbst bestimmt werden könne (vgl. SuZ, S. 12). Gleichen Sinnes heißt es wenige Abschnitte weiter:

»Das Sein, darum es diesem Seiendem in seinem Sein geht, ist je meines. Dasein ist daher nie ontologisch zu fassen als Fall und Exemplar einer Gattung von Seiendem als Vorhandenem. (...) Das Ansprechen von Dasein muß gemäß dem Charakter der Jemeinigkeit dieses Seienden stets das Personalpronomen mitsagen: ›ich bin‹, ›du bist‹. Und Dasein ist je meines wiederum je in dieser oder jener Weise zu sein« (ebd., S. 42).

Woher sollen dann aber die Allgemeinbestimmungen genommen werden, die die Daseinsanalyse als ›universale phänomenologische Ontologie‹ gerade sucht? Muß sich Heidegger nicht wie Stirner auf ein antiphilosophisches »Ich aber spreche von Mir« beschränken?

Diesem Dilemma entkommt Heidegger zunächst durch eine genuin phänomenologische Wende. Trotz seiner unhintergehbaren ›Jemeinigkeit‹ soll das Dasein nämlich »gerade nicht in der Differenz eines bestimmten Existierens interpretiert, sondern in seinem indifferenten Zunächst und Zumeist aufgedeckt werden. Diese Indifferenz der Alltäglichkeit des Daseins ist nicht nichts, sondern ein positiver phänomenaler Charakter dieses Seienden. Aus dieser Seinsart heraus und in sie zurück ist alles Existieren, wie es ist. Wir nennen diese alltägliche Indifferenz des Daseins Durchschnittlichkeit« (ebd., S. 43). Obwohl Heidegger wie Stirner und Nietzsche jeden Allgemeinbegriff *des* Menschen verwirft, verschafft er sich in der Zuwendung zum nächsten Alltagsleben *aller* den Zugang zu der Form von Allgemeinheit, die zu dieser Verwerfung nicht im Widerspruch steht.

Die in der Phänomenologie des Alltagslebens zu gewinnenden Allgemeinbegriffe des Daseins sollen dann konsequent nicht als Gattungsbegriffe eines objektiv Vorhandenen, d.h. nicht als Kategorien verstanden werden. Sie sollen statt dessen Begriffe sein, die alltäglich-allgemeine Seins- und Lebensformen durchschnittlichen Existierens fassen, an denen jede und jeder partizipiert. Diese Begriffe nennt Heidegger ›Existenzialien‹: »Existenzialien und Kategorien sind die beiden Grundmöglichkeiten von Seinscharakteren. Das ihnen entsprechende Seiende fordert eine je verschiedene Weise des primären Befragens: Seiendes ist ein *Wer* (Existenz) oder ein *Was* (Vorhandenheit im weitesten Sinne)« (ebd., S. 45). Aufgrund der ontologischen Differenz von Existenzial und Kategorie kann Heidegger sogar affirmativ auf den Begriff des ›Wesens‹ zurückgreifen: Existenzial verstanden, meint der Ausdruck ›Wesen‹ nicht mehr die substantivisch zu denkende *esséntia*, sondern die verbal zu denkenden Formen des lebendigen Existierens. Diese aber *sind* nur in der Differenz des ›faktischen Lebens‹, das ich je selbst bin und zu sein habe.

Mit der Unterscheidung von Existenzial und Kategorie hat die Frage nach dem Sinn von Sein eine erste Antwort erfahren: Sein ist *entweder* Existenz *oder* Vorhandenheit, d.h. Sein des Seienden, das existenzial nach den Weisen seines Sich-zu-Sich-Verhaltens verstanden werden muß (Dasein) *oder* Sein des Seienden, das kategorial nach dem bestimmt wird, was es ist (Vor- bzw. Zuhandenes).

Das Dasein als In-der-Welt-sein

Die erste existenziale Bestimmung des Daseins ist die des ›In-der-Welt-seins‹. In diesem Begriff konkretisiert sich die Fundamentalbestimmung, nach der sich das Dasein in der Unverborgenheit des Seins zu Seiendem verhält. Daß Dasein wesentlich In-der-Welt-sein ist, heißt dann, daß es jederzeit in einem bestimmten Horizont auf Seiendes gerichtet ist, das ihm aus diesem Horizont heraus begegnet. Indem Heidegger diese Bestimmung zum Existenzial erhebt, verabschiedet er das Grundproblem der neuzeitlichen Erkenntnistheorie endgültig als Scheinproblem: Wenn von Dasein nur gesprochen werden kann, sofern es immer schon in der Welt ist, erübrigt sich die seit Descartes stets neu aufgeworfene Frage, wie denn das Subjekt aus dem Innenleben seines Bewußtseins in die Außenwelt der Objekte gelangen kann.

Daß das Dasein immer schon ›draußen‹ in der Welt ist, heißt nun aber nicht, daß es kein ›Innenleben‹ habe, weil es ein Gegenstand unter anderen im Gesamt der Gegenstände sei. Dasein ist nicht ›in‹ der Welt wie Wasser im Glas, Papiere in der Schublade oder Kleider im Schrank sind, sondern *je* indem es sich zu sich und zu anderem Seienden verhält, das ihm in seiner Welt begegnet: »Dieses Seiende, dem das In-sein in dieser Bedeutung zugehört, kennzeichneten wir als das Seiende, das ich je selbst bin. Der Ausdruck ›bin‹ hängt zusammen mit ›bei‹; ›ich bin‹ besagt wiederum:

ich wohne, halte mich auf bei... der Welt als dem so und so Vertrauten. Sein als Infinitiv des ›ich bin‹, d.h. als Existenzial verstanden, bedeutet wohnen bei..., vertraut sein mit...« (ebd., S. 54).

Das Existenzial des In-der-Welt-seins benennt folglich – wie alle anderen Existenzialien auch – keine Eigenschaft eines zunächst für sich vorhandenen ›Subjekts überhaupt‹, sondern die Form der im Prinzip unabschließbaren Mannigfaltigkeit alltäglich-faktischen Verhaltens:

»Das In-der-Welt-sein hat sich mit dessen Faktizität je schon in bestimmte Weisen des In-seins zerstreut oder gar zersplittert. Die Mannigfaltigkeit solcher Weisen des In-seins läßt sich exemplarisch durch folgende Aufzählung anzeigen: zutunhaben mit etwas, herstellen von etwas, bestellen und pflegen von etwas, aufgeben und in Verlust geraten lassen von etwas, unternehmen, durchsetzen, erkunden, befragen, besprechen, bestimmen... Diese Weisen des In-seins haben die (...) Seinsart des Besorgens« (ebd., S. 56f.).

Das Dasein als In-der-Welt-sein zu verstehen heißt zugleich, die Welt selbst nicht kategorial als von vorhandenen Gegenständen angefülltes physikalisches Universum zu verstehen. Statt dessen muß die Welt existenzial als Raum des gelebten Lebens, d.h. als ›Lebenswelt‹ begriffen werden. Diese ist so wenig eine allumgreifende ›Welt überhaupt‹, wie das In-sein des Daseins das eines ›Subjekts überhaupt‹ ist; sie ist vielmehr in ihrer Faktizität »modifikabel zu dem jeweiligen Strukturganzen besonderer ›Welten‹« (ebd., S. 65). Solche Welten meinen wir, wenn wir von der ›Welt der Fabrik‹, der ›bäuerlichen Welt‹ oder auch der ›Welt der Mathematik‹ bzw. den ›Welten‹ der Kunst, des Theaters, des Sports, der Religion, von der antiken, der mittelalterlichen und der modernen ›Welt‹ oder aber von der ›vornehmen Welt‹ und der ›Welt der Vorstädte‹ usw. sprechen. Eine solche Welt meinen wir auch, wenn wir nachdrücklich von unserer eigenen Welt sprechen: »Welt meint die ›öffentliche‹ Wir-Welt oder die ›eigene‹ und nächste (häusliche) Umwelt« (ebd.).

Als In-der-Welt-sein existiert das Dasein nicht primär als Erkenntnissubjekt, sondern als Subjekt seines ›faktischen Lebens‹: »Der Sinnzusammenhang von ›Leben‹ und ›Welt‹ drückt sich gerade darin aus, daß (...) das eine Wort das andere vertreten kann, z.B. ›draußen im Leben stehen‹, ›in der Welt stehen‹, ›er lebt ganz in seiner Welt‹, ›ganz sein Leben‹« (GA 61, S. 86).

Sofern die Welt der »Spielraum des faktischen Seinkönnens« (SuZ, S. 145) ist, in dem innerweltliches Seiendes dem Dasein zugänglich wird, ergibt sich eine ontologische Differenz zwischen dem innerweltlichen Seienden und der Welt selbst. Diese Differenz ist derjenigen von Sein und Seiendem analog und kann folglich als

109

Konkretion dieser Grundunterscheidung begriffen werden: Das Sein, die Welt und das Leben bilden jeweils das Medium, in dem das Dasein sich selbst und das Seiende im Ganzen versteht.

Die Weisen des In-der-Welt-seins: Befindlichkeit, Verstehen und Rede

Das Seins-, Selbst- und Weltverständnis ist kein explizit-theoretisches, sondern ein implizit-vortheoretisches Wissen, »das je schon zum Dasein gehört und in jedem Umgang mit Seiendem ›lebendig‹ ist« (ebd., S. 67). Die Formen dieses Weltverständnisses nennt Heidegger ›Befindlichkeit‹, ›Verstehen‹ und ›Rede‹. Im Aufweis der existenziell immer schon vollzogenen Interaktivität der Formen des Weltverstehens destruiert Heidegger die metaphysische Doktrin vom Menschen als einem Komposit aus Leib, Seele und Geist. Zugleich unterläuft er die fundamentale Opposition der antik-christlichen Rationalität, derzufolge Leib und Geist einander als bewußtloses Begehren einerseits und reine Erkenntnis andererseits gegenübergestellt sind: In der Einheit von Befindlichkeit, Verstehen und Rede wird das Existieren selbst zum Medium eines Wissens um uns selbst und die Welt, das aller Theorie vorausliegt. Dieses Wissen darf wiederum nicht als Eigenschaft oder Besitz eines dem Sein, der Welt oder dem Leben gegenüberstehenden Subjektes, sondern muß als Form des In-der-Welt-seins selbst verstanden werden.

Im Existenzial der ›Befindlichkeit‹ faßt Heidegger das Phänomen, daß wir uns in jedem Augenblick unseres In-der-Welt-seins *in* einer bestimmten Stimmung *befinden*: »Solches Gestimmtsein, darin einem so und so ›ist‹, läßt uns – von ihm durchstimmt – inmitten des Seienden im Ganzen befinden. Die Befindlichkeit der Stimmung enthüllt nicht nur je nach ihrer Weise das Seiende im Ganzen, sondern dieses Enthüllen ist zugleich – weit entfernt von einem bloßen Vorkommnis – das Grundgeschehen« unseres Daseins« (GA 9, S. 110). Deshalb dürfen die Stimmungen nicht rationalistisch als Nebenerscheinungen des Denkens, Wollens oder Handelns oder psychologisch als Begebenheiten des ›Seelenlebens‹ abgetan werden: Die Stimmung ist nichts, was sich nachträglich wie ein Schleier über eine an sich seiende Welt legen würde. Statt dessen gilt umgekehrt, daß wir Welt je nur in dieser oder jener Stimmung ›haben‹: Als Form unseres Weltverstehens konstituiert »die Befindlichkeit der Stimmung (...) die Weltoffenheit des Daseins« (SuZ, S. 137). Dies gilt auch und besonders für die »oft anhaltende, ebenmäßige und fahle Ungestimmtheit« (ebd., S. 135), die weite Teile des Alltagslebens in seiner routinierten Indifferenz beherrscht.

Stimmungen erschließen uns das In-der-Welt-sein da, wo wir ihm geradehin ausgesetzt sind: »Die Stimmung überfällt. Sie kommt weder von Außen, noch von Innen, sondern steigt als Weise des In-der-Welt-seins aus diesem auf« (ebd., S. 136). Die Weite des in der Stimmung eröffneten Weltverständnisses kann durch die Reflexion nie zur Gänze eingeholt werden. Dem entspricht, daß uns eine Stimmung auch sehr viel tiefer täuschen kann, als dies ein bloßer Irrtum vermag. Daß wir bewußt einer Stimmung Herr werden und daß Stimmungen umschlagen können, beeinträchtigt ihren Primat im Weltverständnis nicht – ganz abgesehen davon, daß wir eine Stimmung nur aus einer Gegenstimmung heraus abdrängen können.

Die besondere Erschließungsweise der Stimmungen liegt darin, daß sie die ›Geworfenheit‹ bzw. die ›Faktizität‹ des Daseins, sein »Daß es ist und zu sein hat« (ebd., S. 134) erschließen. Dem entspricht dann, daß die Stimmung dem Dasein nicht nur die Welt eröffnet, sondern daß sie es – vielleicht häufiger noch – »in der Weise der ausweichenden Abkehr« vor sich selbst verschließt (ebd., S. 136).

Der Befindlichkeit ist das ›Verstehen‹ gleichursprünglich: Befindlichkeit hat selbst ihr Verständnis, Verstehen ist immer gestimmtes. Im Existenzial des Verstehens sind nicht einzelne Verstehensakte gemeint, in denen wir ausdrücklich von etwas Kenntnis nehmen. Gemeint sind vielmehr die Weisen des Existierens, in denen das Dasein die in der Stimmung intuitiv eröffnete Welt willentlich und tätig offenhält: »Das im Verstehen Gekonnte ist kein Was, sondern das Sein als Existieren« (ebd., S. 143).

Heidegger erläutert das existenziale Verstehen durch alltagssprachliche Wendungen. Wenn wir sagen, daß jemand etwas vom Autofahren, Kochen, Fußballspielen, von der Mode oder gar vom Leben und der Welt versteht, dann meinen wir ja nicht nur, daß jemand von etwas theoretisch Kenntnis hat. Vielmehr meinen wir, daß jemand besonders geschickt Auto fährt, schmackhafte Gerichte zubereitet, sich für Fußball begeistert, modisch ist und im Leben oder der Welt sich auskennt. Bezieht man diesen Begriff des Verstehens auf die Existenz im Ganzen, so wird deutlich, daß Heidegger hier nichts anderes als den leiblich-praktischen Vollzug des Daseins selbst meint. Genauer noch: im Existenzial des Verstehens ist festgehalten, daß der Daseinsvollzug selbst das primäre ›Wissen‹ ist, das wir von uns haben – ein Wissen freilich, das »kein Entdeckthaben einer Tatsache, sondern das Sichhalten in einer existenziellen Möglichkeit« ist (ebd., S. 144). Die im Lebensvollzug immer schon realisierte Einheit von Wissen und Handeln zeigt sich z.B. in den spontanen Handlungen, in denen wir unser Selbstverständnis manifestieren, ohne ausdrücklich dessen bewußt zu sein: Wie nah man beieinandersteht, welchen Abstand man voneinander wahrt, wie man sich näherkommt, diese scheinbar wie von selbst getroffenen gestischen Entscheidungen des Alltagshandelns folgen einem im Leib selbst habitualisierten Verstehen dessen, was ein Körper, was eine Person, was Intimität und was Sozialität ist. Alle Reflexion und alle Theorie ruhen auf dieser Leib gewordenen Tiefenschicht des Wissens auf, ohne sie jemals gänzlich ins Bewußtsein heben zu können.

Weil das im Daseinsvollzug selbst schon realisierte Existenzverstehen eine gelebte Interpretation des Daseins durch sich ist, die stets im Werden begriffen und insofern aktuell immer unabgeschlossen ist, bezeichnet Heidegger das Dasein nach der Erschließungsweise des Verstehens als ›Entwurf‹ oder ›Existenzialität‹:

»Das Entwerfen hat nichts zu tun mit einem Sichverhalten zu einem ausgedachten Plan gemäß dem das Dasein sein Sein einrichtet, sondern als Dasein hat es sich je schon entworfen und ist, solange es ist, entwerfend. Dasein versteht sich immer schon und immer noch, solange es ist, aus Möglichkeiten. (...) Und nur weil das Sein des Da durch das Verstehen und dessen Entwurfscharakter seine Konstitution erhält, weil es ist, was es wird bzw. nicht wird, kann es zu sich selbst sagen: ›werde, was du bist!‹« (ebd., S. 145).

Die dritte Form des Weltverständnisses ist die ›Rede‹. In diesem Existenzial wird das Phänomen gefaßt, daß In-der-Welt-sein immer auch In-der-Sprache-sein ist. Die Faktizität der Rede liegt in den diversen historischen Sprachen und den vielfältigen Modi des Sprechens wie Aussprache, Rücksprache, Fürsprache, Zu- und Absage, Aufforderung, Warnung, Aussage usw. Die Rede ist mit Befindlichkeit und Verstehen gleichursprünglich: »Die befindliche Verständlichkeit des In-der-Welt-seins spricht sich als Rede aus. Das Bedeutungsganze der Verständlichkeit kommt zu Wort. Den Bedeutungen wachsen Worte zu« (ebd., S. 161). Weil die Rede als Existenzial eine Seinsweise des Daseins ist, hat »alle Rede (...) zugleich den Charakter des Sichaussprechens. Redend spricht sich Dasein aus, nicht weil es zunächst als ›Inneres‹ gegen ein Draußen abgekapselt ist, sondern weil es als In-der-Welt-sein verstehend schon ›draußen‹ ist. Das Ausgesprochene ist gerade das Draußensein« (ebd., S. 162). Das redende Sichaussprechen des Daseins liegt dann nicht nur im Gesagten als solchem, sondern auch im Tonfall, der Modulation, im Tempo, in den die jeweilige Äußerung begleitenden Gesten, mithin in der ganzen Sprechweise. Zugleich müssen neben der sprachlichen Verlautbarung auch das Hören und das Schweigen als Modi der Rede gefaßt werden. Wie die Befindlichkeit und das Verstehen ist dann auch die Rede nie zur Gänze reflexiv einholbar; die wissenschaftlichen Objektivationen der Sprache in Psychologie, Linguistik, Semiotik usw. müssen folglich als Abstraktionen von der gelebten Rede verstanden werden. Die existenziale Einheit von Lebens- und Sprachvollzug erinnert nicht zufällig an Ludwig Wittgensteins Konzeption einer Einheit von ›Lebensform‹ und ›Sprachspiel‹: Wie Wittgenstein sieht auch Heidegger in den Grenzen der Sprache die Grenzen der Welt (zu den Übereinstimmungen zwischen Heidegger und Wittgenstein vgl. Apel 1976, Bd. 1, S. 223ff.; sowie Rentsch 1985).

Sofern sie die Bedeutsamkeit sowohl des Sichbefindens wie des Sichverstehens zu Wort kommen läßt, gehört die Rede sowohl der Faktizität (Geworfenheit) wie der Existenzialität (Entwurf) des Daseins zu.

Das Sein des Daseins als Sorge, Zeitlichkeit und Transzendenz

In der Gleichursprünglichkeit von Befindlichkeit, Verstehen und Rede liegt zugleich die von ›Geworfenheit‹ und ›Entwurf‹: »Als geworfenes ist das Dasein in die Seinsart des Entwerfens geworfen« (SuZ, S. 145). Sichbefindend ist das Dasein immer schon in eine sprachlich artikulierte Welt versetzt, in der ihm bestimmte Lebensmöglichkeiten offenstehen oder verschlossen sind. Diese Geworfenheit in bestimmte Möglichkeiten gibt sich ihm jedoch immer nur im Licht des Entwurfs, in dem es sein Schon-sein auf das hin überschreitet, was es sein und werden kann. Der Entwurf überfliegt die Geworfenheit nicht, sondern findet als zunächst pragmatisch-vorreflexive Auslegung der Geworfenheit an ihr seine Konkretion. Insofern sind Geworfenheit und Entwurf nicht vollständig voneinander zu trennen: Im Entwurf seines Seins realisiert ein Dasein Lebensmöglichkeiten, die ihm aus seiner Geworfenheit vorgezeichnet sind und doch nie zwingend aus ihr abgeleitet werden können. Aufgrund der Unableitbarkeit des gleichwohl niemals freischwebenden Entwurfs kommt ihm im Widerspiel mit der Geworfenheit ein nicht genau auszumessender Vorrang zu. Diesen Vorrang kennzeichnet Heidegger auch als den Primat der Möglichkeit vor der Wirklichkeit:

»Dasein versteht sich immer schon und immer noch, solange es ist, aus Möglichkeiten. (...) Auf dem Grund der Seinsart, die durch das Existenzial des Entwurfs konstituiert wird, ist das Dasein ständig ›mehr‹, als es tatsächlich ist, wollte man es als Vorhandenes in seinem Seinsbestand registrieren.

Es ist aber nie mehr, als es faktisch ist, weil zu seiner Faktizität das Sein-können gehört. Das Dasein ist als Möglichsein auch nie weniger, d.h. das, was es in seinem Seinkönnen noch nicht ist, ist es existenzial« (ebd., S. 145).

Sofern nun aber dieses Sich-Entwerfen-Können eine Funktion der Geworfenheit des Daseins und folglich ein Sich-Entwerfen-Müssen ist, bezeichnet Heidegger den Seinssinn des Daseins als ›Sorge‹. Damit will er nicht sagen, daß das Existieren ein mühseliges Geschäft wäre, das den Einsatz nicht lohne. Mühsal und Trübsinn sind als alltägliche Befindlichkeiten ebenso wie Sorglosigkeit oder Begeisterung faktische Modifikationen der Sorge. Der Ausdruck soll auch nicht den Vorrang der vorreflexiv-pragmatischen vor den reflexiv-theoretischen Verhaltensweisen bezeichnen. Er soll vielmehr auf den Punkt bringen, daß es dem Dasein in seinem Sein stets und in Allem um sein Sein geht – nicht, weil es keine anderen Sorgen als nur die eigenen kennen würde, sondern weil *je* nur es selbst – in die Seinsart des Entwerfens und folglich in »das Freisein für das eigenste Seinkönnen« geworfen (ebd., S. 191) – dieses Sein zu sein hat.

Damit aber wird der Primat der Existenz (Existenzialität, Entwurf, Möglichkeit) zum Primat der lebendigen Zeitlichkeit vor dem, was je schon war (Faktizität, Geworfenheit, Wirklichkeit). Nach ihrer Zeitlichkeit verstanden, bezeichnen Existenz, Entwurf und Möglichkeit die Zukünftigkeit des Daseins, sein Werden-Können oder Sich-vorweg-sein. Faktizität, Geworfenheit und Wirklichkeit des Daseins machen seine Vergangenheit oder Gewesenheit aus, sein Schon-sein. Sofern Zukünftigkeit und Gewesenheit Bestimmungen des Daseins als In-der-Welt-sein sind, nimmt Heidegger beide wie folgt zusammen: »Das Sein des Daseins besagt: Sich-vorweg-schon-sein-in-(der-Welt-) als Sein-bei (innerweltlich begegnendem Seienden). Dieses Sein erfüllt die Bedeutung des Titels Sorge, der rein ontologisch-existenzial gebraucht wird« (ebd.).

Die Einheit von Existenzialität (Sich-vorweg-sein), Faktizität (Schon-sein-in) und Intentionalität (Sein-bei) bezeichnet Heidegger als ›Transzendenz‹ des Daseins. Darunter ist dann nicht wie noch bei Jaspers ein Jenseitsbezug oder gar eine Jenseitigkeit des Daseins selbst zu verstehen, sondern wiederum nichts anderes als der Primat des Werden-Könnens vor dem Gewordenen. So verstanden bezeichnet die Transzendenz des Daseins seine ebenso endliche wie unhintergehbare Freiheit: »Die Freiheit stellt in ihrem Wesen als Transzendenz das Dasein als Seinkönnen in Möglichkeiten, die vor seiner endlichen Wahl, d.h. in seinem Schicksal, aufklaffen« (GA 9, S. 174).

114

Auf die Transzendenz des Daseins bezogen, wird die Frage nach dem Sinn von Sein zur Frage nach dem Sein, das ich *jetzt* werden kann, indem ich es zu sein habe:

»Von ihm aus ist die im Titel ›*Sein und Zeit*‹ enthaltene These zu verstehen. Das zu vollziehende Sein ist wesensmäßig ein zukünftiges, wobei es sich um eine gewissermaßen instantane Zukunft handelt, das jeweils jetzt zu vollziehende Sein, und nicht um spätere Momente, die konstatierend vorausgesehen werden können. (...) Die ontologische Zielsetzung war also ein Umdenken des Sinns von Zeit aus dem Zu-sein heraus und ein Umdenken des Sinns von Sein überhaupt aus der so verstandenen Zeit« (Tugendhat 1989, S. 188).

Der Sinn der existenziell radikalisierten Seinsfrage läßt sich dann aber »am einfachsten an Hamlets Frage verdeutlichen: ›Zu sein oder nicht zu sein – das ist die Frage.‹ Eine Frage, die offensichtlich nicht eine theoretische ist. Wer sie stellt, fragt nicht, ob etwas (er selbst) ist oder nicht ist bzw. sein wird oder nicht sein wird, sondern (...) ob der Fragende zu dem Sein, das ihm in jedem Moment zu sein bevorsteht, praktisch Ja oder Nein sagt und d.h.: ihm ein Ende bereiten oder es weiter vollziehen will« (Tugendhat 1989, S. 36f.).

Ich-Selbst und Man-selbst oder: Wer ist das Subjekt der Alltäglichkeit?

Nun müssen alle Bestimmungen des Daseins als Bestimmungen seiner durchschnittlichen Alltäglichkeit ausgewiesen werden. Im Blick auf das Alltagsleben zeigt sich aber:

»Die Welt ist immer schon primär als *die gemeinsame Welt* gegeben und es ist nicht so, daß auf der einen Seite zunächst einzelne Subjekte wären, so auch einzelne Subjekte, die jeweils ihre eigene Welt hätten, und daß es nun darauf ankäme, die verschiedenen Umwelten der einzelnen aufgrund irgendeiner Verabredung zusammenzuschieben und daraufhin zu vereinbaren, wie man eine gemeinsame Welt hätte. So stellen sich die Philosophen die Dinge vor, wenn sie nach der Konstitution der intersubjektiven Welt fragen. *Wir sagen: Das erste, was gegeben ist, ist die gemeinsame Welt*« (GA 20, S. 339).

Hier wird der Bruch zwischen Heidegger und der Überlieferung in ganzer Schärfe sichtbar. Bis hin zu Husserl faßt die cartesische Tradition die menschliche Subjektivität aus der Grunderfahrung des *ego cogito* heraus. Heidegger setzt an die Stelle des weltjenseitigen Bewußtseins das In-der-Welt-sein des Daseins. Dessen Grunderfahrung ist nicht die Selbstbezüglichkeit des ›Ich denke‹, sondern das Mitsein und Miteinandersein-mit-Anderen in einer gemeinsamen

Welt: »*Die Welt des Daseins ist Mitwelt. Das In-sein ist Mitsein mit Anderen*« (SuZ, S. 118). Diese Anderen sind nicht »der ganze Rest der Übrigen außer mir«, sondern die, »von denen man sich zumeist nicht unterscheidet, unter denen man auch ist« (ebd.). Alles Besorgen ist gleichursprünglich ›Fürsorge‹, in der mein Dasein in den vielfältigen Modi intersubjektiven Verhaltens und intersubjektiver Verhältnisse jederzeit auf Andere bezogen ist. Erst aus diesem unhintergehbaren Bezogensein auf Andere kann ich mich im ›Ich‹-Sagen als den meinen, der ich bin:

»Das Sichkennen *gründet* in dem ursprünglich verstehenden Mitsein. Es bewegt sich zunächst gemäß der nächsten Seinsart des mitseienden In-der-Welt-seins im verstehenden Kennen dessen, was das Dasein mit den Anderen umweltlich-umsichtig vorfindet und besorgt. Aus dem Besorgten her und mit dem Verstehen seiner ist das fürsorgende Besorgen verstanden. Der Andere ist so zunächst in der besorgenden Fürsorge erschlossen« (ebd., S. 124).

Gemäß der intersubjektiven Fundierung des In-der-Welt-seins muß sogar das Selbstsein als solches primär als eine Funktion des Miteinanderseins begriffen werden: »Zunächst ›bin‹ nicht ›ich‹ im Sinne des eigenen Selbst, sondern die Anderen in der Weise des Man. Aus diesem her und als dieses werde ich mir ›selbst‹ zunächst ›gegeben‹. Zunächst ist das Dasein Man und zumeist bleibt es so« (ebd., S. 129).

Wer aber ist dieses Man-selbst, daß ich zunächst wie jede und jeder andere bin? Den Ausdruck ›Man‹ bzw. ›Man-selbst‹ wählt Heidegger nach der umgangssprachlichen Wendung, derzufolge nahezu sämtliche Verrichtungen der Alltagspraxis so vollzogen werden *sollen*, wie ›man‹ solche Verrichtungen vollzieht: »Wir genießen und vergnügen uns, wie *man* genießt; wir lesen, sehen und urteilen über Literatur und Kunst, wie *man* sieht und urteilt; wir ziehen uns aber auch vom ›großen Haufen‹ zurück, wie *man* sich zurückzieht; wir finden ›empörend‹, was *man* empörend findet« (ebd., S. 126f.).

Daß zunächst nicht ich selbst, sondern die Anderen als Man-selbst bestimmen, was und wie ich bin, heißt nicht, daß besondere Andere willentlich über mich verfügen würden. Nicht diese oder jener Andere ist das Man-selbst, nicht einige und auch nicht alle anderen zusammen, im Gegenteil: Das Man-selbst sind alle und keiner, »das Man (...) ist das Niemand« (ebd., S. 128). Als solches aber ist es kein über dem individuellen Dasein schwebendes Kollektiv- oder Gattungssubjekt: In seiner in der Durchschnittlichkeit des Alltagshandelns immer schon realisierten Allgemeinheit ist es überhaupt keine in einzelnen Individuen oder Gruppen identifizierbare personale Macht, sondern die diffus-anonyme Autorität des durchschnittlichen Seinsverständnisses selbst. An diesem Seinsverständnis partizipiert jede und jeder, sowie er oder sie alltäglich an der Mannigfaltigkeit des Besorgens teilnimmt. Deshalb kommen im Man-selbst sämtliche Bestimmungen des Daseins zusammen: War das Dasein zunächst als In-der-Welt-sein und Welt als die Bedeutsamkeitsganzheit des alltäglich gelebten Lebens bestimmt worden, so zeigt sich nun im Man-selbst

»das ›realste Subjekt‹ der Alltäglichkeit. (...) Wenn das Dasein ihm selbst als Man-selbst vertraut ist, dann besagt das zugleich, daß das Man die nächste Auslegung der Welt und des In-der-Welt-seins vorzeichnet. Das Man-selbst, worumwillen das Dasein alltäglich ist, artikuliert den Verweisungszusammenhang der Bedeutsamkeit. Die Welt des Daseins gibt das begegnende Seiende auf eine Bewandtnisganzheit frei, die dem Man vertraut ist, und in den Grenzen, die mit der Durchschnittlichkeit des Man festgelegt sind« (ebd., S. 128f.).

So ist das In-der-Welt-sein des Daseins nichts anderes als das, was seine vorreflexive Zugehörigkeit zur Alltagsnormalität einer intersubjektiv geteilten Lebensform und deren Sitten, Einrichtungen und sprachlich artikulierten Seins- und Sinndeutungen es sein läßt. Die dem Dasein zugesprochene Bestimmung der Jemeinigkeit steht – wenigstens im Prinzip – zu seiner grundlegenden Intersubjektivität nicht im Widerspruch: *Je meines* ist das Dasein ja nicht als isoliertes *ego cogito*, sondern als geschichtliche Weise, mit Anderen in einer gemeinsamen Welt zu sein.

Weil Heidegger im Aufweis der Intersubjektivität des Daseins nur die letzte Konsequenz seiner Abkehr vom transzendentalen Subjekt der Tradition zieht, weist er immer wieder darauf hin, daß seine Beschreibung des Alltagslebens nicht moralisch oder kulturkritisch gemeint sei (vgl. ebd., S. 176). Trotzdem kann kein Zweifel daran bestehen, daß sowohl die Metaphysik- und Ontologiekritik als auch die implizite Ethik der Daseinsanalyse über das Man-Existenzial entwickelt werden. Dies zeigt sich zuerst in den phänomenologischen Beschreibungen des Man-selbst in den Existenzialien der ›Abständigkeit‹, der ›Nivellierung‹, des ›Geredes‹, der ›Neugier‹ und der ›Zweideutigkeit‹, mit denen Heidegger nahezu Punkt für Punkt die Bestimmungen wiederaufnimmt, in denen Kierkegaard in der *Literarischen Anzeige* (1846) das Alltagsleben der bürgerlichen Gesellschaft als »examen rigorosum der Nivellierung« beschrieben hatte (SuZ, §§ 35-37 und §§ 25-27; in der *Lit. Anz.* vgl. v.a. S. 89ff.). Dies zeigt sich darüber hinaus darin, daß Heidegger den Seinssinn der vom Man-selbst geregelten Alltäglichkeit in der existenziellen

Bewegung des ›Verfallens‹ charakterisiert, in der das Dasein von sich »abgefallen« und »entfremdet« sein soll (ebd., § 38). Vollends sichtbar aber wird die ethische Bedeutung des Man-Existenzials daran, daß die für das Dasein letztlich entscheidende Differenz von ›Eigentlichkeit‹ und ›Uneigentlichkeit‹ systematisch von ihm abhängt: »Das Selbst des alltäglichen Daseins ist das Man-selbst, das wir von dem eigentlichen, d.h. eigens ergriffenen Selbst unterscheiden. Als Man-selbst ist das jeweilige Dasein in das Man zerstreut und muß sich erst noch finden« (ebd., S. 129). Folglich entscheidet sich erst im Bruch mit der Alltagsnormalität die Frage nach dem Sinn von Sein, in der das Dasein je für sich vor die Wahl gestellt ist, »es selbst oder nicht es selbst zu sein« (ebd., S. 12): exakt in diesem Sinn liegt in der Seinsfrage als der ›leersten‹ und ›universalsten‹ zugleich »die Möglichkeit ihrer eigenen und schärfsten Vereinzelung auf das jeweilige Dasein« (ebd., S. 39)!

Daß nun aber sowohl das ethische Entweder-Oder meines Selbstseinkönnens wie die weiterführende Metaphysikkritik der Daseinsanalyse über das Man-Existenzial entwickelt werden, liegt daran, daß die Verfallenheit des Alltagslebens Heidegger zufolge in einer Verkehrung des Seinssinns des Daseins und mithin in der ontologischen Selbsttäuschung besteht, die er ›Seinsvergessenheit‹ nennt.

Aus dem Widerspiel von Geworfenheit und Entwurf heraus hatte Heidegger den Seinssinn des Daseins als Zeitlichkeit bestimmt. Diese selbst stand unter dem Primat der Zukünftigkeit, d.h. des Sich-Vorweg-seins des Daseins in Möglichkeiten seines Werden-Könnens. Zeitlichkeit und Zukünftigkeit sollten dann als je meine begriffen und vollzogen werden. Genau dieser doppelte Primat der Möglichkeit und der Jemeinigkeit wird vom Man-selbst eingeebnet:

»Das verstehende Sichentwerfen des Daseins ist als faktisches je schon bei einer entdeckten Welt. Aus dieser nimmt es – und zunächst gemäß der Ausgelegtheit des Man – seine Möglichkeiten. Diese Auslegung hat im vorhinein die wahlfreien Möglichkeiten auf den Umkreis des Bekannten, Erreichbaren, Tragbaren, dessen, was sich gehört und schickt, eingeschränkt. Diese *Nivellierung der Daseinsmöglichkeiten auf das alltäglich zunächst Verfügbare* vollzieht zugleich eine *Abblendung des Möglichen als solchen*. Die durchschnittliche Alltäglichkeit wird möglichkeitsblind und beruhigt sich bei dem nur ›Wirklichen‹« (ebd., S. 194f.).

Die Verfallenheit des Alltagslebens besteht also darin, das jemeinig-zukünftige Dasein einem Primat des Allgemeinen, des Schon-Gegebenen und der Wirklichkeit zu unterwerfen. »Möglichkeitsblind« geworden, blendet das Dasein den Seinssinn der Existenz – Jemeinigkeit, Sich-vorweg-sein, Transzendenz, Freiheit – aus und deutet sich selbst von einem existierenden in ein vorhandenes Seiendes um. Der weiteste Reflex dieser alltäglichen Seins- und Selbstvergessenheit findet sich dann in der Philosophie. Die Philosophie denkt das Dasein als das weltjenseitig-übergeschichtliche *ego cogito* eines gattungsallgemeinen ›Bewußtseins überhaupt‹ und fixiert schließlich das Sein selbst als die beständige Anwesenheit des unvergänglichen Einen. Deshalb kann die philosophische Tradition als metaphysische Überhöhung der im Man-selbst gelebten Selbstverdinglichung des Daseins dechiffriert werden.

Wie man wird, was man ist: die Angst, das Gewissen und der Tod

Nun sollte der Seinssinn des Daseins nicht in der Differenz eines bestimmten Existierens, sondern in der Indifferenz des durchschnittlichen Alltagslebens freigelegt werden. Indem Heidegger das Alltagsleben als den Raum der Verfallenheit des Daseins und zugleich als den Ursprungsort der metaphysischen ›Verdeckungen‹ beschreibt, gerät die Daseinsanalyse in ein Dilemma: Wie soll der Seinssinn des Daseins »am Leitfaden des alltäglichen In-der-Welt-seins« (ebd., S. 66) aufgeklärt werden, wenn dort »Jeder der Andere und keiner er selbst« ist (ebd., S. 128)? Heißt das nicht, daß sich das Dasein gerade in seiner Alltagswelt gegen sich abgeriegelt hat?

Tatsächlich vermerkt Heidegger unmittelbar im Anschluß an seine Man-Analyse:

»Wenn das Dasein die Welt eigens entdeckt und sich nahebringt, wenn es ihm selbst sein eigentliches Sein erschließt, dann vollzieht sich dieses (...) immer als Wegräumen der Verdeckungen und Verdunkelungen, als Zerbrechen der Verstellungen, mit denen sich das Dasein gegen es selbst abriegelt« (ebd., S. 129).

Um die Abriegelung des Daseins vor ihm selbst durchbrechen zu können, greift die Daseinsanalyse auf zwei besondere Erfahrungen zurück, die in Analogie zu Jaspers' Begriff der ›Grenzsituation‹ als Grenzerfahrung bezeichnet werden können: auf die Erfahrung der ›Angst‹ und auf die des ›Gewissensrufs‹.

Dem Ansatz der Analyse entsprechend darf die Angst kein Ausnahmezustand jenseits der Alltäglichkeit sein, sondern muß das Alltagsleben wenigstens latent durchstimmen. Nun trägt uns in der Alltäglichkeit des Daseins die geläufige Bedeutsamkeit der Welt: Die ›Dinge des Lebens‹ haben seit je ihren angestammten Platz, im ›Lauf der Dinge‹ begegnet man sich selbst aus den Dingen heraus, jede und jeder weiß, was *man* zu tun hat und wie ›die Dinge laufen‹.

Dann aber: Plötzlich und ungeahnt, an einer Straßenecke, in der Windfangtür eines Restaurants, am Ende eines ausgelassenen Gelächters oder beim Aufblicken aus beiläufiger Zeitungslektüre überkommt ›einen‹ die Angst. Damit ist nicht das unerwartete Erschrekken der Furcht gemeint, das uns überfällt, wenn wir beim Überqueren der Straße bemerken, daß ein Auto fast schon auf gleicher Höhe mit uns ist. Die Angst liegt tiefer als jede Furcht, weil sie nicht auf ein bestimmtes furchterweckendes Seiendes, sondern auf das ganze Dasein und mithin auf die ganze Welt gerichtet ist:

»In der Angst – sagen wir – ›ist es einem unheimlich‹. Was heißt das ›es‹ und das ›einem‹? Wir können nicht sagen, wovor einem unheimlich ist. Im Ganzen ist einem so. Alle Dinge und wir selbst versinken in eine Gleichgültigkeit. Dies jedoch nicht im Sinne eines bloßen Verschwindens, sondern in ihrem Wegrücken als solchem kehren sie sich einem zu. Dieses Wegrücken des Seienden im Ganzen, das uns in der Angst umdrängt, bedrängt uns. Es bleibt kein Halt. Es bleibt nur und kommt über uns – im Entgleiten des Seienden – dieses ›kein‹. (...) Wir ›schweben‹ in Angst. Deutlicher: Die Angst läßt uns schweben, weil sie das Seiende im Ganzen zum Entgleiten bringt. Darin liegt, daß wir selbst – diese seienden Menschen – inmitten des Seienden uns mitentgleiten. Daher ist im Grunde nicht ›dir‹ und ›mir‹ unheimlich, sondern ›einem‹ ist so. Nur das reine Da-sein in der Durchschütterung dieses Schwebens, darin es sich an nichts halten kann, ist noch da« (GA 9, S. 111f.).

Weil man nicht weiß, wovor man sich ängstigt, ist es auch nicht unaufrichtig, wenn man, sobald die Angst sich gelegt hat, versichert, daß man eigentlich vor ›nichts‹ sich geängstigt habe. Dieses ›Nichts‹ freilich ist kein nichtiges Nichts, sondern das Sich-an-nichts-mehr-halten-können, das ›einen‹ inmitten des wegrückenden Seienden bedrängt. Dieses Sich-an-nichts-mehr-halten-können aber ist selbst wieder nichts anderes als eine Weise des In-der-Welt-seins, genauer noch: es ist das In-der-Welt-sein *als* in der Angst ›vor‹ sich selbst gebrachtes:

»Worum die Angst sich ängstet, ist das In-der-Welt-sein selbst. In der Angst versinkt das umweltlich Zuhandene, überhaupt das innerweltliche Seiende. Die Welt vermag nichts mehr zu bieten, ebensowenig das Mitdasein anderer. Die Angst benimmt so dem Dasein die Möglichkeit, verfallend sich aus der Welt und der öffentlichen Ausgelegtheit zu verstehen. Sie wirft das Dasein auf das zurück, worum es sich ängstet, sein eigentliches In-der-Welt-sein-können. Die Angst vereinzelt das Dasein auf sein eigenstes In-der-Welt-sein« (SuZ, S. 187).

Augenblicklich, unverfügbar und doch aus dem Innersten des eigenen Seins vor sich selbst gebracht, erfährt sich das Dasein als »das nackte ›Daß‹ im Nichts der Welt« (ebd., S. 276f.). Die Welt selbst aber zeigt sich »in einer leeren Erbarmungslosigkeit« als »die Nichtigkeit des Besorgbaren, d.h. die Unmöglichkeit des Sichentwerfens auf ein primär im Besorgten fundiertes Seinkönnen der Existenz. Das Enthüllen dieser Unmöglichkeit bedeutet aber ein Aufleuchtenlassen der Möglichkeit eines eigentlichen Seinkönnens« (ebd., S. 343). Diese wiederum liegt nicht in irgendeiner besonderen Lebensmöglichkeit unter anderen, sondern ›lediglich‹ darin, daß das Dasein in seine in der Angst affektiv erlittene Vereinzelung einwilligt und sich von der Angst in seine eigenste Seinsfrage »einstimmen« läßt. Aus seiner »Botmässigkeit« (ebd., S. 126) unter die Welt und die Anderen entlassen, fragt es nach seinem Sein als nach dem Seinkönnen, »das es einzig von ihm selbst her als vereinzeltes in der Vereinzelung sein kann. (...) Dieser existenziale ›Solipsismus‹ versetzt aber so wenig ein isoliertes Subjektding in die harmlose Leere eines weltlosen Vorkommens, daß er das Dasein gerade in einem extremen Sinn vor seine Welt als Welt und damit es selbst vor sich selbst als In-der-Welt-sein bringt« (ebd., S. 188).

Was die Angst als Befindlichkeit erschließt, das erschließt das Phänomen des ›Gewissens‹ nach der Seite des Verstehens und der Rede. Um den inneren Zusammenhang von Angst und Gewissensruf auszuweisen, unternimmt Heidegger zunächst eine phänomenologische Destruktion der überkommenen Theorien des Gewissens (vgl. SuZ, §§ 54-60). Diese verdecken den primären Seinssinn des Gewissens durch die moralisierende Bestimmung, derzufolge der Gewissensruf jeweils auf eine bestimmte Verfehlung und insofern eine bestimmte Schuld des Daseins bezogen ist. Heidegger seinerseits bezieht den Gewissensruf nicht mehr *moralisch* auf eine Verfehlung im Mitsein mit Anderen, sondern *ontologisch* auf die Form des Existierens im Ganzen. Zugleich löst er den Gewissensruf von jedem Bezug auf die Werte und Normen eines allgemeinen Sittengesetzes und versteht ihn als allein auf das vereinzelte Dasein bezogenen »Ruf der Sorge«: »Der Rufer ist das Dasein, sich ängstigend in der Geworfenheit. Der Angerufene ist eben dieses Dasein, aufgerufen zu seinem eigensten Seinkönnen. Und aufgerufen ist das Dasein durch den Anruf aus dem Verfallen in das Man« (ebd., S. 277).

Was aber soll unter einer nicht moralischen, sondern ontologischen Schuld verstanden werden? Wie ist man nicht infolge einer bestimmten Verfehlung, sondern in der Form seines Daseins ›schuldig‹?

Heidegger erläutert das existenzielle Schuldigsein in einer Reflexion auf die Zeitlichkeit und mithin die Endlichkeit des Existierens. Weil das Dasein als faktisch existierendes nie hinter sein Schon-in-der-Welt-sein zurück kann, kann es die eigene Existenz nie von sich aus beginnen und deshalb auch nicht durch sich selbst begründen. Es bleibt folglich eines von ihm selbst begründeten Anfangs schuldig:

»Existierend kommt es nie hinter seine Geworfenheit zurück, so daß es dieses ›daß es ist und zu sein hat‹ je eigens erst aus seinem Selbstsein entlassen und in das Da führen könnte. (...) Ob es den Grund gleich selbst nicht gelegt hat, ruht es in seiner Schwere, die ihm die Stimmung als Last offenbart. Und wie ist es dieser geworfene Grund? Einzig so, daß es sich auf Möglichkeiten entwirft, in die es geworfen ist. Das Selbst, das als solches den Grund seiner selbst zu legen hat, kann dessen nie mächtig werden und hat doch existierend das Grundsein zu übernehmen. *Der eigene geworfene Grund zu sein, ist das Seinkönnen, darum es in der Sorge geht*« (ebd., S. 284).

Die mit der Geworfenheit schon gesetzte Schuld des Daseins – den Grund seines Seins nicht selbst gelegt zu haben – wird im Entwurf gleichsam verdoppelt. Sich entwerfend wählt das Dasein die Möglichkeiten seines Seinkönnens, und es wählt sie so, daß die Wahl der einen Lebensmöglichkeit notwendig die Abwahl anderer, ›an sich‹ gleichermaßen offenstehender Möglichkeiten ist: »Der Entwurf ist nicht nur als je geworfener durch die Nichtigkeit seines Grundseins bestimmt, sondern als Entwurf wesenhaft nichtig. (...) Die gemeinte Nichtigkeit gehört zum Freisein des Daseins für seine existenziellen Möglichkeiten. Die Freiheit aber ist nur in der Wahl der einen, d.h. im Tragen des Nichtgewählthabens und Nichtauchwählenkönnens der anderen« (ebd., S. 285). Deshalb lautet die Lehre des Gewissensrufs, daseinsanalytisch auf den Punkt gebracht: »Die Sorge selbst ist in ihrem Wesen durch und durch von Nichtigkeit durchsetzt. Die Sorge – das Sein des Daseins – besagt demnach als geworfener Entwurf: Das (nichtige) Grund-sein einer Nichtigkeit« (ebd.).

Der Unterschied der existenzialen zur moralischen Gewissensinterpretation zeigt sich freilich erst in der Bestimmung des Sinns des Gewissensrufs in seiner ganzen Schärfe. Moralisch und existenzial verstanden ruft das Gewissen jeweils zur Reue auf. Moralisch verstanden zielt die Reue auf die Begleichung und damit auf die Tilgung der durch die Verfehlung entstandenen Schuld. Existenzial verstanden zielt die Reue auf die Übernahme der eigenen Schuld und stellt insofern in paradoxer Verkehrung der moralischen Reue ein »Aufrufen zum Schuldigsein« dar (ebd., S. 287). Darunter ist nun allerdings keine Anstiftung zur tätigen Amoralität zu verstehen, sondern die Aufforderung zur ausdrücklichen Anerkennung der letzten Grundlosigkeit des Existierens im Ganzen: Statt sich in die Normalität der alltäglichen Bedeutsamkeit zu flüchten, in der sich ›das

Leben‹ wie von selbst versteht, soll sich das Dasein in der doppelten Schuld seiner ursprünglichen Grundlosigkeit bejahen, »darin es sich an nichts halten kann« (GA 9, S. 112).

Hier zeigt sich, daß Heidegger in der Interpretation der Angst und des Gewissensrufs ein einheitliches Phänomen vor Augen hat: Die Angst erschließt das Dasein in seiner ungedeckten Überlassenheit an es selbst, der Gewissensruf fordert es dazu auf, diese Überlassenheit an es selbst eigens zu übernehmen. Nimmt man die Angst und den Gewissensruf zusammen, so werden sie als die »ursprünglichen Erfahrungen« kenntlich, in denen »die ersten und fortan leitenden Bestimmungen des Seins gewonnen wurden« (SuZ, S. 22). Zugleich erhellt, warum diese Erfahrungen selbst zum Anlaß wurden, die in ihnen aufbrechende Seinsfrage mißzuverstehen: Indem der Gewissensruf moralisiert wird, wird das Seinkönnen des Daseins an das Man-selbst und die Durchschnittlichkeit des Alltagslebens gebunden, deren fixer Ausdruck die jeweils geltenden Werte und Normen sind: »Das Dasein gilt als Seiendes, das zu besorgen ist, welches Besorgen den Sinn der ›Wertverwirklichung‹ und Normerfüllung hat« (ebd., S. 293). Damit aber wird verdeckt, daß die »Wahrheit der Existenz« (ebd., S. 221) darin liegt, die Frage nach dem Sinn des je mir bevorstehenden Seins ohne jede Deckung durch ein allgemeines Sittengesetz beantworten zu müssen: »Das Rufverstehen erschließt das eigene Dasein in der Unheimlichkeit seiner Vereinzelung. Die im Verstehen mitenthüllte Unheimlichkeit wird genuin erschlossen durch die ihm zugehörige Befindlichkeit der Angst. (...) Das Gewissenhabenwollen wird Bereitschaft zur Angst« (ebd., S. 296).

Indem Heidegger in der Angst und im Gewissensruf die vom Alltagsleben und der metaphysischen Tradition verdeckten »ursprünglichen Erfahrungen« des Seins des Daseins freilegt, wird noch einmal deutlich, wie eng seine Analytik der Existenz an diejenige Kierkegaards anschließt: Auch dort stehen die Angst und das Gewissen im Mittelpunkt der Dialektik der Selbstwerdung, auch dort führt – wie in *Furcht und Zittern* dargelegt – das eigentliche Selbstseinkönnen zur »teleologischen Suspension des Ethischen« (vgl. ebd., S. 57).

Trotzdem bestätigt sich auch hier wieder ihre grundlegende Differenz. In der Perspektive Kierkegaards muß die Heideggersche »Bereitschaft zur Angst« als äußerste Form der Verzweiflung begriffen werden (vgl. Kap. I.3). Diese Form der Verzweiflung nennt Kierkegaard »Trotz«: »Sich nicht trösten und heilen lassen wollen durch das Ewige, das Irdische so hoch veranschlagen, daß das Ewige kein Trost zu sein vermag« (KzT, S. 70). Dem entspricht dann, daß das

›Ziel‹ des Selbstseinkönnens des Daseins bei Heidegger nicht der Gott Kierkegaards und nicht die Transzendenz Jaspers', sondern der Tod ist:

»Nur das Freisein für den Tod gibt dem Dasein *das Ziel schlechthin* und stößt die Existenz in ihre Endlichkeit. (...) Wenn das Dasein vorlaufend den Tod in sich mächtig werden läßt, versteht es sich, frei für ihn, in der eigenen Übermacht seiner endlichen Freiheit, um in dieser, die je nur ›ist‹ im Gewählthaben der Wahl, die Ohnmacht der Überlassenheit an es selbst zu übernehmen und für die Zufälle der erschlossenen Situation hellsichtig zu werden« (SuZ, S. 384).

Allerdings darf nicht übersehen werden, wie damit ein weiterer, letzter Unterschied aufbricht: Finden Kierkegaard und Jaspers zuletzt einen absoluten Halt an einem Anderen, so führt in der Daseinsanalyse Heideggers der »Vorlauf in den Tod« an die Grenze, die das Dasein »einzig von ihm selbst her zu übernehmen hat«: »Sie macht offenbar, daß alles Sein bei dem Besorgten und alles Mitsein mit Anderen versagt, wenn es um das eigenste Seinkönnen geht. (...) Das Vorlaufen erschließt der Existenz als äußerste Möglichkeit die Selbstaufgabe und zerbricht so jede Versteifung auf die je erreichte Existenz« (ebd., S. 263f.).

Das Geheimnis des Daseins und die Daseinsanalyse

Inwiefern Heidegger in der Aufklärung der »ursprünglichen Erfahrungen« der Angst und des Gewissens die gesuchte Position *jenseits* von Rationalismus und Irrationalismus findet, zeigt sich, wenn man sich klar macht, worum es im ›Vorlauf in den Tod‹ eigentlich geht. Selbstverständlich darf das ›Vorlaufen‹ sowenig mit dem Vollzug der Selbsttötung wie mit einem bloßen Denken an das Sterben verwechselt werden. Statt dessen muß es als der im äußersten Fall lebenslängliche Versuch eines ständig aufrechterhaltenen ausdrücklichen Bewußtseins um die im Tod kulminierende letzte Grund- *und* Ziellosigkeit des endlichen Existierens angesehen werden. In diesem Bewußtsein hält sich die eigentliche Existenz tatsächlich jenseits von Rationalismus und Irrationalismus: Der Unbewußtheit des alltäglichen Geradehinlebens entgegengesetzt und insofern bewußt innestehend in der ›Wahrheit der Existenz‹, weiß sie um die von aller Rationalisierung nur abgedrängte, *zuletzt* aber weder zu vermittelnde noch aufzuhebende Irrationalität des endlichen Existierens. Unverstellt dieser Irrationalität konfrontiert, kann sie sich von den geläufigen Illusionen des Alltagslebens, der Philosophie und der Weltgeschichte distanzieren und gewinnt so das eigene Dasein in der endlichen Frist seines Selbsteinkönnens. Damit erst vollendet sich die ›Kehre‹ vom *Was* zum *Wer*, in der das »nichtverdinglichte Sein des Subjekts« (SuZ, S. 46) in dessen Zeitlichkeit gesucht worden war:

»Sehen wir nicht auf die Antwort, sondern wiederholen wir die Frage. Was geschah mit der Frage? Sie hat sich gewandelt. *Was* ist die Zeit? wurde zur Frage: *Wer* ist die Zeit? Näher: sind wir selber die Zeit? Oder noch näher: bin ich meine Zeit? Damit komme ich ihr am nächsten, und wenn ich die Frage recht verstehe, dann ist mit ihr alles ernst geworden. Also ist solches Fragen die angemessene Zugangs- und Umgangsart mit der Zeit als mit der je meinigen. Dann wäre Dasein Fraglichsein« (BZ, S. 27f.).

Treffend hat Jürgen Habermas im »Sein zum Tode« (SuZ, S. 260) die »quasi-religiöse« Ethik eines »Protestantismus auf dem Nullpunkt der Säkularisierung« erkannt: Im ursprünglichen Sinn des Wortes *religio* (Gewissensscheu) bindet sich das aus aller Normalität herausgesetzte und auf sich vereinzelte Dasein an seine »endliche Autonomie inmitten des Nichts der entgötterten Welt« (Habermas 1987, S. 70 bzw. 77). Jean Baudrillard wiederum erkennt in dieser nihilistisch radikalisierten Autonomie den endgültigen Zusammenbruch der dialektischen Vernunft in einer »Metaphysik des Absurden und der Verzweiflung, die dennoch nicht aufhört, die Dialektik eines *bewußten* Subjektes zu sein, das darin eine paradoxe Freiheit wiederfindet: ›Alles ist erlaubt, da der Tod unüberschreitbar ist‹« (Baudrillard 1982, S. 235).

Freilich begründet gerade die eigentümliche Rationalität der Daseinsanalyse das Dilemma, an dem ihr philosophischer Universalitätsanspruch scheitern mußte. Dieses Dilemma besteht darin, eine Wahrheit zu behaupten, der die allgemeine Anerkennung notwendig versagt bleiben muß, weil sich die Intersubjektivität des Alltagslebens vor ihr verschließt. Im Wissen um die Exklusivität der daseinsanalytischen Wahrheit räumt Heidegger am Schluß der Daseinsanalyse denn auch lapidar ein: »Aber liegt der durchgeführten ontologischen Interpretation der Existenz des Daseins nicht eine bestimmte ontische Auffassung von eigentlicher Existenz, ein *faktisches Ideal des Daseins* zugrunde? *Das ist in der Tat so*« (SuZ, S. 310).

Barbara Merker beschreibt das Dilemma der Daseinsanalyse wie folgt:

»Es sind diese besonderen Erlebnisse, die Angst und der Gewissensruf, die dem widerfahren sein müssen, der durch sie und durch die Offenheit für sie Philosoph und Autor werden konnte; und es sind die gleichen Erlebnisse, die, als Voraussetzung eines fundierten Verständnisses seines Textes, auch konstitutiv sein müssen für die Lebensgeschichte seiner impliziten Leser.

Sein und Zeit wäre dann, paradox genug, die allgemeine und wesentliche Biographie derer, die den Zustand der Uneigentlichkeit durchschaut und – der Intention nach – überwunden haben. Die Exklusivität dieser Geschichte aber sorgt für die Exklusion derer, die andere Geschichten haben, aus der Philosophie« (Merker 1988, S. 288).

Offensichtlich liegt hier einer der Gründe, die Heidegger zum Abbruch von *Sein und Zeit* und zur Rücknahme seiner fundamentalontologischen Ansprüche in der ›Kehre‹ geführt haben. Im *Brief über den Humanismus* (1949) heißt es dann, daß »die ungemäße Absicht auf ›Wissenschaft‹ und ›Forschung‹« die eigentliche Intention der Daseinsanalyse »verfälscht« habe, ein Denken zu eröffnen, »das strenger ist als das begriffliche« (GA 9, S. 357). Das Dilemma selbst freilich ist auch mit dem Verzicht auf den universalen Geltungsanspruch nicht aufgelöst: Nach wie vor bleibt offen, wie die ›Wahrheit der Existenz‹ in der Universalität *kommuniziert* werden kann, in der sie doch ganz offenbar für alle Geltung beansprucht.

4. Jean-Paul Sartre:
Phänomenologische Ontologie und existenzialistische Moral

In der Konstellation der ›existierenden Denker‹ nimmt Jean-Paul Sartre in doppelter Hinsicht eine besondere Position ein. Bis zu Sartre entfaltet sich die Existenzphilosophie nahezu durchgängig in deutscher Tradition – das heißt: in Konsequenz des Zerfalls des Deutschen Idealismus nach Hegel, in mehr oder minder starkem Anschluß an gegenaufklärerisch-romantische Motive und in jedem Fall in strikter Abkehr vom Rationalismus Descartes'. Sartre aber plaziert seinen »Versuch einer phänomenologischen Ontologie« (SuN, Untertitel) *innerhalb* der cartesischen Tradition und unter kritischer Bejahung ihrer rationalistischen Tendenz. Mit dieser Übersetzung nach Frankreich nimmt die Existenzphilosophie eine entscheidende Wendung: Gegen die selbst im Traditionalismus Jaspers' spürbaren Ambivalenzen ihrer deutschen ›Erstfassung‹ versteht Sartre seinen *existencialisme* uneingeschränkt als Radikalisierung der cartesischen Wende zur frei sich bestimmenden Subjektivität des Bewußtseins.

Zugleich modifiziert Sartre Status und Praxis des ›existierenden˙ Denkers‹: Mit Jaspers und Heidegger begreift er sich als phänomenologischen Ontologen und insofern als Philosoph auch im akademischen Sinn des Wortes; wie Kierkegaard, Stirner und Nietzsche aber verzichtet er bewußt auf eine universitäre Karriere. Deshalb ist

Sartre zeitlebens ›nur‹ insoweit Philosoph, als er zugleich Romancier, Dramatiker und – politischer Aktivist ist. Philosophische, literarische und politische Praxis begründen sich gegenseitig; ihr gemeinsamer Nenner wird im Begriff des *engagement* auf den Punkt gebracht, in dem angezeigt wird, daß ein Denken der Existenz notwendig Stellungnahme zur Existenz ist und sein muß.

In seinem philosophischen Hauptwerk *Das Sein und das Nichts* (1942) zeigt sich der besondere Einsatz Sartres zunächst einmal in der freien Konstellation existenzialistischer und idealistischer Begrifflichkeit: Zu Recht schreibt Franz Zimmermann, daß *Das Sein und das Nichts* neben Descartes »ebenso Hegel verpflichtet ist, wie es ein Fazit aus Kierkegaard, vor allem aber aus Husserl und Heidegger darstellt« (Zimmermann 1977, S. 62). Daß diese Konstellation zu einem eigenständigen Neuansatz führt, erweist sich in den phänomenologischen Einzelanalysen, die wesentlich für den enormen Umfang des Buchs verantwortlich sind. Es zeigt sich zugleich in der Zuspitzung der Existenz-Dialektik auf das Problem der gegenseitigen Anerkennung freier Subjekte, in der Sartre eine erste Brücke zwischen der existenz- und der sozialphilosophischen Linie nach-hegelschen Philosophierens schlägt. Diese Verschiebung der existenzialistischen Problemstellung selbst kommt zuletzt im Problem der Moral auf den Punkt: Anders als bei den anderen ›existierenden Denkern‹ führt der Rückgang in die existenzielle Differenz bei Sartre *nicht* zur »teleologischen Suspension des Ethischen« (KzT, S. 57), sondern umgekehrt zum Versuch einer Neubegründung universeller Moralität aus der Existenzerfahrung heraus. So heißt es am Schluß von *Das Sein und das Nichts* programmatisch, daß die letzten und wesentlichen Fragen der phänomenologische Ontologie »nur im Bereich der Moral beantwortet werden« können (SuN, S. 1072).

Die Formen des Seins: An-sich-sein und Für-sich-sein

Bezeichnenderweise gibt Sartre eine erste Bestimmung seines Existenzbegriffs fünf Jahre vor dem Erscheinen seines Hauptwerks in dem Roman *Der Ekel* (1938). Dort heißt es:

»Das Wesentliche ist das Zufällige. Die Existenz ist nicht – wenn man sie definieren will – das Notwendige. Existieren, das heißt einfach: da sein. Die Existierenden erscheinen, sie lassen sich antreffen, aber niemals kann man sie herleiten. Es gibt Leute, glaube ich, die das begriffen haben. Sie haben versucht, dieser Zufälligkeit Herr zu werden, indem sie ein notwendiges, ein in sich begründetes Sein erfanden. Kein notwendiges Sein aber kann die Existenz erklären: Die Zufälligkeit ist nicht ein falsches Scheinen, eine äußere Erscheinungsform, die man verscheuchen kann – sie ist das Absolute und mithin das vollkommen Zwecklose« (ebd., S. 139).

Unschwer wird hier sichtbar, wie Sartre den Existenzbegriff zunächst im traditionellen Sinn aufnimmt: Unter ›Existenz‹ versteht er nicht die besondere Seinsweise menschlicher Subjektivität, sondern das zufällige Dasein unterschiedslos alles Seienden einschließlich des Menschen.

Dem Existierenden als dem, was einfach ›da‹ ist, nähert sich die Ontologie, indem sie es mit Husserl als Phänomen begreift, d.h. hier als Erscheinung für das reine Bewußtsein des *ego cogito*. Gut phänomenologisch gilt allerdings:

»Die Erscheinung wird nicht von irgendeinem von ihr verschiedenen Existierenden getragen: sie hat ihr eigenes *Sein*. (...) Das Phänomen ist das, was sich manifestiert, und das Sein manifestiert sich allen in irgendeiner Weise, da wir darüber sprechen können und ein gewisses Verständnis davon haben. Somit muß es ein *Seinsphänomen* geben, eine Seinserscheinung, (...) und die Ontologie wird die Beschreibung des Seinsphänomens sein, wie es sich manifestiert, d.h. ohne Vermittlung« (SuN, S. 14).

Indem Sartre das Phänomen als »Seinsphänomen« begreift, das nichts mehr verbirgt, unterläuft er die Differenz von Wesen und Erscheinung, nach der metaphysisch zwischen dem ›Ding-an-sich‹ und seiner Erscheinung-für-uns unterschieden wurde. Es gibt kein Sein ›hinter‹ der Erscheinung, die Erscheinung verhüllt das Sein nicht, sondern enthüllt es: »Das Sein eines Existierenden ist genau das, als was es erscheint« (ebd., S. 10).

Eben damit taucht freilich ein neues Problem auf: Wenn das Seinsphänomen existierend nichts anderes als das ist, was dem Bewußtsein erscheint, wird dann nicht das Sein idealistisch zur Erscheinung-für-das-Bewußtsein reduziert? Ist dann nicht alles, was ist, ›im‹ Bewußtsein oder gar Produkt des Bewußtseins?

Um diese idealistische Reduktion zu vermeiden und trotzdem nicht neuerlich ein metaphysisches X ›hinter‹ die Phänomene plazieren zu müssen, nimmt Sartre die gerade verabschiedete Differenz von Sein-an-sich und Erscheinung-für-uns zumindest im Wortlaut wieder auf und unterscheidet ausdrücklich zwischen dem im Bewußtsein erscheinenden »Seinsphänomen« und einem bewußtseinstranszendenten »Sein des Phänomens« (ebd., S. 16). Das Seinsphänomen ist Sein-für-uns, das Sein des Phänomens ist ›transphänomenal‹ und folglich Sein-an-sich, *en-soi*. Im Buchstabensinn identisch, sind metaphysisches und phänomenologisches An-sich-sein dennoch nicht dasselbe: Phänomenologisch verstanden meint das An-sich kein verborgenes X ›hinter‹ der Erscheinung, sondern lediglich die vom Bewußtsein unabhängige *existentia* der Phänomene selbst – ihr unvordenkliches ›Daß sie da sind und sich manifestieren‹. Weil dieses Daß nur tautologisch ausgesagt werden kann – »Das Sein ist. Das Sein ist an sich. Das Sein ist das, was es ist« (ebd., S. 44) – wird mit ihm nichts als die nach-idealistische Grunderfahrung auf den Punkt gebracht, derzufolge »das Bewußtsein *entsteht* als auf ein Sein gerichtet, das *nicht* es selbst ist« (ebd., S. 35).

Nun erschöpft der Begriff des *en-soi* nicht den vollen Sinn des transphänomenalen Seins. Phänomen ist alles, was existierend dem Bewußtsein erscheint. Transphänomenal ist die Existenz des jeweils erscheinenden Phänomens, sein ›Daß es da ist‹. Dies gilt nun auch für das Bewußtsein selbst: auch ihm muß ein transphänomenales Sein zukommen. Dies ist dann nichts anderes als die Existenz des Bewußtseins, *sein* ›Daß es da ist‹. Da Bewußtsein nun aber stets intentionales Bewußtsein ist, das je auf anderes Existierendes *und* auf sich selbst gerichtet ist, muß es schon im Daß seines Existierens Verhältnis zu sich und also Differenz zu sich sein. Folglich ist sein Existieren nicht allein *en-soi*, sondern zugleich *pour-soi*: Für-sich-sein.

Hier wird sichtbar, wie Sartre die bewußtseinsphilosophische Tradition von Descartes bis Husserl an die existenzphilosophische Tradition von Kierkegaard bis Heidegger anschließt. Mit der cartesischen Tradition findet Sartre im Bewußtsein das Sein, das insofern absolut ist, als ihm nichts vorausgeht. Mit der kierkegaardschen Tradition aber erkennt er in der Absolutheit des Bewußtseins »ein Absolutes an Existenz und nicht an Erkenntnis«: »Tatsächlich ist hier das Absolute nicht das Ergebnis einer logischen Konstruktion auf dem Gebiet der Erkenntnis, sondern das Subjekt der konkretesten Erfahrung. Und es ist keineswegs relativ zu dieser Erfahrung, denn es *ist* diese Erfahrung« (ebd., S. 27). Um auch terminologisch zu unterstreichen, daß die Selbstbezüglichkeit des Bewußtseins kein Erkenntnis-, sondern ein Existenzvollzug ist, klammert Sartre das ›von‹ im Ausdruck »Bewußtsein von sich« ein: Ist das Selbstbewußtsein *als erkennendes* stets »Bewußtsein von etwas«, so ist es *in seinem Existieren* »Bewußtsein (von) sich«, *conscience (de) soi* (ebd., S. 23).

Verständlich wird diese Differenz im Rückgang auf die Alltagserfahrung. In jedem Gedanken, jedem Gefühl, jedem Wunsch und Jo der Handlung, kurz: im Vollzug schon der beiläufigsten alltäglichen Verrichtung *bin* ich jederzeit Bewußtsein meiner selbst, ohne dabei notwendig noch ein Bewußtsein von mir und meinen aktuellen Gedanken, Gefühlen, Wünschen oder Handlungen *haben* zu müssen. Das Bewußtsein, das ich *bin*, liegt dem Bewußtsein, das ich von mir *haben* kann, in jedem Fall voraus und kann reflexiv nie zur Gänze

eingeholt werden. Im Gegenteil: »Das nicht-reflexive Bewußtsein ermöglicht erst die Reflexion: es gibt ein präreflexives Cogito, das die
Bedingung des kartesianischen Cogito ist« (ebd., S. 22).

So unterliegt das *ego cogito* bei Sartre einer zweifachen Bedingung. Die erste Bedingung allen Bewußtseins ist das An-sich-sein
des Existierenden, das es nicht selbst ist. Die zweite Bedingung aber
ist die präreflexive Existenz, die es je selbst schon ist und zu sein
hat, wenn es reflektierend auf sich zurückkommt.

Martin Suhr schematisiert die grundlegenden Unterscheidungen
der Sartreschen Ontologie wie folgt (Suhr 1989, S. 43):

transphänomenales Sein	Phänomen	transphänomenales Sein
Sein der Phänomene,	Phänomen des Seins	Sein des Bewußtseins,
An-sich-sein	Für-uns-sein	Für-sich-sein

Das Sein des Bewußtseins als das Nichts der Freiheit

Der Unterschied von An-sich und Für-sich wäre nun aber mißverstanden, wollte man ihn als Unterschied des menschlichen vom
nichtmenschlichen Dasein verstehen. Tatsächlich trennen sich Für-
sich und An-sich *im* menschlichen Dasein selbst. Genauer noch: das
menschliche Dasein selbst *ist* nur als der Unterschied von Für-sich
und An-sich, den es selbst zu sein hat: »Das Für-sich und das An-
sich sind durch eine synthetische Verbindung vereinigt, die nichts
anderes ist als das Für-sich selbst. Das Für-sich ist nichts anderes als
die reine Nichtung des An-sich; es ist wie ein Seinsloch innerhalb des
Seins« (SuN, S. 1055f.). Die Bestimmung der spezifischen Selbstbezüglichkeit (des Für-sich-seins) der menschlichen Existenz als einer
»Nichtung« eigenen und fremden An-sich-seins übernimmt Sartre
mit den Begriffen des Für-sich und An-sich selbst von Hegel. Dieser
hatte in der negatorischen Absonderung des Selbstbewußtseins vom
›bloßen‹ Leben und der unorganischen Natur die erste Bestimmung
der Subjektivität gesehen. Deshalb begriff Hegel das individuelle
Selbstbewußtsein als »negatives Wesen«: »Das einfache Ich ist (...)
nur, indem es negatives Wesen der gestalteten selbständigen Momente ist; und das Selbstbewußtsein ist hiermit seiner selbst nur gewiß durch das Aufheben dieses Anderen, das sich ihm als selbständi-

ges Leben darstellt« (WA 3, S. 143; im Zusammenhang ebd., S. 137ff.). In einer prekären Verbindung Hegelscher und Heideggerscher Motive bestimmt Sartre das ›negative Wesen‹ des existierenden Selbstbewußtseins dann als Bewußtsein einer Negativität, die »wie ein Wurm« im »Kern« des Seins existiert (SuN, S. 79): Das menschliche Dasein ist »das Sein, durch das das Nichts zur Welt kommt« (ebd., S. 81), oder, in direkter Paraphrase Heideggers, es ist »das Sein, dem es in seinem Sein um das Nichts seines Seins geht« (ebd., S. 83; bei Heidegger vgl. neben SuZ, S. 12, S. 184ff. und S. 274ff. vor allem die Antrittsvorlesung »Was ist Metaphysik?« in GA 9, S. 103ff.).

Was genau soll nun aber unter der Negativität des existierenden Selbstbewußtseins verstanden werden? Wie trennt sich das Für-sich-sein des menschlichen Daseins von seinem eigenen An-sich und vom An-sich-sein der außer ihm existierenden Wesen und Dinge? Was heißt hier ›Sein‹ und was heißt hier ›Nichts‹? Wie Heidegger sucht Sartre die Antwort auf diese Frage in einer Analyse des Fragens selbst (vgl. SuZ, S. 2ff.):

»In der Frage befragt man ein Sein über sein Sein oder seine Seinsweise. Und diese Seinsweise oder dieses Sein ist verhüllt: es bleibt immer eine Möglichkeit offen, daß es sich als ein Nichts enthüllt. Aber gerade weil man damit rechnet, daß ein Existierendes sich immer als nichts enthüllen kann, *setzt jede Frage ein nichtendes Abrücken vom Gegebenen voraus*, das eine bloße zwischen dem Sein und dem Nichts oszillierende Präsentation wird. Es kommt also darauf an, *daß der Fragende ständig die Möglichkeit hat, sich von den Kausalreihen zu lösen*, die das Sein konstituieren. (...) Insofern der Fragende gegenüber dem Befragten so etwas wie einen *nichtenden Abstand* einnehmen können muß, entgeht er der Kausalordnung der Welt, löst er sich vom Leim des Seins. (...) Wir sehen, wie das Nichts die Welt irisiert und auf den Dingen schimmert. Aber gleichzeitig geht die Frage von einem Fragenden aus, der sich selbst in seinem Sein als fragend motiviert, indem er sich vom Sein abhebt. (...) Der Mensch bietet sich, wenigstens in diesem Fall, als ein Sein dar, das das Nichts in der Welt aufbrechen läßt, *insofern es sich selbst zu diesem Zweck mit Nicht-sein affiziert*« (SuN, S. 81f.; vgl. außerdem die ausführliche Analyse des Fragens ebd., S. 59ff.)

Entscheidend ist hier, daß das für jede Frage konstitutive Bewußtsein möglichen Nichtseins nicht erst das Resultat einer negativen Antwort auf eine ›naiv‹ gestellte Frage sein kann. Tatsächlich setzt ja schon die bloße Möglichkeit des Fragenkönnens voraus, daß die alltäglich erfahrene Fülle der Dinge und Ereignisse nicht einfach in ihrem fraglosen Gegebensein aufgeht, sondern selbst erst aus einem jeder bestimmten Erfahrung *vorgängigen* Wissen um den Unterschied von Sein und Nichts zugänglich wird: Damit ich überhaupt nach etwas fragen kann, muß ich *zuvor schon* wissen, daß das fragliche Seiende auch anders sein kann, als es mir hier und jetzt erscheint, und ich muß wissen, daß es möglicherweise nicht sein kann. Dieses Wissen selbst kann aber nicht aus einer bloß theoretischen Möglichkeit gewonnen sein, sondern muß seinerseits einer Grunderfahrung entspringen, in der ich – vor aller ausdrücklichen Reflexion und erst recht vor jeder theoretischen Bestimmung – den Unterschied von Sein und Nichts ursprünglich ›realisiert‹ habe. Folglich setzt das Fragenkönnen als Seinsmöglichkeit eines jeden Menschen voraus, »daß das menschliche Sein mitten im Sein ruht und sich dann durch ein nichtendes Abrücken von ihm losreißt« (ebd., S. 85). Dieses »nichtende Abrücken« vom Sein ist nicht nur ein Implikat der Frage, sondern jeder möglichen Form von Intentionalität: In jeder Feststellung eines Mangels, in jedem Entbehren oder Verzichten, aber auch in jeder Weigerung, jedem Verbot, jeder Auflehnung, zuletzt in jeder bewußt intendierten Veränderung eines Gegebenen ist *vorab* schon verstanden, daß die Fülle des Seins immer und überall ein *néant d'être*, ein »Seins-Nichts« oder »Nichts an Sein« einschließt (vgl. SuN, S. 1124).

Dieses Nichts aber gehört nicht dem An-sich, sondern allein dem Für-sich zu: »Nur für ein menschliches Erwarten gibt es so etwas wie Veränderung, Zerstörung, Andersheit, Abstoßung, Reue usw., also *objektive* ›négatités‹« (Suhr 1989, S. 46). Dies aber, und hier liegt die Pointe der ganzen Analyse, ist selbst wieder nur dann möglich, wenn das menschliche Dasein nicht nur gelegentlich und nicht nur im Bezug auf beliebige Gegenstände außer ihm, sondern »*von Natur aus ein Losreißen von sich selbst ist*« (SuN, S. 85). In diesem Sich-lösen-können vom eigenen Selbst wie von der ganzen Welt aber erkennt Sartre die ursprüngliche Freiheit des menschlichen Daseins:

»Die Freiheit als die für die Nichtung des Nichts erforderliche Bedingung (ist) keine *Eigenschaft*, die unter anderem zum Wesen des menschlichen Seins gehörte. (...) Die menschliche Freiheit geht dem Wesen des Menschen voraus und macht dieses möglich, das Wesen des menschlichen Seins steht in seiner Freiheit aus. Was wir Freiheit nennen, ist also unmöglich vom Sein der ›menschlichen-Realität‹ zu unterscheiden. Der Mensch ist keineswegs *zunächst*, um *dann* frei zu sein, sondern es gibt keinen Unterschied zwischen dem Sein des Menschen und seinem ›*Frei-sein*‹« (ebd., S. 84. Mit dem Ausdruck ›menschliche-Realität‹ übersetzt Sartre Heideggers Ausdruck ›menschliches Dasein‹).

Zu beachten ist freilich: Wenn Freiheit der beständigen Möglichkeit negatorischer Distanznahme zum Gegebenen entspricht, so ist sie dennoch nicht eine abstrakte Freiheit in der Leere ›bloßer‹ Innerlichkeit. Statt dessen gilt: »Ein freies Für-sich kann es nur als engagiert in eine Widerstand leistende Welt geben. Außerhalb dieser Engagiertheit verlieren die Begriffe Freiheit, Determination, Notwendigkeit sogar ihren Sinn« (ebd., S. 836). Konsequent gründet Sartre seinen Freiheitsbegriff deshalb ausdrücklich auf ein »Paradox der Freiheit«, demzufolge von Freiheit nie in abstrakter Idealität, sondern nur in der »Faktizität der Freiheit« gesprochen werden kann: »Es gibt Freiheit nur in Situation, und es gibt Situation nur durch Freiheit« (ebd., S. 845f.).

So lassen sich die Grundbegriffe von Sartres Ontologie aus seinem Versuch einer Synthese der Hegelschen Dialektik des An-sich und des Für-sich mit der Heideggerschen Dialektik von Geworfenheit und Entwurf bestimmen: Das An-sich meines Seins ist das, von dem ich mich in meinem Werden-Können löse, um so als freies Für-sich zu sein. Sofern die Freiheit des Für-sich dann aber gar nichts anderes als die Zeitlichkeit und Geschichtlichkeit des *endlichen* Existierens meint, unterliegt auch sie der von Heidegger dem Dasein zugeschriebenen Bedingung, »nichtiger Grund einer Nichtigkeit« und insofern »Platzhalter des Nichts« (GA 9, S. 118) sein zu *müssen*: »Wir haben festgestellt, daß das Für-sich frei sei. *Aber das bedeutet nicht, daß es sein eigener Grund sei.* Wenn frei sein sein eigener Grund sein bedeutete, müßte die Freiheit über die Existenz ihres Seins entscheiden. (...) Tatsächlich sind wir eine Freiheit, die wählt, aber wir wählen nicht, frei zu sein: wir sind zur Freiheit verurteilt, (...) in die Freiheit geworfen oder, wie Heidegger sagt, ihr ›überantwortet‹« (SuN, S. 838).

Der Tonfall schon belegt, daß auch für Sartre in der Abgründigkeit der Freiheit das existenzielle Drama des menschlichen Daseins beruht. In Übersetzung der Ausdrücke ›Eigentlichkeit‹ und ›Uneigentlichkeit‹ faßt er dieses Drama als das von *authenticité* und *inauthenticité*. Diese beiden Grundweisen menschlichen Existierens unterliegen selbst wieder dem ›Paradox der Freiheit‹ und können folglich auch nur *in Situation* verstanden werden. Damit aber wird die Ontologie des Seins und des Nichts zur Ontologie der *situation humaine*.

Die Situation als Grenze der Freiheit

Als Grundbegriff einer Phänomenologie der Existenz taucht der Begriff der Situation zuerst in Jaspers' *Psychologie der Weltanschauungen* (1919) auf, wo er auf den Begriff der Grenzsituation zugespitzt wird (vgl. ebd., S. 229ff.). Von dort übernimmt ihn Heidegger zur Konkretion seines Begriffs des In-der-Welt-seins (vgl. SuZ, S. 299ff.). Sartre bemüht sich als erster um eine umfassende Phänomenologie dieses Begriffs und analysiert ihn nach fünf Bestimmungen als das unhintergehbare Geflecht der Grenzen der Freiheit (vgl. SuN, S. 753-955; zur Geschichte des Situationsbegriffs vgl. auch Ohrt 1990, S. 161ff.). Der Ausdruck ›Grenze der Freiheit‹ muß dabei im doppelten Genitiv verstanden werden. Die Situation ist *die Grenze* der Freiheit als einer faktisch existierenden und folglich niemals abstrakten Freiheit: Es gibt Freiheit nur in Situation. Sie ist jedoch zugleich Grenze *der Freiheit*, sofern es eine Situation nur für ein Dasein geben kann, das versucht, sie zu überschreiten, sie anzuerkennen, sie hinzunehmen, sie zu leugnen oder sich ihr zu unterwerfen.

Phänomenologisch verstanden, bezeichnet der Begriff der Siutation zunächst nur den Platz, den ich als leiblich Existierender jederzeit einnehmen muß. Obwohl ich diesen Platz frei wählen kann, kann ich ihn doch nur im Hinblick auf den Platz einnehmen, an dem ich zuvor war. Dieser aber verweist mich zurück »bis zu demjenigen meiner Plätze, der auf nichts mehr von mir verweist: dem Platz, den die Geburt mir zuweist« (ebd., S. 847).

Der Platz, an dem ich mich jetzt befinde, verweist folglich auf meine Vergangenheit als die zweite Bestimmung meiner Situation. Auch diese Bestimmung ist Grenze meiner Freiheit im doppelten Sinn: Was vergangen war, ist gewesen und insofern unabänderlich wie der Platz meiner Geburt. Dennoch ist das Vergangene jederzeit nur das, was es in meinem Werden-Können wird: »In welcher Weise ich lebe oder meine Vergangenheit einschätze, ich kann das nur tun im Licht eines Entwurfs meiner selbst auf die Zukunft hin. So bestimmt die Ordnung meiner Zukunftswahlen eine Ordnung meiner Vergangenheit, und diese Ordnung hat nichts Chronologisches« (ebd., S. 862).

Mein Platz und meine Vergangenheit situieren mich aber nicht in einer statischen Raum-Zeit, sondern in einer stetig sich verändernden Umgebung. In dieser begegnet mir anderes Existierendes – Personen, Dinge, Ereignisse –, das von meiner Existenz unabhängig ist und mir unausgesetzt Widerstände in den Weg stellt. An diesen Widerständen wird meine Freiheit, was sie sein kann: »Sie müssen einfach da sein, ganz roh, damit es Freiheit gibt. Frei sein ist frei-sein-um-zu-handeln und frei-in-der-Welt-zu-sein« (ebd., S. 874). Dies gilt noch für die Widerstände, die mir unüberwindlich sind: Eine Mauer, die zu hoch ist, ist nicht ›an sich‹ zu hoch, sondern nur, insofern ich sie übersteigen will. Folglich begrenzt sie mein Handeln nur auf der Grundlage meiner Freiheit: Außerhalb meines freien Entwurfs ist sie weder zu hoch noch irgendetwas anderes, sondern schlicht das, was sie ist.

Unter den Existierenden, die mir in meiner Umgebung begegnen, kommt meinem Nächsten eine privilegierte Rolle zu. Meine Umgebung wird nicht allein von mir bewohnt, sondern ist eine »von meinem Nächsten heimgesuchte Welt« (ebd., S. 879). Genauer noch: mit den Nächsten weitet sich meine Umgebung zur Welt aller und insofern zur Welt der Geschichte. In dieser Welt gewinnt mein Dasein eine Bestimmtheit, die meine Freiheit begrenzt: Ich gehöre der Spezies Mensch an, bin von dieser oder jener Nationalität, diesem oder jenem Geschlecht, entstamme dieser Klasse und dieser Familie. Damit sind mir bestimmte Daseinsmöglichkeiten eingeräumt und andere entzogen. Obwohl die soziale Bestimmtheit meiner Existenz den Spielraum meiner Freiheit begrenzt, kann sie dies doch wieder nur insoweit, als sie meine Freiheit bestätigt und herausfordert: Es liegt allein an mir, diese Bestimmtheit anzunehmen oder zu verwerfen; und wenn ich sie annehme, dann in jedem Fall deshalb, weil ich durch sie zu der Person werde, die zu sein mir allein überantwortet ist.

Meine Teilhabe an der Geschichte der Gattung findet ihre Grenze schließlich am Faktum des Todes. Daß für Sartre auch der Tod (wie die Geburt) meine Freiheit nur äußerlich, nicht aber in ihrem Für-sich-sein begrenzen kann, liegt daran, daß der Tod für ihn keine Bestimmung des Für-sich, sondern seines An-sich, in diesem Fall seines biologischen Körpers ist: »Die Möglichkeit meines Todes bedeutet eben lediglich, daß ich biologisch nur ein relativ geschlossenes, relativ isoliertes System bin, sie zeigt nur die Zugehörigkeit meines Körpers zur Totalität des Existierenden an« (ebd., S. 921). Die Existenz selbst wird in ihrem freien Möglichsein vom Tod nur insofern betroffen, als er »eine jederzeit mögliche Nichtung meiner Möglichkeiten ist, die außerhalb meiner Möglichkeiten liegt« (ebd., S. 923; zur Kritik dieses Todesbegriffs aus der Perspektive Heideggers vgl. Zimmermann 1977, S. 70).

Nimmt man diese fünf Bestimmungen zusammen, so umreißen sie die Situation als die Einheit des *Außen* – der Person, der Anderen, der Dinge und Ereignisse, des Ganzen der Spezies Mensch, der Natur und der Geschichte – mit *je* einem *Innen* – nämlich *meinem* Sein-in-dieser-Situation: »Sie ist die totale Faktizität, die absolute Kontingenz der Welt, meiner Geburt, meines Platzes, meiner Vergangenheit, meiner Umgebung, der Tatsache meines Nächsten – und sie ist meine grenzenlose Freiheit als das, was macht, daß es für mich eine Faktizität gibt« (ebd., S. 943). Als Situation, der ich ausgesetzt bin, ist sie keine subjektive Konstruktion, »denn sie ist weder die Summe noch die Einheit der Eindrücke, die die Dinge uns machen: sie ist *die Dinge selbst* und ich selbst unter den Dingen« (ebd.,

S. 942). Sie ist aber auch kein objektives System durchgängiger Determination: Eine Kausalreihe ist keine Situation, und die situativen Grenzen meiner Freiheit lassen meine Handlungen niemals zu bloßen Wirkungen äußerer Ursachen oder Effekte systemischer Strukturierung werden. Quer zur Scheidung von Subjektivität und Objektivität existiert die Situation *an sich* als das, was sie ist und zugleich *für mich* als das, was ich je schon auf mein Werden-Können hin überschritten habe:

»Sie ist jene staubige, ansteigende Straße, mein brennender Durst, die Weigerung der Leute, mir zu trinken zu geben, weil ich kein Geld habe oder nicht von ihrem Land oder ihrer Rasse bin; sie ist meine Verlassenheit inmitten einer feindlichen Bevölkerung, zusammen mit jener körperlichen Erschöpfung, die mich vielleicht hindern wird, das Ziel zu erreichen, das ich mir gesetzt habe. Aber sie ist gerade auch dieses *Ziel*, nicht insofern ich es klar und explizit formuliere, sondern insofern es da ist, überall um mich herum als das, was alle diese Fakten vereinigt und erklärt, zu einer beschreibbaren Totalität organisiert, statt einen ungeordneten Alptraum daraus zu machen« (ebd., S. 943).

Aufgrund dieser unaufhebbaren Ambivalenz ist die Situation das Medium, in dem allein die Authentizität oder Inauthentizität eines Existierens sich entscheiden kann. Diese beiden Grundweisen des Für-sich-seins trennen sich zunächst nach der Weise, in der die individuelle Existenz ihre Situation realisiert: »Jede Person realisiert nur eine Situation: die ihre« (ebd., S. 945). In der freien Übernahme des Situiertseins gibt es keine privilegierte Situation, keine, in der das Gegebene die Freiheit völlig ausschließen würde, und keine, in der ein Für-sich freier wäre als in einer anderen. Trotzdem übernimmt die menschliche-Realität ihre Freiheit zunächst und zumeist – nicht. Der Grund dafür liegt in der Freiheit selbst. Genauer noch: darin, daß es Freiheit nur im ›Paradox der Freiheit‹ gibt. Immer schon in eine Situation gestellt, finde ich zuletzt nur in mir die Gründe für mein Sein und Handeln, eben weil die Situation zwar Grenze meiner Freiheit, aber nie Determination ist. Gleichzeitig aber bleibt – was immer ich auch sein werde – dieses Sein-in-Situation selbst kontingent, niemals komme ich aus meinem Situiertsein heraus, niemals kann ich anders sein als so oder so situiert. Folglich fordert meine Freiheit mich unausgesetzt zur Begründung meines Daseins auf, obwohl das Daß dieses Daseins selbst grundlos ist und bleibt.

»Dieses unfaßbare Faktum meiner Lage (...) bewirkt, daß das Für-sich, obwohl es den Sinn seiner Situation wählt und sich selbst als Grund seiner selbst in einer Situation konstituiert, seine Position nicht wählt. Daher erfasse ich mich selbst als *total verantwortlich für mein Sein*, insofern ich sein Grund bin, und zugleich *total als nicht zu rechtfertigen*« (ebd., S. 179).

Diesem präreflexiv immer schon verstandenen Paradox entspringt die Angst, die mir latent nachsetzt. Genauer: die Latenz der Angst ist nichts anderes als das präreflexive Verständnis meiner paradoxalen Freiheit.

Die Beängstigung-durch-Freiheit beschreibt Sartre in einer Analyse des Schwindelgefühls beim Beschreiten eines schmalen Gebirgspfades (vgl. ebd., S. 93ff.). Im Schwindel mischen sich Furcht und Angst. Die Furcht resultiert aus der objektiven Gefährdung: Ich kann auf einem Stein ausgleiten, die lockere Erde des Pfades kann unter meinen Füßen wegbrechen, ich kann in den Abgrund hinabstürzen. All dies hat mit Freiheit nichts zu tun und kann physikalisch erklärt werden. Um der Gefahr des Sturzes zu begegnen, werde ich also auf die Steine des Weges achten und mich so gut es geht vom Wegrand entfernt halten. Diese Vorsicht ist eine vernünftige, ja gleichsam natürliche Verhaltensweise; im Augenblick der Wahl aber erscheint sie nur unter anderen Möglichkeiten: Ich kann auf die Steine nicht achten, ich kann versuchen, die gefährliche Strecke im schnellen Lauf zu überwinden, ich kann die Furcht verscheuchen, in dem ich an etwas anderes denke, ich kann mich sogar in den Abgrund hinabstürzen. In diesem Übergang vom Gegebenen – dem Gebirgspfad als solchem – zum Werden-Können – meinem Weg über diesen Gebirgspfad – schlägt die Furcht in Angst um: Niemals kann der Gebirgspfad mir mein Verhalten zwingend vorgeben. In diesem Augenblick entdecke ich – präreflexiv, im Sekundenbruchteil – meine Situation, meine Freiheit, meine Verantwortung und *folglich* die Grundlosigkeit meines Seins.

Was für das Beschreiten eines Gebirgspfades gilt, gilt für jede auch andere Situation des Lebens. Gerade deshalb aber wird das ›Paradox der Freiheit‹ sowohl in der Spontaneität des Alltagslebens wie in den vielfältigen Determinismen der Religion, der Metaphysik, der Wissenschaft und der Ideologie verdrängt. Was Situation ist – Medium der Freiheit – wird dann zur Kette der Determinationen: Ableitung aus dem göttlichen Gebot, dem allgemeinen Gesetz, der Dynamik des Trieblebens, der Ordnung des Sozialen, zuletzt der Struktur der Gene und folglich der Übermacht des Gewesenen (der *esséntia*) vor dem Werden (der *exístentia*). Darin liegt: Inauthentizität liegt überall dort vor, wo in der Begründung der menschlichen Realität auf die Notwendigkeit und Allgemeinheit eines Grundes zurückgegangen wird, der seine Autorität nicht einer freien und folglich zuletzt grundlosen Wahl verdanken soll. Mit einer Nietzsche entlehnten Wendung bezeichnet Sartre dieses Verhalten als »Geist der Ernsthaftigkeit«, *esprit de sérieux* (ebd., S. 1069). Seinen begrifflichen Ausdruck findet der Geist der Ernsthaftigkeit in allen essenzialistischen oder deterministischen Theorien, mithin in der Hauptlinie der metaphysischen Tradition einschließlich der der positiven Wissenschaft:

»Determinismus ist, bevor er eine theoretische Konzeption wird, zunächst ein Entschuldigungsverhalten oder, wenn man so will, die Grundlage aller Entschuldigungsverhalten. Er ist ein reflexives Verhalten gegenüber der Angst, er behauptet, daß es in uns antagonistische Kräfte gibt, deren Existenztypus dem der Dinge vergleichbar ist, er versucht die Leeren, die uns umgeben, auszufüllen, die Verbindungen der Vergangenheit zur Gegenwart, der Gegenwart zur Zukunft wiederherzustellen, er versieht uns mit einer *Natur*, die unsere Handlungen hervorbringt. (...) Indem er uns darauf reduziert, *immer nur das zu sein, was wir sind*, führt er gleichzeitig die absolute Positivität des An-sich-seins in uns wieder ein und integriert uns dadurch wieder in das Sein« (SuN, S. 109f.).

Was aber wäre dieser Inauthentizität gegenüber – der des Alltagslebens wie der der Theorie – Authentizität? Die erste Antwort auf diese Frage ist bereits gegeben worden: Authentizität besteht in der freien Übernahme der letzten Kontingenz des eigenen Daseins, nach der ich mich in ein und demselben Zug als »total verantwortlich für mein Sein« und »total nicht zu rechtfertigen« bejahe (vgl. ebd., S. 179). Die erste Konsequenz einer solchen freien Übernahme der eigenen Grundlosigkeit besteht dann darin, »uns auf den Geist der Ernsthaftigkeit verzichten zu lassen« (ebd., S. 1069). Folglich muß sich die authentische Existenz jederzeit des Primats der Existenz vor der Essenz bewußt sein: Was immer ich auch in meiner unhintergehbaren Situation geworden bin und welches Ziel auch immer ich dabei verfolge – niemals kommt diesem Sein und diesem Ziel eine Notwendigkeit zu, die von meiner Zustimmung oder Verwerfung unabhängig wäre, und niemals wird meine Zustimmung oder Verwerfung durch ein notwendiges Sein oder Ziel unbedingt gerechtfertigt werden.

Unschwer ist in der Ethik der Authentizität eine – freilich leichtfüßigere und in diesem Sinn auch freiere – Variation der Heideggerschen Ethik der Eigentlichkeit zu erkennen. In beiden Fällen hält sich diese Ethik bewußten Daseins jenseits der Scheidung von Innen und Außen: Was Heidegger »existenzielle Modifikation« (SuZ, S. 130) und Sartre »radikale Konversion« (SuN, S. 719) nennt, betrifft als ›Umkehr‹ aus der Verfallenheit an das Gegebene jeweils das Ganze einer gelebten Situation. Die Umkehr führt nicht notwendig faktisch, so doch der Logik nach zur ›teleologischen Suspension‹ der allgemeingültigen Normen und Werte: »So läuft es auf dasselbe hinaus, ob man sich einsam betrinkt oder Völker lenkt. Wenn eine dieser Tätigkeiten die andere übertrifft, so nicht wegen ihres realen Zieles, sondern wegen des Grades an Bewußtsein (...); und in diesem Fall wird es geschehen, daß der Quietismus des einsamen Trinkers der müßigen Geschäftigkeit des Lenkers von Völkern überlegen ist« (ebd., S. 1071).

Trotzdem ist Sartre gerade in der Übernahme der Ethik der Eigentlichkeit einen entscheidenden Schritt über Heidegger und sämtliche anderen ›existierenden Denker‹ hinausgegangen. Der Grund dafür liegt darin, daß Sartre die Endlichkeit des Existierens nicht nur in der »primären Kontingenz« gesehen hat, in der das Dasein unhintergehbar »ein individuelles Abenteuer« ist (ebd., S. 1024), sondern auch in der – nicht minder kontingenten – Begegnung mit dem Nächsten, der meine Welt ›heimsucht‹.

Der Skandal des anderen und die Moral des Existenzialismus

Gegen den noch von Husserl unternommenen Versuch einer Konstitution der Existenz der anderen aus einer vorgängigen Selbsterkenntnis des *ego cogito* hält Sartre von Anfang an fest: »Die Existenz des Anderen hat (...) die Natur eines kontingenten und unreduzierbaren Faktums. Man begegnet dem Anderen, man konstituiert ihn nicht« (ebd., S. 452). Folglich hat die Ontologie der faktischen Existenz gleichermaßen das Selbst wie den anderen zum Thema:

»Kein logischer oder epistemologischer Optimismus kann also diesen Skandal der Pluralität der Bewußtseine beenden. (...) Die Aufgabe, die eine Ontologie sich stellen kann, ist, diesen Skandal zu beschreiben und ihn eben in der Natur des Seins zu begründen: aber sie ist unfähig, ihn zu überschreiten. (...) Die Zerstreuung und der Kampf der Bewußtseine werden das bleiben, was sie sind« (ebd. S. 442f.).

Die Wortwahl Sartres zeigt bereits die Hauptquelle seiner Philosophie des anderen an: Hegels *Phänomenologie des Geistes*. Hegel war der erste, der das Problem des oder der anderen nicht einfach als Problem seiner Konstitution durch das ego cogito, sondern der Dialektik zweier Selbstbewußtseine aufgefaßt hatte. In dieser Dialektik ist das Selbst auf die anderen angewiesen, um sich selbst erkennen zu können: Es kann nur dann es selbst sein, wenn es sich einem anderen Selbstbewußtsein entgegensetzt und sich so vermittels eines Gegenübers seiner selbst bewußt wird. Die gegenseitige Vermittlung der Selbstbewußtseine vollzieht sich als Kampf um Anerkennung:

Herr wird, wer todesbewußt und todesbereit sein Leben »daransetzt«, sich als frei zu erweisen, Knecht wird, wer das Überleben dem möglichen Tod im Kampf vorzieht (vgl. WA 3, S. 149). Im Gang der Weltgeschichte aber erweist sich zuletzt der Knecht als überlegen: Während der Herr in seiner exklusiven Souveränität von der Anerkennung der Knechte abhängig bleibt, die er selbst nicht anerkennen kann und will, streben die Knechte nach der universellen Gegenseitigkeit der Anerkennung, in der sich sämtliche Subjekte zuletzt als *allgemeines* Selbstbewußtsein erkennen (vgl. im Zusammenhang ebd., 145ff.).

Sartre hält sich grundsätzlich in dem durch Hegel vorgegebenen Rahmen und setzt sich dennoch in genuin existenzialistischer Wende von ihm ab. Ihm zufolge verbleibt Hegel in den Grenzen des Idealismus, weil er trotz der Entdeckung der Anerkennungsdialektik »bei der vom Idealismus gestellten Frage« stehen bleibt, wie der oder die andere für mich zum Gegenstand der Erkenntnis werden kann (SuN, S. 433).

»Immer noch ist die Erkenntnis hier Maß des Seins, und Hegel kann sich nicht einmal denken, daß es ein Für-Andere-sein geben kann, das nicht letztlich auf ein ›Gegenstand-sein‹ reduzierbar ist. Deshalb kann das allgemeine Selbstbewußtsein, das sich durch alle dialektischen Phasen hindurch zu befreien sucht, nach seinem eigenen Geständnis einer reinen leeren Form gleichgesetzt werden: dem ›*Ich bin Ich*‹. ›Dieser Satz des Selbstbewußtseins‹, schreibt er, ›ist ohne allen Inhalt‹« (ebd.; zum Nachweis des Hegel-Zitats vgl. ebd., S. 1105).

In der leeren Formel des ›Ich bin Ich‹, der die formelle Rechtsgleichheit der Staatsbürger im bürgerlichen Staat entspricht, ist Sartre zufolge verdrängt, »daß die Selbstheit als Grundlage der persönlichen Existenz ganz verschieden von einem Ego oder von einer Verweisung des Ego auf sich selbst ist« (ebd., S. 434):

»Hier wie überall muß man gegen Hegel Kierkegaard ins Feld führen, der die Ansprüche des Individuums als solchen vertritt. Das Individuum verlangt seine Erfüllung als Individuum, die Anerkennung seines konkreten Seins und nicht das objektive Auseinanderlegen einer allgemeinen Struktur. Ohne Zweifel setzen die Rechte, die ich beim Andern geltend mache, die Allgemeinheit des Selbst; die Achtbarkeit der Person verlangt die Anerkennung meiner Person als allgemeiner. Aber es ist mein konkretes individuelles Sein, das in dieses Allgemeine einfließt und es ausfüllt, für dieses Dasein beanspruche ich Rechte, das Einzelne ist hier Träger und Grundlage des Allgemeinen; das Allgemeine kann in diesem Fall keine Bedeutung haben, wenn es nicht zum Zwecke des Individuellen existiert« (ebd., S. 435).

Damit ergibt sich dreierlei. In einem ersten Schritt übernimmt Sartre »Hegels geniale Intuition« (ebd., S. 432), nach der das Selbst seine eigene Freiheit nur in der Anerkennung der Freiheit der anderen erfahren kann. In einem zweiten Schritt aber verwirft er die Möglichkeit einer endgültigen Aufhebung des ›Skandals der Pluralität der Bewußtseine‹ und beharrt darauf, daß »der Konflikt (...) der ursprüngliche Sinn des Für-Andere-seins« ist *und* bleiben wird (ebd., S. 638). Im fortdauernden Konflikt ist gegenseitige Anerkennung jederzeit prekär und letztlich unerreichbar: Intersubjektivität oszilliert, so der pessimistische Befund, unaufhebbar zwischen den Polen des Masochismus und des Sadismus hin und her (vgl. die ausgedehnten Einzelanalysen ebd., S. 633-720).

Gerade aufgrund seiner Unauflöslichkeit aber schreibt Sartre in einem dritten Schritt das Anerkennungsproblem in die Ethik der Authentizität ein: Wenn die Freiheit des Selbst von der Freiheit der anderen abhängt und umgekehrt, dann kann es Authentizität nicht allein im Für-sich-sein der individuellen Existenz, sondern nur in der Gegenseitigkeit des Existierens geben. Dann ist Authentizität selbst aber nicht mehr nur ein *ethisches* Problem der individuellen Lebensführung, sondern ein *moralisches* Problem des Zusammenlebens aller. In *Das Sein und das Nichts* wird dies nur in der beiläufigen Behauptung angezeigt, nach der die authentische Existenz mit der Verantwortung ihres »individuellen Abenteuers« zugleich eine Verantwortung für »die menschliche Realität als Spezies« übernimmt (ebd., S. 945, vgl. auch S. 895, S. 955). Was genau darunter verstanden werden kann, erläutert der drei Jahre nach dem Erscheinen von *Das Sein und das Nichts* gehaltene Vortrag *Ist der Existenzialismus ein Humanismus?* Dort heißt es:

»Wenn wir sagen, daß der Mensch für sich selbst verantwortlich ist, so wollen wir nicht sagen, daß der Mensch gerade eben nur für seine Individualität verantwortlich ist, sondern daß er verantwortlich ist für alle Menschen. (...) Wählen, dies oder jenes zu sein, heißt gleichzeitig, den Wert dessen, was wir wählen, bejahen, denn wir können nie das Schlechte wählen. Was wir wählen, ist immer das Gute, und nichts kann für uns gut sein, wenn es nicht für alle gut ist« (EH, S. 12).

Unschwer wird hier kenntlich, wie Sartres Verantwortungsbegriff unmittelbar auf den Kern der idealistischen Moralphilosophie zurückführt: Wenn die authentische Existenz in ihrer Selbstwahl das Gute wählt, das nicht nur ihr eigenes Gutes, sondern das Gute für alle sein soll, so folgt sie Kants kategorischem Imperativ, demzufolge ein freies und also selbstverantwortliches Subjekt in allen seinen

Handlungen sich selbst *und* die anderen jederzeit auch als Zweck an sich selbst anerkennen soll.

Nun ist Sartres Anschluß an die idealistische Moral nicht ohne Vorbild in der Geschichte der Existenzphilosophie (vgl. das grundlegende Werk Helmut Fahrenbachs 1970). Schon Kierkegaard hatte für die Sphäre des ethischen Existierens die Gültigkeit der Kantischen Moral ausdrücklich anerkannt. Doch weil die Existenz für Kierkegaard wesentlich gläubige Existenz war, war die Anerkennung der Kantischen Moralität nur begrenzt: Im Glaubenssprung ließ der einzelne die Anderen und mit ihnen das allgemeine Gesetz hinter sich zurück.

Sartres Rückkehr zum Grundriß der idealistischen Moral folgt dann aber paradoxerweise gerade aus seinem grundlegenden Unterschied gleichermaßen zu Kant wie zu Kierkegaard und mithin – das Paradox weiter vertiefend – aus seiner grundlegenden Übereinstimmung mit Stirner und Nietzsche. Diesen Unterschied bzw. diese Übereinstimmung formuliert der Humanismus-Vortrag wie folgt:

»Der Existenzialismus ist nichts anderes als die Bemühung, alle Folgerungen aus einer zusammenhängenden atheistischen Einstellung zu ziehen. (...) Der Existenzialismus ist mithin nicht ein Atheismus in dem Sinne, daß er sich erschöpfte in dem Beweis, Gott existiere nicht. Eher erklärt er: Selbst wenn es Gott gäbe, würde das nichts ändern; das ist unser Standpunkt. Nicht, als ob wir glaubten, daß Gott existiert, aber wir denken, daß die Frage nicht die seiner Existenz ist; der Mensch muß sich selber finden und sich überzeugen, daß ihn nichts vor ihm selber retten kann, wäre es auch ein gültiger Beweis der Existenz Gottes« (EH, S. 35f.).

In der Konsequenz dieses postulatorischen Atheismus entfällt für Sartre jede Möglichkeit, das Handeln an unbedingt geltende Gebote rückzubinden: »Es kann nichts a priori Gutes mehr geben, da es kein unendliches und vollkommenes Bewußtsein mehr gibt, um es zu denken. (...) Dostojewski hatte geschrieben: ›Wenn Gott nicht existiert, so wäre alles erlaubt‹. Da ist der Ausgangspunkt des Existenzialismus« (ebd., S. 15f.). Insofern gilt für Sartre nicht anders als für Stirner und Nietzsche, daß die individuelle Existenz ihre Freiheit »*in Verlassenheit*« (ebd., S. 31) ausübt: Weder Gott, noch die Natur, noch eine universelle Vernunft können der Freiheit eine unbedingte Verpflichtung auferlegen, der Mensch ist schlichtweg »nichts anderes als wozu er sich macht« (ebd., S. 11).

Warum aber folgt Sartre dann nicht dem Immoralismus Stirners und Nietzsches? Woher die Verpflichtung auf das universelle Gute? Wieso überhaupt – das Gute?

Die letzte Frage ist am leichtesten zu beantworten, weil sie durch eine phänomenologische Reflexion auf den Begriff der freien Wahl beantwortet werden kann. Handle ich aus Freiheit, so erliege ich im Bestimmungsgrund meines Handelns weder inneren noch äußeren Zwängen, sondern folge einem frei gewählten Ziel. Jede Wahl aber scheidet das Wählenswerte von dem, was als wählensunwert verworfen wird; formal kann letzteres als das Schlechte, ersteres als das Gute benannt werden.

Nicht beantwortet ist damit die Frage, wieso das Gute für mich zugleich das Gute für alle sein *soll* (nicht notwendig: ist!) Auch hier ist die Antwort eine phänomenologische.

Im ersten Schritt zieht die Bindung an das universelle Gute nämlich nichts als die Konsequenz aus der phänomenologischen Grundthese, nach der das Sich-in-Situation-wählen-Müssen nicht das kontingente Schicksal eines Individuums, sondern universelle *situation humaine* ist. Folglich beantworte ich – jedenfalls »auf der Ebene der strengen Authentizität« (ebd., S. 26), d.h. im unverstellten Bewußtsein der ›Wahrheit der Existenz‹ – mit meiner Wahl nicht nur das Drama meines individuellen Daseins, sondern immer auch das existenzielle Drama schlechthin:

»Indem wir sagen, daß der Mensch sich wählt, verstehen wir darunter, daß jeder unter uns sich wählt; aber damit wollen wir ebenfalls sagen, daß indem er sich wählt, er alle Menschen wählt. Tatsächlich gibt es nicht eine unserer Handlungen, die, indem sie das Bild des Menschen schafft, der wir sein wollen, nicht gleichzeitig ein Bild des Menschen schafft, so wie wir meinen, daß er sein soll« (ebd., S. 12).

Sartre erläutert diese These im Verweis auf politische Wahlhandlungen. Ein Arbeiter, der sich einer revolutionären Gewerkschaft anschließt, trifft nicht einfach eine private Entscheidung: Er bezeugt vielmehr in seiner Wahl, daß der Weg der Revolte das Gute für alle Arbeiter, zuletzt für alle Menschen eröffnet. Umgekehrt gilt dasselbe für den Arbeiter, der sich einer christlichen Gewerkschaft anschließt: Er bezeugt in seiner Wahl, daß weltliche Gerechtigkeit nur im Rahmen der Achtung vor den Geboten der Religion und den Gesetzen des Staates angestrebt werden darf – und zwar wiederum nicht nur von ihm allein, sondern idealiter von allen. Mache ich mir diese Implikation meiner Wahlen klar, so begreife ich, daß ich nicht nur für mich allein, sondern für alle anderen verantwortlich bin: »Indem ich mich wähle, wähle ich den Menschen« (ebd., S. 13).

Gesetzt nun, ich bin ›auf der Ebene der strengen Authentizität‹ bereit, die universellen Implikationen meiner Wahlfreiheit anzuerkennen, so ist damit in keiner Weise vorentschieden, wodurch sie erfüllt werden können: Welches Gute ist das Gute für alle?

Kant greift hier auf die Vernunftbestimmtheit des Menschen zurück: Obwohl er keine bestimmten Normen oder Werte vorschreiben will, ist für ihn unbestritten, daß das menschlich-Allgemeine in Begriffs- und Gesetzesform zum Ausdruck kommen könne und müsse: »Der kategorische Imperativ«, so schreibt Kant 1786 in der *Grundlegung zur Metaphysik der Sitten*, »ist also nur ein einziger und zwar dieser: handle nur nach derjenigen *Maxime*, durch die du zugleich wollen kannst, daß sie ein allgemeines *Gesetz* werde« (ebd., S. 421). Diese Möglichkeit aber verwirft Sartre ausdrücklich: »Das Für-sich ist keineswegs, um zunächst das Universelle zu denken und sich nach Begriffen zu bestimmen. (...) Die Wahl des Für-sich ist immer Wahl der konkreten Situation in ihrer unvergleichlichen Einmaligkeit« (SuN, S. 1023). Wiederum kommt Sartre also mit Stirner und Nietzsche überein: Die Existenz bestimmt sich ›in Verlassenheit‹, sie ist einfach das, wozu sie sich macht, wenn überhaupt, dann ist sie nur ihrer eigenen, in sich abgründigen Freiheit verpflichtet.

Hier genau ist nun die Stelle erreicht, an der sich Sartres Position allein aus der Entdeckung des ›Skandals der Pluralität der Bewußtseine‹ und der Unausweichlichkeit der Anerkennungsdialektik begründet:

»Wir wollen die Freiheit um der Freiheit willen und durch jeden besonderen Einzelumstand hindurch. Und indem wir die Freiheit wollen, entdecken wir, daß sie ganz und gar von der Freiheit der andern abhängt, und daß die Freiheit der andern von der unsern abhängt. Gewiß hängt die Freiheit als Definition des Menschen nicht vom andern ab, aber sobald ein Sichbinden vorhanden ist, bin ich verpflichtet, gleichzeitig mit meiner Freiheit die der andern zu wollen, und ich kann meine Freiheit nicht zum Ziel nehmen, wenn ich nicht zugleich die der andern zum Ziel nehme« (EH, S. 32).

Liegt Authentizität im unverstellten Bewußtsein der ›Wahrheit der Existenz‹, so verlangt sie zum einen die Anerkennung der Einsicht, daß der Mensch nach dem Tod Gottes ›in Verlassenheit‹ auf sich zurückgeworfen und insofern jenseits von Gut und Böse existiert: ›Wenn Gott tot ist, dann ist alles erlaubt. Da ist der Ausgangspunkt des Existenzialismus‹. Sie verlangt jedoch gleichermaßen – und hier überschreitet Sartre ohne jede theologische oder idealistische Anleihe die Grenze des gesamten bisherigen Existenzialismus – die Anerkennung dessen, daß gerade in dieser ›Verlassenheit‹ niemand allein wählt und niemand allein sich wählt: »*Man wählt im Angesicht der andern und man wählt sich im Angesicht der andern*« (ebd., S. 31). Zu Recht merkt Helmut Fahrenbach an: »Sartres Ansatz in der ›nihilistischen‹ Situation der Existenz als Freiheit steht wohl auf der schmalsten Basis, die sich denken läßt, wenn von ihr aus die ethische Dimension der Existenz aufgeklärt werden soll. Dieser Ansatz hat jedoch – im Horizont der Wirkungsgeschichte Nietzsches – seine eigene geschichtliche Evidenz« (Fahrenbach 1970, S. 162f.). Bleibt freilich noch immer die Frage, was denn nun eigentlich das Gute ist, das gleichermaßen mein höchstes Gutes und das der anderen sein soll?

Auch hier hilft allein die Anerkennung des ›Skandals der Pluralität der Bewußtseine‹ weiter, in der Sartre gegen Hegel darauf besteht, daß der Kampf der Bewußtseine unabschließbar ist. Ist der Konflikt dann aber die unaufhebbare Form der Intersubjektivität der Freiheit, dann läuft die doppelte Bejahung der eigenen Freiheit und der Freiheit aller im Grunde auf nichts anderes als auf die Bereitschaft hinaus, sich authentisch dem Kampf um Anerkennung zu stellen, der die *situation humaine* bestimmt:

»Um irgendwelche Wahrheit über mich zu erfahren, muß ich durch den andern hindurchgehen. Der andere ist meiner Existenz unentbehrlich, ebensosehr wie er der Erkenntnis, die ich von mir selbst habe, unentbehrlich ist. Unter diesen Bedingungen enthüllt die Entdeckung meines Innersten mir gleichzeitig den andern, als eine mir gegenübergestellte Freiheit, die nur für oder gegen mich will. Somit entdecken wir sofort eine Welt, die wir ›Zwischen-Ichheit‹ (Intersubjektivität) nennen wollen, und in dieser Welt entscheidet der Mensch, was er ist und was die anderen sind« (EH, S. 26).

So bleibt der Rückgang in die unhintergehbare existenzielle Differenz das letzte Wort des Existenzialismus und ist doch erst jetzt – erst im Angesicht der anderen – wirklich in der ganzen Tiefe seiner – vielleicht unauflöslichen – Problematik freigelegt. Zielte die ethische Intention der Existenzphilosophie bis dahin wesentlich auf die Selbstbefreiung der individuellen Existenz aus den Zwängen der Vergesellschaftung, so ist nun die grundlegend intersubjektive Bedeutung dieses Zieles selbst offenbar geworden. Offenbar ist damit allerdings auch, inwiefern die existenzielle Differenz nicht nur der Grund, sondern auch die Grenze der Existenzphilosophie ist, mit deren Überschreitung sich ihre Möglichkeiten erschöpfen: Von nun an kann die menschliche Existenz nicht mehr nur im Rückgang auf die existenzielle Erfahrung individueller Geschichtlichkeit, sondern muß zugleich im Hinblick auf die soziale Erfahrung der kollektiven Geschichte aufgeklärt werden. Da diese Erfahrung der Existenzphilosophie *als solcher* methodisch verschlossen ist, öffnet die Überschreitung der durch sie bezeichneten Grenze ihren Übergang in ein Philosophieren, in dem die Frage nach dem Sinn von Sein – nach

Hegel, nach Marx und nach Nietzsche – neuerlich im Horizont der Geschichte aller gestellt wird. Vor dem abschließenden Ausblick auf die dabei eröffneten Denkwege muß nun freilich die Krise genauer bestimmt werden, aus der heraus sie eingeschlagen werden.

III. Abschlüsse, Kehren und Übergänge

1. Der Einbruch der Geschichte in die Phänomenologie

Tatsächlich stellt Sartres Versuch einer moralphilosophischen Rückbindung des Existenzialismus nicht nur ein Resultat der phänomenologischen Analyse als solcher dar. Vielmehr reagiert er damit auch auf im Ansatz gleichsinnige Versuche Jaspers' und Heideggers und – was unmittelbar miteinander zusammenhängt – auf die politischen Katastrophen der Zeit nach 1933. Vor Sartre hatten auch Jaspers und Heidegger nach einer inhaltlichen Konkretion der Existenzphänomenologie gesucht, die die Geschichtlichkeit des einzelnen übersteigen würde. Im Unterschied zu Sartre führte diese Wende allerdings nicht zu einer Rückbindung des Existenzialismus an die moralischen Intentionen der Aufklärung, sondern zum Anschluß an die Ideologie der sog. ›Konservativen Revolution‹ der zwanziger und dreißiger Jahre (zum folgenden vgl. v.a. Losurdo 1995).

Sichtbar wird dies zuerst in den *Stichworten zur geistigen Situation der Zeit*, die Jaspers 1931 publiziert. In diesem politischen Manifest der Eigentlichkeit wird die anarchische Lösung des einzelnen von der uneigentlichen ›Masse‹ zum hierarchischen Vorrang des verantwortlichen Führers im nationalen Staat verkehrt. Freilich muß sich der einzelne dazu erst wieder als »Volksgenosse« verstehen, »einem geschichtlichen Ganzen angehörend« (ebd., S. 38). Dergestalt in die »Substanz seiner Geschichtlichkeit eingesenkt« (ebd.), erfährt er nun, daß ihm sein eigentliches Dasein »niemals als nur Einzelnem, sondern in seiner Gemeinschaft durch die Folge der Generationen« zukommt und deshalb an einen »Willen zum Staat« geknüpft ist: »Staatswille ist der Wille des Menschen zu seinem Schicksal« (ebd., S. 78). Im selben Zug überträgt Jaspers die Unhintergehbarkeit der existenziellen Differenz des Individuums auf die völkische Differenz vorgeblich gleichermaßen getrennter Nationen. Konsequent rechtfertigt er dann nicht nur den wirtschaftlichen, sondern auch den militärischen Kampf ums Dasein. Die Rechtfertigung des Krieges ermöglicht zuletzt den Brückenschlag zur bis dahin streng ›existenzial-solipsistisch‹ und insofern gerade *nicht* volksgemeinschaftlich verstandenen Ethik der ›Grenzsituation‹: Hier wie dort soll es darum gehen, »das Leben für seinen Glauben an den unbedingten Wert des eigenen Wesens einzusetzen; lieber tot als Sklave sein« (ebd., S. 87).

1933 wird Jaspers' völkische Wende von Heidegger noch übertroffen, der sich als Rektor der Universität Freiburg offen auf die Seite des Faschismus stellt (vgl. v.a. die Rektoratsrede »Von der Selbstbehauptung der deutschen Universität«). Zwar distanziert er sich schon ein Jahr später durch den Rücktritt vom Rektorat zumindest unausdrücklich vom Regime, doch liegt darin – wie auch die regimekritischen Nietzsche-Vorlesungen der nächsten Jahre zeigen – noch kein grundsätzlicher Bruch mit der ›konservativen Revolution‹ (vgl. die Sammlung dieser Vorlesungen unter dem Titel *Nietzsche*, GA 6.1 bzw. 6.2 bzw. die umfangreicheren Einzelausgaben GA 43, 44, 46 – 48 u. 50, die Studie von Schwan 1965, die Biographien von Farias 1988 und Ott 1988 und – im Gegenzug – die Verteidigung bei Vietta 1989. Vgl. außerdem die Selbstdarstellung Heideggers im berühmten Spiegel-Interview von 1976, *Der Spiegel* 23/ 1976, S. 193-219).

Wie war eine solche Wende möglich? Zielte nicht die am kompromißlosesten von Stirner vertretene individualanarchistische Skepsis der Existenzphilosophie auf die Befreiung der einzelnen aus den Banden des gesellschaftlich-Allgemeinen? Hatte sich nicht deshalb von Kierkegaard bis Heidegger ein antipolitischer Affekt gegen den modernen Staat und darüber hinaus sogar gegen die Vergesellschaftung *als solche* durchgehalten? Hieß es nicht in Nietzsches *Zarathustra* ausdrücklich: »*Geht eure Wege! Und lasst Volk und Völker die ihren gehen! Dunkle Wege wahrlich, auf denen auch nicht Eine Hoffnung mehr wetterleuchtet!*« (KSA 4, S. 262)?

Nun zeigt die eben erwähnte Studie Domenico Losurdos, wie sich die Wende der Existenzphilosophie zur Volksgemeinschaft aus derselben Quelle speist wie ihre dazu gegenläufigen anarchischen Tendenzen. Losurdo zufolge löst sich der Widerspruch »zwischen dem Individualismus, von dem die Daseinsanalytik geprägt ist, und dem Pathos der echten Gemeinschaft, das ebenfalls schon in *Sein und Zeit* auftaucht«, wenn man erkennt, wie *beiden* Haltungen derselbe »anthropologische Nominalismus« zugrundeliegt: »Die Kategorie ›Da-Sein‹ mit dem Partikel *da*, der das Hier und Jetzt betonen will, zielt ausdrücklich darauf ab, den Gattungsbegriff vom Menschen zu negieren: fassen wir das Subjekt ›daseinsmäßig‹ auf, dann können wir es niemals unter die Kategorie ›Gattung‹ subsumieren« (Losurdo 1995, S. 64f.). Aus der Negation des Gattungsbegriffs ›Mensch‹ kann man dann aber sowohl den Rückzug in die »*eigene* schärfste Vereinzelung« (SuZ, S. 39) wie die Teilnahme an der ›nationalen Erhebung‹ der gleichermaßen *eigenen* Volksgemeinschaft begründen: In beiden Fällen bildet die mit der Verwerfung jeder universalen Allgemeinbestimmung unhintergehbar gewordene *Diffe-*

renz (des Individuums oder des Volkes) den letzten Bestimmungs-grund des *eigentlichen* Handelns.

Nun hat Losurdos Kritik des ›anthropologischen Nominalismus‹ ihre Grenze darin, die fortdauernde Geltung wesentlicher Voraussetzungen der Aufklärungsphilosophie, des klassischen Humanismus und mithin der ganzen europäischen Wesensmetaphysik voraussetzen zu müssen, um das Festhalten an universalistischen Positionen rechtfertigen zu können. Insofern bleibt er den Anfängen des Streits um die Existenzphilosophie verhaftet, in denen Georg Lukács den ›existierenden Denkern‹ die Vollendung einer mit der Romantik einsetzenden und von den Künstleravantgarden fortgesetzten »Zerstörung der Vernunft« vorgeworfen hatte (vgl. Lukács 1962 sowie u.a. v. Krockow 1958, Jonas 1963, Löwith 1984, Ebeling 1991 und 1995; systematisch v.a. Habermas 1985. Hinsichtl. des Heidegger-Streits der achtziger Jahre vgl. im Überblick Altwegg 1988; im Gegenzug exemplarisch die Verteidigung bei Mörchen 1981 sowie erneut bei Vietta 1989).

Dieser Vorwurf ist nun freilich durch den Verweis auf die *historische* Evidenz der für alle Existenzphilosophien grundlegenden Nihilismus-Diagnose zu relativieren: Wenn überhaupt eine Erfahrung als *ursprünglich modern* bestimmt werden kann, dann die der *faktischen* Unmöglichkeit, »aller geschichtlichen Besonderheit das Allgemeinmenschliche als ein Ethos« entgegenzustellen, »das von aller Geschichtlichkeit frei überall als das Wahre auftreten könnte« (Phil II, S. 393). Tatsächlich sind ja weder das Ende der kulturellen Hegemonie der christlichen Religion noch der Hinfall der metaphysischen Systeme ursächlich auf die Romantik, die ›existierenden Denker‹ oder die Avantgardezirkel zurückzuführen: Vielmehr gilt umgekehrt, daß in diesen philosophischen, literarischen und ästhetischen Bewegungen die erste unverstellte Konfrontation mit ihren Konsequenzen stattfindet! Von daher muß die seit Lukács gebräuchliche und von Losurdo noch einmal erneuerte Reduktion der Existenzphilosophie auf einen *irrationalistischen* Antihumanismus zurückgewiesen werden. Zugleich ist Gianni Vattimo zuzustimmen, für den die Existenzphilosophie streng verstanden erst einmal das Problem eröffnet, »die Krise des Humanismus radikal zu leben« (Vattimo 1990, S. 53; vgl. auch Foucault 1990, S. 46f.). Freilich muß dazu der ›anthropologische Nominalismus‹ gegen jede Form von *essenzialisierten* Einheitsbildungen gekehrt werden, auch und gerade gegen die des nationalen Staats und der Volksgemeinschaft: ein Schritt, der, nochmals erinnert, am klarsten von Stirner vorgeführt wird (vgl. Eßbach 1982).

Da nun andererseits gerade in den politischen Wahlen Jaspers' und Heideggers die Notwendigkeit einer Kritik der Existenzphilosophie evident wird, empfiehlt es sich, zunächst einmal zu ihrer von Sartre eingeleiteten Selbstkritik zurückzukehren. Wendet man sich nämlich vor diesem Hintergrund wieder dem Vortrag *Ist der Existenzialismus ein Humanismus?* zu, so erhellt, wie Sartre anfangs demselben Impuls wie Jaspers und Heidegger folgt: Auch er sucht nach einer authentischen Bindung seines »individuellen Abenteuers« an das Dasein der anderen. Mit Jaspers und Heidegger weist er dabei jeden Rückgriff auf den klassischen Humanismus zurück und betont den Primat der existenziellen Differenz vor jeder vorgeblich essenziellen Universalität *des* Menschen:

»Wenn der Mensch, so wie ihn der Existenzialist begreift, nicht definierbar ist, so darum, weil er anfangs überhaupt nichts ist. Er wird erst in der weiteren Folge sein, und er wird so sein, wie er sich *geschaffen* haben wird. Also gibt es keine menschliche Natur, da es keinen Gott gibt, um sie zu entwerfen. (...) *Der Mensch ist nichts anderes als wozu er sich macht*« (EH, S. 11).

Trotz der Übereinstimmung im Ansatz denkt Sartre ganz offensichtlich in eine andere Richtung als Jaspers und Heidegger. Seine Akzentuierung der existenziellen Geschichtlichkeit unterstreicht vor allem anderen den Bruch mit dem Gewesenen und folglich die Chance der Schöpfung eines radikal Neuen. In dieser Perspektive entdeckt Sartre dann die Möglichkeit einer zwar nicht gegebenen, wohl aber zu schaffenden Allgemeinheit aller Menschen in der Überschreitung der Trennungen zwischen den Menschen:

»Es gibt Allgemeinheit eines jeden Entwurfs in dem Sinn, daß jeder Entwurf für jeden Menschen verstehbar ist. Was keineswegs bedeutet, daß dieser Entwurf den Menschen für immer definiert, sondern daß er wieder neu entdeckt werden kann. Es gibt immer eine Weise, den Schwachsinnigen, das Kind, den Primitiven, den Ausländer zu verstehen, vorausgesetzt, das man genügend Aufschlüsse besitzt. In diesem Sinne können wir sagen, daß es eine Allgemeinheit des Menschen gibt, aber sie ist nicht gegeben, sie wird fortwährend aufgebaut. *Ich erbaue das Allgemeine, indem ich mich wähle, ich erbaue es, indem ich den Entwurf jedes anderen Menschen verstehe, aus welcher Zeit er auch sei*« (ebd., S. 27).

Konsequenterweise kann für Sartre trotz der Abkehr vom klassischen Humanismus ein Sichbinden der Freiheit nur als Bindung an die niemanden ausschließende Universalität der Freiheit aller erfolgen:

»Kant erklärt, daß die Freiheit sich selber und die Freiheit der anderen will. *Einverstanden*, aber er erachtet, daß das Formale und das Universale genügen, um eine Moral zu gründen. Wir im Gegenteil denken, daß allzu abstrakte Prinzipien scheitern, wenn sie das Handeln bestimmen sollen. (...) Es gibt da kein mechanisches Mittel, zu urteilen. Der Inhalt ist immer konkret und daher unvoraussehbar; es ist immer *Erfindung* vorhanden. *Was allein zählt, ist, zu wissen, ob die Erfindung, die getätigt wird, im Namen der Freiheit getätigt wird*« (ebd., S. 32f.).

In der Verpflichtung auf die unteilbare Universalität der Freiheit legt sich Sartre das Problem vor, das seine weitere Entwicklung bestimmen wird. Sichtbar wird dies schon in der Diskussion, die sich unmittelbar an den Humanismus-Vortrag anschloß. Dort muß er auf Einwände marxistischer Kritiker einräumen:

»Das eigentliche Problem für uns ist, festzusetzen, unter welchen Bedingungen es Allgemeinheit gibt. Da es keine menschliche Natur gibt, wie soll man in einer Geschichte, die fortwährend wechselt, genügend allgemeine Prinzipien behalten, um zum Beispiel das Phänomen Spartakus, das ein Mindestmaß von Verständnis seiner Zeit erfordert, auszulegen? Wir stimmen überein in dem Punkt, daß es keine menschliche Natur gibt; anders gesagt, (...) die Menschen sind von ihrer Zeit abhängig und nicht von einer menschlichen Natur« (ebd., S. 48f.).

Tatsächlich enthält dieser Selbstvorbehalt im Kern die Aufgabenstellung, unter der nicht nur Sartre, sondern sämtliche Existenzphilosophen über ihre Anfänge hinausschreiten: Auf die Reduktion der ›welthistorischen‹ zur ›Existenz-Dialektik‹ folgt die Rückkehr von der Geschichtlichkeit der Existenz zur allgemeinen Weltgeschichte. Allerdings werden dabei anfangs zwei gegenläufige Wege eingeschlagen: Der erste führt zurück zu Hegel und Marx, der zweite zu Nietzsche, Hölderlin und Heraklit. In einem dritten, noch nicht abgeschlossenen Schritt deutet sich dann wenigstens eine Kreuzung, wenn nicht gar eine Vermittlung dieser beiden Wege an.

2. Zurück zu Hegel und Marx

Auf der Suche nach einer allererst zu schaffenden freien Allgemeinheit aller Menschen wendet sich Sartre den unterschiedensten Gegenspielern der Existenzphilosophie zu: Hegel und Marx.

Von Hegel hatte er schon in *Das Sein und das Nichts* die Einsicht in die Notwendigkeit gegenseitiger Anerkennung übernommen. Von Marx übernimmt er nun die weiterführende Einsicht, daß Anerkennung nicht bloß in der formellen Gleichstellung demokratischer Staatsbürger, sondern erst in der materiellen Gleichstellung einer wirklich egalitären, d.h. einer kommunistischen Gesellschaft möglich werden kann. Konsequenterweise wird der Marxismus für Sartre zu der Philosophie, die die wesentlichen Fragen der Existenz wie der Epoche beantworten kann: Die Fragen nach den Bedingungen eines Übergangs zur egalitären Gesellschaft. Im selben Zug reduziert Sartre seinen eigenen Existenzialismus zu einer der marxistischen Wissenschaft nachgeordneten »Ideologie«: »Er ist ein parasitäres System, das am Saum des Wissens lebt, des Wissens, dem er sich ursprünglich entgegenstellt, dem er sich heute aber einzugliedern sucht« (ME, S. 10).

Nun deutet schon die Formulierung vom ›parasitären System‹ an, daß die Ausbildung der existenzialistischen ›Ideologie‹ nicht zufällig erfolgt war, sondern einem Mangel des Marxismus entsprang. Diesen erkennt Sartre in der zwar nicht für Marx, doch für viele seiner Schüler leitenden objektivistischen Reduktion, derzufolge die Geschichte als ein gesetzmäßig abrollender Prozeß verstanden wird, der durch die ökonomische Entwicklung quasi naturnotwendig gesteuert werde. In der Kritik dieser Reduktion

»sieht sich der Existenzialismus vor die Aufgabe gestellt, *innerhalb des Marxismus* und im Ausgang von denselben Gegebenheiten und demselben Wissen seinerseits (...) die dialektische Entschlüsselung der Geschichte zu versuchen. Er stellt nichts erneut in Frage, ausgenommen den mechanistischen Determinismus, der gerade nicht marxistisch ist und den man von außen in diese allumfassende Philosophie eingeschleppt hat. Auch der Existenzialismus will den Menschen in seiner Klasse und in den Konflikten, die ihn zu anderen Klassen (...) in Gegensatz treten lassen, placieren. Aber er kann diese ›Placierung‹ von der Existenz, d.h. vom Verstehen aus vornehmen; (...) er will diese unaufhebbare Singularität, die dem menschlichen Wagnis eignet, ins Wissen selbst und in die begriffliche Einheit wiedereinführen. *So erweist sich das Existenzverständnis als die menschliche Grundlage der marxistischen Anthropologie*« (ebd., S. 138).

Mit diesem im zweiten Hauptwerk *Kritik der dialektischen Vernunft* (1960) weiter ausgebauten Ansatz schließt sich Sartre einer Intuition an, der vor ihm bereits Herbert Marcuse gefolgt war. Noch als Assistent Heideggers skizziert Marcuse eine *Phänomenologie des Historischen Materialismus* (1928), in der Existenzialismus und Marxismus in eine gemeinsame »konkrete Philosophie« aufgehoben werden sollen (vgl. Marcuse/Schmidt 1973, S. 41-111). Wie später Sartre geht es auch Marcuse darum, die marxistische Historik in einem existenzialistischen Begriff des sogenannten ›subjektiven Faktors‹ der Geschichte zu begründen. Dabei verschiebt sich der Ansatz der Gesellschaftskritik. Im Zentrum stehen nicht ungleiche ökonomische Verteilungs-, sondern verdinglichte und insofern uneigentliche »Existenzverhältnisse« (ebd., S. 86). In deren phänomenologischer Analyse sollen die Formen kapitalistischer Produktion als »existenzielle Bestimmtheiten des gegenwärtigen Daseins« untersucht werden (ebd.). So findet die ›konkrete Philosophie‹ ihren Angelpunkt weniger im objektiven materiellen Elend als vielmehr in dem existenziell tieferliegenden Sachverhalt, »daß in der kapitalistischen Welt alle personalen Werte verlorengegangen oder in den Dienst der technischen und rationalen Welt gestellt sind« (ebd., S. 99). Damit aber bildet der Klassenkampf nicht mehr nur das in objektiven Verhältnissen und Interessen begründete Bewegungsgesetz einer ›welthistorischen‹ Dialektik, sondern zugleich das Medium einer sozialrevolutionär gewendeten Existenz-Dialektik. Im selben Zug wird der Marxismus selbst zu einer Form der Existenzphilosophie:

»Soll Philosophieren für ein solches Dasein überhaupt noch existenziell notwendig sein können, so muß es das Dasein in eine Situation zu bringen suchen, in der es die Wahrheiten seiner Wesensgesetze ergreifen und halten kann. Die Erkenntnis der geschichtlichen Möglichkeiten des gegenwärtigen Daseins ist zu gewinnen: mit der Erfassung seiner Ursprünge ist auch der Umkreis seiner Wandlungen abzustecken. Die Philosophie hat nach der genauen Analyse der gegenwärtigen Existenz zu untersuchen, welche dieser Möglichkeiten eine ›wahre Existenzweise‹ gewährleistet. Sie hat jede Bewegung der Existenz genau zu beobachten: die voranzutreiben, die eine Bewegung zur Wahrheit hin darstellt, die zu hindern, die in verfallende Existenzweisen führt. So kann das edelste Desiderat allen Philosophierens, die Einheit von Theorie und Praxis, Wirklichkeit werden« (ebd.).

Es liegt auf der Hand, daß der dogmatische Staats- und Parteimarxismus dieser ›konkreten Philosophie‹ ablehnend gegenüberstand. Dafür breitet sich die von Marcuse begonnene und von Sartre, aber auch von Simone de Beauvoir, Cornelius Castoriadis, Henri Lefebvre, Maurice Merleau-Ponty u.v.a. fortgeführte Vermittlung von Marxismus und Existenzialismus links von den traditionellen Arbeiterorganisationen aus. Von dort bestimmt sie die sich nach dem Zweiten Weltkrieg neu formierenden oppositionellen Strömungen in Kunst, Kultur und Politik und gewinnt schließlich einen entscheidenden Einfluß auf die Mai-Bewegung des Jahres 1968 wie auf dissidente Entwicklungen in Osteuropa (vgl. die Ausführungen A. Schmidts in Schmidt/Marcuse 1973, S. 7-40 sowie bei Böckelmann 1997, S. 21-45 und die kritische Interpretation bei Seibert 1995, S. 239-440. Für die osteuropäische Entwicklung vgl. Kosík 1986. Als Zeitdokument vgl. Krahl 1971). Selbstverständlich werden die theoretischen Grundlagen des existenzialistisch ›subjektivierten‹ Marxismus dabei

153

sukzessive vertieft und erweitert, wobei der Aufnahme psychoanalytischer Theoreme sowie zentraler Motive der Künstleravantgarden
eine wesentliche Rolle zukommt. Durchaus nicht zufällig sind Sartre
und Marcuse 1968 die beiden einzigen Philosophen, die sich rückhaltlos an die Seite der radikaleren Tendenzen der Mai-Revolten
stellen.

Einen der wichtigsten Kristallisationspunkte dieser Tendenzen
bildet die 1957 aus einem Zusammenschluß mehrerer Künstler-
und Intellektuellenzirkel entstandene *Situationistische Internationale*.
Die insgesamt etwa siebzig Mitglieder dieser vornehmlich in Frankreich, aber auch im übrigen Westeuropa und den USA aktiven
Gruppe operieren gleichermaßen im Bereich der Kunst wie der Politik. Sie reflektieren ihre Praxis in einer Marxismus, Existenzialismus
und Surrealismus in sich aufhebenden ›radikalen Theorie‹ und werden so zu einer der wichtigsten Fraktionen der sog. ›Neuen Linken‹
(vgl. v.a. Debord 1980 und 1996, Vaneigem 1980. Vgl. auch die gesammelten Ausgaben der Zeitschrift ›Situationistische Internationale‹
Bd. I, 1976 und Bd. II, 1977 sowie die von Gallissaires u.a. 1995
edierte Sammlung *Der Beginn einer Epoche. Texte der Situationisten*.
Eine umfassende Darstellung der Geschichte der S.I. gibt Ohrt 1990,
zur Entwicklung in Deutschland vgl. Böckelmann/Nagel 1976).

Wie eng die Situationisten an die Existenzphänomenologie an-
knüpfen, belegt eine programmatische Erklärung aus dem Jahr 1963:

»Was bedeutet das Wort ›situationistisch‹? Es kennzeichnet eine Tätigkeit,
die beabsichtigt, Situationen zu *gestalten* und sie nicht als Erklärungswert
oder sonstiges zu *betrachten*, und das auf jeder Ebene der sozialen Praxis
und der individuellen Geschichte. Wir wollen die existenzielle Passivität
durch die Gestaltung von Lebensmomenten, den Zweifel durch die Behauptung des Spiels ersetzen. Bisher haben die Philosophen und Künstler
die Situationen nur verschieden interpretiert, es kommt jetzt darauf an, sie
zu verändern. (...) Da das Individuum sich durch seine Situationen definieren läßt, will es die Macht haben, seines Verlangens würdige Situationen zu
schaffen. (...) Unsere Zeit ist dabei, die Schranke der Grenzsituationen,
welche die Phänomenologie mit Vorliebe beschrieben hat, durch die praktische Schaffung von Situationen zu ersetzen. (...) *Was wir wollen ist eine phänomenologische Praxis*« (›Situationistische Internationale‹, Bd. 1, S. 112.
Zum Situationsbegriff vgl. hier Kap. II.4).

Ganz im Sinne Marcuses besteht der strategische Einsatz dieser
»phänomenologischen Praxis« in der Aufkündigung der Trennungen
zwischen politischer, künstlerischer und philosophischer Tätigkeit in
einer alltäglich praktizierten revolutionären »Lebenskunst«. Dabei
wird zugleich die Trennung zwischen dem individuellen Wunsch

nach einer authentischen Existenzweise und den sozialen Kämpfen für eine egalitäre Gesellschaft aufgehoben: In der »Konstruktion von Situationen« (ebd.) sollen individuelle Möglichkeiten eigentlichen Daseins zugleich die praktische Vorwegnahme befreiter Gesellschaftlichkeit sein und umgekehrt. Konsequenterweise verwerfen die Situationisten jede Form der Parteiautorität und setzen auch in den sozialen Kämpfen allein auf die existenzielle Autonomie frei assoziierter Individuen:

> »Jeder steht in seinem täglichen Leben im Zentrum des Konflikts. (...) *Die Subjektivität, die augenfällig und bedroht ist, wird zur wesentlichen Forderung*. Die revolutionäre Theorie muß sich (...) künftig anstatt auf das Gemeinschaftliche auf das Subjektive, das individuell Erlebte gründen. (...) Der Aufbau einer Gemeinschaft unnachgiebiger Individuen wird die Umkehr der Perspektive einleiten« (Vaneigem 1980, S. 164).

Mit dem Ende der weltweiten Protestbewegungen der sechziger Jahre wird dann freilich klar, daß auch die Vermittlung marxistischer und existenzialistischer Denkmotive die grundlegende Aporie der Marxschen Geschichtsphilosophie nicht auflösen konnte. Diese resultiert aus der dem Hegelschen Weltgeist nachgebildeten Fiktion einer souveränen Geschichtsmächtigkeit des Proletariats. In dem Maß, in dem die wirklichen sozialen Kämpfe ohne den Eingriff des proletarischen *deus ex machina* auskommen mußten, erschöpften sich die in sie investierten utopischen Erwartungen. Der daraus resultierenden Skepsis fiel auch der in der Mai-Bewegung zunächst eindrucksvoll bewährte situationistische Neuansatz zum Opfer: Zum Zeitpunkt der Selbstauflösung 1972 beschränkt sich die Praxis der bislang letzten Internationale auf die abstrakte Beschwörung einer imaginären Zukunft der Revolution. Auch Marcuse und Sartre mußten das Scheitern ihrer politischen Hoffnungen eingestehen (vgl. Marcuse 1970, verhaltener Sartre 1976).

Bezeichnenderweise wendet sich Sartre zuletzt erneut dem im Übertritt zum Marxismus ungelöst zurückgelassenen Problem einer existenzialistischen Moral zu. In zunehmender Distanz zu Marx beruft er sich dabei eher auf eine anarchistische Grundhaltung, für die die Frage einer vollständig egalitären Gesellschaft nicht mehr zentral ist: »Wir müssen verstehen, daß wir unendlich weit von einer solchen Gesellschaft entfernt sind. (...) Es geht also darum zu wissen, wie ein Anarchist *jetzt* leben soll. In diesem Sinn ist die Anarchie für mich ein moralisches Leben« (*Anarchie und Moral*, S. 68. Eine ähnliche Wende zu einem existenziellen Anarchismus deutet Marcuse in einem Interview an, das 1969 unter dem bezeichnenden Titel »Über Revolte, Anarchismus und Einsamkeit« publiziert wird).

3. Zurück zu Nietzsche, Heraklit und Hölderlin

Mit der existenzialistischen Marx-Interpretation teilt Martin Heideggers Rückweg von der Existenz zur Geschichte die Intention, durch einen radikalen Bruch *in* der Geschichte eine neue Grundstellung der Existenz zu sich und zur Welt gewinnen zu wollen (zur Nähe der Heideggerschen Spätphilosophie zur Kritischen Theorie bzw. zu einem undogmatischen Marxismus vgl. Axelos 1966, Mörchen 1981, Kosík 1986 und Sloterdijk 1983. Heidegger selbst bestätigt diese untergründige Verwandtschaft – freilich ohne weitere Ausführung – im Humanismus-Brief, GA 9, S. 339f.). Allerdings entnimmt er die leitenden Perspektiven einer solchen ›Kehre‹ nicht Hegel und Marx, sondern Nietzsche, Heraklit und Hölderlin.

Mit Nietzsche erkennt er im Nihilismus die Signatur nicht nur der Moderne, sondern des gesamten europäischen Rationalisierungsprozesses. Dessen innere Dynamik wird jetzt in der von der Metaphysik begründeten und von den modernen Wissenschaften vollendeten instrumentellen Vergegenständlichung alles Seienden erkannt, die sich in der Entfesselung der modernen Technik nicht mehr ›nur‹ gegen die außermenschliche Natur, sondern auch gegen den Menschen selbst zu richten beginnt. Nietzsche und mit ihm die Existenzphilosophie werden nun aber selbst noch als Symptom des Nihilismus aufgefaßt; sie weisen nicht mehr über ihn hinaus, sondern erschöpfen sich darin, ihn allererst auf den Punkt zu bringen.

Ein Ausweg aus der Krise wird folglich nicht mehr in der genuin existenzialistischen Übernahme der ›Nichtigkeit‹ des jemeinigen Daseins *als solcher*, aber auch nicht mehr in der gegenläufigen Rückkehr in die nationale Volksgemeinschaft gesehen. Statt dessen sucht Heidegger jetzt nach einer Rückbindung der nihilistisch dezentrierten Subjektivität an eine prä- oder trans-nihilistische Seinserfahrung. Spuren einer solchen Erfahrung werden in Heraklits Begriff der Natur als der aus sich selbst währenden und aller technischen Herrschaft sich entziehenden *physis* dechiffriert. Im erinnernden ›Andenken‹ an das heraklitische Seinsverständnis führt die Frage nach dem Sinn von Sein folglich nicht mehr nur in die entschlossen sich vereinzelnde Existenz, sondern zum »Schritt zurück« *vor* die Geschichte der europäischen Theologie und Metaphysik und so auch *vor* die Geschichte der Subjektivität. Im gleichen Zug kommt es jetzt zu einer rückhaltlosen Kritik der faschistischen Diktatur, die dann konsequent zu einer umfassenden Kritik der modernen Technologie erweitert wird. Dabei wird die gleichermaßen den Liberalismus wie den Marxismus leitende Auffassung der Technik als eines ›an sich‹ neutralen Instruments menschlicher Naturbeherrschung als metaphysische Selbsttäuschung zurückgewiesen. Der Mensch ist nicht der Beherrscher und Besitzer, sondern lediglich der Funktionär der technischen Apparaturen und des in ihnen wirksamen Nihilismus. Dieser hat sich endgültig von allen Zielen gelöst und strebt als leerer »Wille zum Willen« nach der Sicherung und Steigerung seiner totalen Herrschaft über alles Seiende:

»Die Vernutzung aller Stoffe, eingerechnet den Rohstoff ›Mensch‹, zur technischen Herstellung der unbedingten Möglichkeit eines Herstellens von allem, wird im Verborgenen bestimmt durch die völlige Leere, in der das Seiende, die Stoffe des Wirklichen, hängt. Diese Leere muß ausgefüllt werden. Da aber die Leere des Seins (...) niemals durch die Fülle des Seienden aufzufüllen ist, bleibt nur, um ihr zu entgehen, die unausgesetzte Einrichtung des Seienden auf die ständige Möglichkeit des Ordnens als der Form der Sicherung des ziellosen Tuns. Die Technik ist von da gesehen, weil auf die Leere des Seins wider ihr Wissen bezogen, die Organisation des Mangels. Überall, wo an Seiendem zu wenig ist, (...) muß die Technik einspringen und Ersatz schaffen und die Rohstoffe verbrauchen. Aber in Wahrheit ist der ›Ersatz‹ und die Massenherstellung der Ersatzdinge nicht ein vorübergehender Notbehelf, sondern die einzig mögliche Form, in der sich der Wille zum Willen, die ›restlose‹ Sicherung der Ordnung des Ordnens, in Gang hält (...). Diese Kreisbewegung der Vernutzung um des Verbrauchs willens ist der einzige Vorgang, der die Geschichte einer Welt auszeichnet, die zur Unwelt geworden ist« (VA, S. 91f. Zur Heideggerschen Technikphilosophie vgl. auch den Vortrag »Die Frage nach der Technik«, VA S. 9ff. sowie die »Bremer und Freiburger Vorträge« in GA 79).

Der Begriff der Technik steht bei Heidegger nicht allein für die Produktionsmittel der großindustriellen Ökonomie. Er umfaßt vielmehr sämtliche Institutionen der modernen Zivilisation und fungiert insofern als Begriff der Moderne schlechthin:

»Die Grundform des Erscheinens, in der der Wille zum Willen (...) sich selbst einrichtet und berechnet, kann bündig ›die Technik‹ heißen. Dabei umfaßt dieser Name alle Bezirke des Seienden, die jeweils das Ganze des Seienden zurüsten: die vergegenständlichte Natur, die betriebene Kultur, die gemachte Politik und die überbauten Ideale. ›Die Technik‹ meint hier also nicht die gesonderten Bezirke der maschinenhaften Erzeugung und Zurüstung. Diese hat freilich eine näher zu bestimmende Vormachtstellung, die in dem Vorrang des Stofflichen als des vermeintlich Elementaren und in erster Linie Gegenständigen begründet ist« (VA, S. 76. Ein ähnlich weitgespannter Begriff der modernen Technologie findet sich bei Adorno/Horkheimer 1988 und, verwandter noch, bei Baudrillard 1982).

Nun dürfen der der Technik sich entziehende ›Schritt zurück‹ zum Seinsverständnis der heraklitischen *physis* und die damit verbundene

›Destruktion‹ der Geschichte der Metaphysik nicht als Versuch einer unmittelbaren Wiederbelebung antiker Kosmologie verstanden werden. Ebensowenig geht es um eine abstrakte Rücknahme der historischen Wende zur aus kosmologischen und theologischen Bindungen gelösten Subjektivität. Statt dessen muß das Denken aus dem ›Schritt zurück‹ zunächst als ein Versuch verstanden werden, die in *Sein und Zeit* begonnene *formaltheoretische* Analytik des Daseins auf dem Weg einer historischen Besinnung zu *entformalisieren*: War das Dasein in *Sein und Zeit* nach den *Formen* des alltäglichen Seinsverständnisses als solchen bestimmt worden, so wird es jetzt nach den *inhaltlichen* Kontinuitäten und Diskontinuitäten dieses Seinsverständnisses bestimmt. Diese wiederum stellen gemäß der auch für das Spätwerk geltenden Zirkularität von Sein und Dasein zugleich die Kontinuitäten und Diskontinuitäten einer Geschichte des Seins selbst dar (vgl. hier Kap. II.3). In der sowohl das jeweilige Dasein wie den historisch sich wandelnden Sinn von Sein umgreifenden ›Seinsgeschichte‹ stellen die Übermächtigung der vorsokratischen Antike durch Platonismus und Christentum einerseits und der Hinfall der platonisch-christlichen Metaphysik im technokratisch entfesselten Nihilismus andererseits die wesentlichen Stationen dar. Im ›Andenken‹ an die Anfänge des Weges geht es dann nicht einfach um eine Rückkehr zum Ursprung, sondern um die Möglichkeit eines »anderen Anfangs«: »Das Wohin freilich, dahin der Schritt zurück uns lenkt, entfaltet und zeigt sich erst durch den Vollzug des Schrittes« (ID, S. 42).

Im während der dreißiger und vierziger Jahre ausgearbeiteten, doch erst 1989 posthum publizierten zweiten Hauptwerk *Beiträge zur Philosophie (Vom Ereignis)* wird die Analytik des Daseins und mit ihr dieses selbst zwischen den »ersten Anfang« der Antike und dem im Nihilismus eröffneten »anderen Anfang« einer nachmetaphysisch-nachchristlichen Epoche plaziert (GA 65, S. 411f.). Überragender Vorgänger auf dem Weg in den »anderen Anfang« ist jetzt nicht mehr allein Nietzsche, sondern Friedrich Hölderlin. Diesem entlehnt Heidegger den zentralen Topos seines Spätwerks: die Erfahrung der Gegenwart als bestimmt durch die »Flucht der Götter« und folglich als »die Entrückung in die Entscheidung über Ferne und Nähe der Götter und so die Bereitschaft zum Vorbeigang des letzten Gottes« (ebd., S. 26f.). Unschwer wird hier kenntlich, wie in dieser ›Kehre‹ zum dichterisch evozierten Mythos das Nihilismus-Problem neu gefaßt wird. Ging es bei Nietzsche – wie unausdrücklich auch in *Sein und Zeit* bzw. in *Das Sein und das Nichts* – um die Anerkennung des unwiderruflichen ›Todes Gottes‹ und folglich um die Selbstermächtigung einer ›in Verlassenheit‹ sich behauptenden

Existenz, so geht es nun um die Öffnung dieser Existenz zu einer erneuerten Religiosität, die freilich nach dem Ende der positiven Religionen erst erfahrbar werden soll und insofern negativen Charakters bleibt:

»Der letzte Gott ist nicht das Ende, sondern der andere Anfang unermeßlicher Möglichkeiten unserer Geschichte. Um seinetwillen darf die bisherige Geschichte nicht verenden, sondern muß zu ihrem Ende gebracht werden. (...) Die Verweigerung nötigt das Dasein zu ihm selbst als Gründung der Stätte des ersten Vorbeigangs des Gottes als des sichverweigernden« (ebd., S. 411f.).

Wiederum im Anschluß an poetische Motive Hölderlins wird dem »Gestell« der technokratischen Moderne der Gegenentwurf des »Gevierts« konfrontiert (vgl. vor allem den Vortrag »Bauen, Wohnen, Denken« in VA, S. 139ff. sowie den Aufsatz »Vom Ursprung des Kunstwerks« in GA 5, S. 7ff.). In Erweiterung der Bestimmung des Daseins als In-der-Welt-sein zielt auch seine Einfügung in das »Geviert« auf die Überwindung des abstrakten Subjekt-Objekt-Dualismus. In-der-Welt-sein wird nun als ein ›Wohnen‹ auf der Erde, unter dem Himmel, vor den Göttern und mit den Mitmenschen gefaßt. Dabei wird im Ausdruck ›Erde‹ das Moment der Geworfenheit in ein unvordenkliches ›Daß‹, im Ausdruck ›Himmel‹ das Moment der immer auch selbsthaften Erschlossenheit des Seienden in Sprache und Praxis und im Widerstreit beider die endliche Raum-Zeit eines freien Selbsteinkönnens gedacht. Das Dasein wird nach wie vor wesentlich als Sein zum Tode bestimmt; nur wird die heroische Einsamkeit des Vorlaufs in den Tod jetzt in die gemeinsame Erwartung der Götter aufgehoben: »Die Sterblichen wohnen, insofern sie die Göttlichen als die Göttlichen erwarten. Hoffend halten sie ihnen das Unverhoffte entgegen. Sie warten der Winke ihrer Ankunft und verkennen nicht die Zeichen ihres Fehls. Sie machen sich nicht ihre Götter und betreiben nicht den Dienst an Götzen. Im Unheil noch warten sie des entzogenen Heils« (VA, S. 145).

Damit aber wird die in *Sein und Zeit* nihilistisch akzentuierte ›Entschlossenheit‹ des Daseins in die Haltung der ›Gelassenheit‹ überführt, in der sich das Dasein von seinem eigenen Nihilismus zu lösen beginnt, ohne doch schon eines Auswegs gewiß sein zu können. Die eigentliche Not des Wohnens beruht darin, daß die Sterblichen das Wesen des Wohnens immer erst wieder suchen, daß sie das Wohnen erst lernen müssen. (...) Sobald der Mensch jedoch die Heimatlosigkeit bedenkt, ist sie bereits kein Elend mehr. Sie ist, recht bedacht und gut behalten, der einzige Zuspruch, der die Sterblichen in das Wohnen ruft« (ebd., S. 156). Hier zeigt sich der entscheidende Einsatz der Heideggerschen Spätphilosophie. Der schon in *Sein und Zeit* leitenden Erfahrung der nihilistischen Grund-, Ziel- und »Heimatlosigkeit« des ›faktischen Lebens‹ wird *nicht* eine »neue Geborgenheit« (Bollnow) entgegengehalten, sondern eine ›Kehre‹ des Daseins, in der es das grund- und ziellose ›Wohnen‹ im »Weltspiel« der *physis* frei übernimmt, um sich so vom Nihilismus der Selbstbehauptung und Selbstbegründung zu lösen: »Es geht um die Überwindung der Metaphysik, die Aufhebung des Grundes und des Sinnes, zugleich auch des Nihilismus, der Sein, Grund und Sinn und sich selber richtet. Es geht um die Überwindung der Subjektivität und der Objektivität. Es geht um das Ende der Geschichte und des herkömmlichen Menschen. Diese Fragen können beitragen zur Offenheit des Spiels *und* zu neuen Verschließungen« (Axelos 1966, S. 102).

Die Grenze des gelassenen ›Andenkens‹ einer seinsgeschichtlichen ›Kehre‹ im »Vorbeigang des letzten Gottes« liegt in seiner von Heidegger offen eingeräumten Vorläufigkeit: Die dem Ereignis der ›Kehre‹ konstitutive trans-nihilistische Seinserfahrung kann gegenwärtig lediglich erinnert oder erwartet, mithin nur *ex negativo* vollzogen werden. Insofern erneuert der späte Heidegger die im Ursprung romantische Idee einer ästhetischen Utopie im Zeichen des archaischen Rausch- und Traumgottes Dionysos, der ja auch Hölderlin und Nietzsche verpflichtet waren. Gerade durch die ästhetische Brechung aber – die jede unmittelbare, inhaltsfixierte Lektüre der Rede vom ›Ereignis‹, vom ›Geviert‹ und von der Ankunft der ›Götter‹ ausschließt – evoziert er die unabschließbare Offenheit des Werdens, die umgekehrt in aller pragmatischen Beschränkung auf das objektiv Beweisbare verdeckt wird. Durchaus nicht zufällig ist Heidegger denn auch gerade mit der seinsgeschichtlichen ›Kehre‹ zum Stichwortgeber der ›postmodernen‹ Kritik der Moderne geworden, mit der dieser Ausblick auf die Nachgeschichte der Existenzphilosophie seinen Abschluß findet.

4. Im Übergang zur Postmoderne oder ...

Heidegger und natürlich auch Nietzsche folgend, kommt es in der Konsequenz gleichermaßen des Aufbruchs wie der Erschöpfung der utopischen Hoffnungen der sechziger Jahre zu einer Radikalisierung der Vernunft-, Technik- und Subjektkritik noch über die marxistische und die existenzialistische Skepsis hinaus (vgl. im Überblick Engelmann 1990 und Vattimo 1990). Näher besehen zeigt sich freilich, daß die postmoderne ›Dekonstruktion‹ eines vorgeblich souveränen Subjekts der Geschichte wie schon bei den ersten ›existierenden Denkern‹ nicht zur Tilgung von Subjektivität schlechthin führt. Im Gegenteil: Gerade in der endgültigen Verabschiedung *des* Subjekts taucht eine emphatische Behauptung subjektiver Autonomien auf, die einerseits markant existenzialistische Züge trägt und andererseits nach wie vor auf konkrete gesellschaftliche und kulturelle Veränderungen setzt. Dem entspricht, daß der Widerspruch gegen den Universalismus der modernen Rationalität neuerlich als ein »Streit um Differenz« entfaltet wird (aus feministischer Perspektive vgl. im Überblick Benhabib u.a. 1993).

Besonders deutlich wird dies bei Peter Sloterdijk und Michel Foucault, die sich einerseits auf Nietzsche, Bataille und Heidegger berufen und andererseits explizit dem Aufbruch des Mai 1968 verbunden bleiben. Der Eigensinn dieser bislang letzten ›Kehre‹ in der Nachgeschichte der Existenzphilosophie zeigt sich darin, daß Sloterdijk in seiner *Kritik der zynischen Vernunft* (1983) ausgerechnet mit Nietzsche und Heidegger die »Genealogie einer Neuen und Anderen Linken« beginnen läßt:

»Einer Linken, die sich nicht mehr an die hybriden geschichtsphilosophischen Konstruktionen des 19. Jahrhunderts klammert; die sich nicht im Stil der dogmatisch-marxistischen Großtheorie für die Komplizin des Weltgeistes hält; die nicht auf die Dogmatik der industriellen Entwicklung ohne Wenn und Aber eingeschworen ist; die die borniert materialistische Tradition, die sie belastet, revidiert; die nicht nur davon ausgeht, daß die anderen sterben müssen, damit die ›eigene Sache‹ durchkommt, sondern die aus der Einsicht lebt, daß es dem Lebendigen nur auf sich selbst ankommen kann; die in keiner Weise mehr dem naiven Glauben anhängt, Vergesellschaftung wäre das Allheilmittel gegen die Mißstände der Modernität. Ohne es zu wissen und zum guten Teil sogar ohne es wissen zu wollen ist die Neue Linke eine existenzialistische Linke, eine neo-kynische Linke – ich riskiere den Ausdruck: eine *Heideggersche Linke*« (Sloterdijk 1983, S. 395.).

Tatsächlich läßt sich der Einsatz dieser »Heideggerschen Linken« gerade im Vergleich mit der ›konkreten Philosophie‹ des jungen Marcuse und der ›phänomenologischen Praxis‹ der Situationisten profilieren. Grundsätzlich geht es hier wie dort um die Verschränkung einer Ethik existenzieller Autonomie mit einer subversiven Praxis in gesellschafts- und kulturkritischer Perspektive. Hier wie dort sollen deshalb die disziplinären Trennungen zwischen der Ethik, der Politik, der Kunst, der Philosophie und dem Alltagsleben aufgehoben werden. Die gesuchte existenzielle Einheit von Theorie und Praxis skizziert Foucault im Entwurf seiner »kritischen Ontologie unserer selbst« wie folgt:

»Die kritische Ontologie unserer selbst darf beileibe nicht als eine Theorie, eine Doktrin betrachtet werden, auch nicht als ständiger, akkumulierender Korpus von Wissen; sie muß als eine Haltung vorgestellt werden, ein Ethos, *ein philosophisches Leben*, in dem die Kritik dessen, was wir sind, zugleich die historische Analyse der uns gegebenen Grenzen ist und ein Experiment der Möglichkeit ihrer Überschreitung« (Foucault 1990, S. 53).

Im Unterschied zu Marcuse und den Situationisten aber zielt die Überschreitung des historisch Gewordenen bei Foucault und Sloterdijk nicht mehr auf die revolutionäre Transformation der Gesamtgesellschaft. Für Sloterdijk kommt vielmehr alles darauf an, gerade in der Abkehr vom Gegebenen »Abstand (zu) halten zu den Monstren der Geschichte und den Trugbildern der Vergesellschaftung« (Sloterdijk 1986, S. 17). Bei Foucault wiederum heißt es in einer geradezu stirnerschen Wendung:

»Ich hingegen glaube, daß gerade die Idee einer ›Gesamtgesellschaft‹ der Utopie angehört. Diese Idee ist in der abendländischen Welt entstanden, auf der einmaligen Linie, die zum Kapitalismus geführt hat. (...) Man glaubt häufig, von Erfahrungen, Aktionen, Strategien zu verlangen, daß sie die ›Gesamtgesellschaft‹ umfassen, sei das Mindeste. In Wirklichkeit zwingt man ihnen damit eine maximale, eine unmögliche Bedingung auf: denn die ›Gesamtgesellschaft‹ funktioniert gerade in der Weise und zu dem Zwecke, daß sie nicht stattfinden, gelingen, dauern können. Die ›Gesamtgesellschaft‹ ist dasjenige, dem nur insoweit Rechnung zu tragen ist, als es zerstört werden soll. Es ist zu hoffen, daß es nichts mehr geben wird, was der Gesamtgesellschaft gleicht« (Foucault 1978, S. 126).

Daß Foucault nun aber trotzdem nicht auf einen resignierten Rückzug der Existenz auf sich selbst setzt, folgt aus der weiterführenden Einsicht, »daß das politische, ethische, soziale und philosophische Problem, daß sich uns heute stellt, *nicht* darin liegt, das Individuum vom Staat und dessen Institutionen zu befreien, sondern uns *sowohl* vom Staat *als auch* vom Typ der Individualisierung, der mit ihm verbunden ist, zu befreien« (Foucault 1987, S. 250). Folglich geht es der ›kritischen Ontologie unserer selbst‹ weniger um die Entdeckung einer gegebenen ›Wahrheit der Existenz‹ als vielmehr darum, »neue Formen von Subjektivität zustande(zu)bringen, indem wir die Art von Individualität, die man uns jahrhundertelang auferlegt hat, zurückweisen« (ebd.).

Spuren dieser neuen Subjektivitäten erkennt Foucault in den sozialen und kulturellen Bewegungen, die in der Folge des Mai 1968 möglich geworden sind. Alle diese Bewegungen stellen »den Status des Individuums« in Frage: »*Einerseits* behaupten sie das Recht, anders zu sein, und unterstreichen all das, was Individuen wirklich individuell macht. *Andererseits* bekämpfen sie all das, was das Individuum absondert, seine Verbindungen zu anderen abschneidet, das Gemeinschaftsleben spaltet, das Individuum auf sich zurückwirft und zwanghaft an seine Identität fesselt« (ebd., S. 246). Medium der doppelten Subversion der herrschenden Vergesellschaftungs- *und* Vereinzelungsformen ist die Erprobung ›alternativer‹ Lebensmöglichkeiten in widerständiger politischer Organisierung und subkulturellen Experimenten, in denen die Selbstverhältnisse der Individuen, die Weisen des Zusammenlebens und die wahrnehmungsleitenden Schemata des herrschenden Seinsverständnisses in ›existenziellen Modifikationen‹ verändert werden: Modifikationen etwa des Verhältnisses zur institutionellen Autorität, des Verhältnisses der Geschlechter und Generationen, der Wahrnehmung normativer Unterscheidungen wie der von Wahnsinn und Vernunft, Krankheit und Gesundheit, Normalität und ›Abweichung‹ (vgl. Foucault 1978, S. 124ff., Foucault 1990, S. 49f. sowie exemplarisch die Mikrophänomenologien der »Weltfremdheit« bei Sloterdijk 1993).

Die Suche nach neuen Formen von Subjektivität schließt für Foucault wie für Sloterdijk zuletzt auch Erfahrungen ein, die sie unter bewußter Vermeidung des Ausdrucks ›Religion‹ als solche der ›Spiritualität‹ bezeichnen (vgl. Schmid 1991, S. 366ff.). Beide beziehen sich dabei auf die zuvor schon von Nietzsche, Heidegger und Bataille evozierte Möglichkeit einer ›Kehre‹ in der nihilistischen Erfahrung, nach der die Aussetzung in ein Werden ohne Einheit und Ziel als Einkehr in das Offene eines freien Werden-Könnens erfahren wird. Im Unterschied zu jeder religiösen oder metaphysischen Transzendenzerfahrung aber führt die Grenzüberschreitung zu einer »nicht-positiven Affirmation«:

»Nichts in der Überschreitung ist negativ. Sie bejaht das begrenzte Sein, sie bejaht jenes Unbegrenzte, in welches sie ausbricht und das sie damit erstmals der Existenz erschließt. Doch kann man auch sagen, daß diese Affirmation nichts Positives hat: kein Inhalt kann sie binden, da keine Grenze sie zurückhalten kann. Vielleicht ist sie nichts anderes als die Affirmation der Teilung. Man muß aber von diesem Wort alles fernhalten, was an Einschnitt, Trennung oder Distanz erinnert, und es nur *das Sein der Differenz* bezeichnen lassen. (...) Das Spiel von Grenze und Überschreitung ist heute wohl der wesentliche Prüfstein eines Denkens des ›Ursprungs‹, dem uns Nietzsche von Anbeginn seines Werks an überantwortet hat – *eines Denkens, das Kritik und Ontologie in einem ist, eines Denkens, das die Endlichkeit und das Sein denkt*« (Foucault 1978, S. 38 bzw. S. 40).

Über alle Brüche hinweg resümiert diese gleichermaßen skeptische wie emphatische Formulierung den ursprünglichen Einsatz aller Existenzphilosophie. Weil der Ausgang des »Spiels von Grenze und Überschreitung« (ebd.) auch am Ende des 20. Jahrhunderts offen ist, geht es im Versuch der Grenzüberschreitung auch jetzt noch um das zuerst von Nietzsche geforderte ›Neu-beginnen-können‹ *inmitten* der nihilistischen Krise (KSA 4, S. 31; vgl. hier Kap. I.5), das Foucault nahezu hundert Jahre nach Nietzsche in dem Experiment aktualisiert, »in der Kontingenz, die uns zu dem gemacht hat, was wir sind, die Möglichkeiten aufzufinden, nicht länger das zu sein, zu tun oder zu denken, was wir sind, tun oder denken« (Foucault 1990, S. 49). In derselben Mischung aus Skepsis und Emphase fügt Sloterdijk hinzu: »Weniger als eine Änderung des Sinnes von ›Sein‹ wird zu unserer Rettung nicht genügen« (Sloterdijk 1989, S. 200).

IV. Bibliographie

Der Hauptteil der folgenden Bibliographie gliedert sich nach den besprochenen Autoren. Vorangestellt sind allgemeine Darstellungen zur Existenzphilosophie sowie Hinweise zum historischen Kontext. Nachgestellt finden sich eine Übersicht über hier nicht näher besprochene Autoren und Autorinnen aus dem weiteren Umkreis der Existenzphilosophie bzw. zu den verschiedenen Ansätzen nachexistenzialistischen Philosophierens sowie die Auflistung der sonstigen hier zitierten Literatur. Die unseren Zitaten zugrundeliegenden Ausgaben sind im Siglenverzeichnis am Anfang des Buchs aufgeführt.

1. Allgemeine Darstellungen zur Existenzphilosophie

Da sich die Existenzphilosophie in den vierziger und fünfziger Jahren auf dem Höhepunkt ihrer historischen Wirksamkeit befand, sind in dieser Zeit auch die meisten allgemeinen Darstellungen und Einführungen entstanden. Manchen dieser Arbeiten – etwa denjenigen O.F. Bollnows – kommt deshalb heute eher der Rang von historischen Dokumenten zu. Trotz ihrer Beschränkung auf eine chronologische Folge vermittelt die Arbeit F. Zimmermanns einen ersten bündigen Zugang; kritisch-eigenständig akzentuierte ›Einstiege‹ auf engstem Raum ermöglichen H. Arendt und H. Jonas. Für den Zusammenhang von Existenzialismus und Ethik ist die Untersuchung H. Fahrenbachs noch immer unverzichtbar. Zur Aktualität der Existenzphilosophie vgl. v.a. M. Frank und T. Seibert, speziell für den französischen Zweig B. Waldenfels.

Arendt, Hannah, *Was ist Existenzphilosophie?* Frankfurt/M. 1990.
Bollnow, Otto Friedrich, *Existenzphilosophie.* 8. Aufl. Stuttgart 1978.
– *Neue Geborgenheit. Das Problem einer Überwindung der Existenzphilosophie.* Stuttgart 1955.
– *Französischer Existentialismus.* Stuttgart 1965.
Fahrenbach, Helmut, *Existenzphilosophie und Ethik.* Frankfurt/M. 1970.
Frank, Manfred, *Die Unhintergehbarkeit von Individualität.* Frankfurt/M. 1986.
Gabriel, Leo, *Von Kierkegaard bis Sartre.* Wien 1951.
Gilson, Étienne (Hg.), *Christliche Existenzphilosophie.* Warendorf 1951.
Heinemann, Fritz, *Existenzphilosophie lebendig oder tot?* Stuttgart 1954.
Janke, Wolfgang, *Existenzphilosophie.* Berlin 1982.
Jonas, Hans, *Gnosis, Existenzialismus und Nihilismus.* In: *Drei Aufsätze zur Lehre vom Menschen.* 2. Aufl. Göttingen 1987.

Knittermeyer, Heinrich, *Die Philosophie der Existenz. Von der Renaissance bis zur Gegenwart.* Wien/Stuttgart 1952.
Kuhn, Helmut, *Begegnung mit dem Nichts. Ein Versuch über die Existenzphilosophie.* Tübingen 1950.
Mounier, Emmanuel, *Einführung in die Existenzphilosophien.* Bad Salzig 1949.
Müller, Max, *Existenzphilosophie. Von der Metaphysik zur Metahistorik.* 4., stark erw. Aufl., Freiburg/München 1986.
Reding, Marcel, *Die Existenzphilosophie. Heidegger, Sartre, Gabriel Marcel und Jaspers in kritisch-systematischer Sicht.* Düsseldorf 1949.
Seibert, Thomas, *Geschichtlichkeit, Nihilismus, Autonomie. Philosophie(n) der Existenz.* Stuttgart 1995.
Solomon, R. C., *From Hegel to existentialism.* New York 1987.
Vattimo, Gianni, *Romanticismo, Esistenzialismo, Ontologia della libertà.* Milano 1980.
Waldenfels, Bernhard, *Phänomenologie in Frankreich.* Frankfurt/M. 1987.
Zimmermann, Franz, *Einführung in die Existenzphilosophie.* 2. Aufl. Stuttgart 1996.

2. Literatur zum historischen Kontext: Philosophie nach Hegel und Philosophie der Moderne

Die hier aufgeführten Arbeiten beziehen sich nicht unbedingt explizit auf die Existenzphilosophie, nehmen allerdings an wesentlichen Stellen direkten Bezug auf Kierkegaard, Stirner, Nietzsche oder Heidegger. Zum Verständnis der Existenzphilosophie tragen sie entscheidend bei; umgekehrt erschließen sie sich selbst z.T. erst von der Existenzphilosophie her. Grundlegend für das Verständnis des historischen Kontextes sind noch immer die umfassenden Studien K. Löwiths.

Adorno, Theodor W./Horkheimer, Max, *Dialektik der Aufklärung. Philosophische Fragmente.* Frankfurt/M. 1988.
Ball, Hugo, *Der Künstler und die Zeitkrankheit. Ausgewählte Schriften.* Frankfurt/M. 1984.
Blumenberg, Hans, *Die Legitimität der Neuzeit.* Frankfurt/M. 1966.
Bolz, Norbert, *Auszug aus der entzauberten Welt. Philosophischer Extremismus zwischen den Weltkriegen.* München 1989.
Eßbach, Wolfgang, *Die Junghegelianer – Soziologie einer Intellektuellengruppe.* München 1988.
Gamm, Gerhard, *Wahrheit als Differenz.* Frankfurt/M. 1986.
Habermas, Jürgen, *Der philosophische Diskurs der Moderne.* Frankfurt/M. 1985.
Husserl, Edmund, *Ausgewählte Texte,* Bd. I: *Die phänomenologische Methode.* Klaus Held (Hg.). Stuttgart 1985.
– *Ausgewählte Texte,* Bd. II: *Phänomenologie der Lebenswelt.* Klaus Held (Hg.). Stuttgart 1986.

Löwith, Karl, »Ludwig Feuerbach und der Ausgang der klassischen deutschen Philosophie«. In: *Logos* XVII (1928).
- *Von Hegel zu Nietzsche*. Sämtl. Schr. Bd. 4. Stuttgart 1984.
- *Hegel und die Aufhebung der Philosophie im 19. Jahrhundert.* Sämtl. Schr. Bd. 5. Stuttgart 1988.
Losurdo, Domenico, *Die Gemeinschaft, der Tod, das Abendland.* Stuttgart/ Weimar 1995.
Lukács, Georg, *Die Zerstörung der Vernunft.* Ges. Werke Bd. 9. Neuwied 1962
Mader, Johann, *Zwischen Hegel und Marx. Zur Verwirklichung der Philosophie.* Wien 1975.
Pippin, Robert, *Modernity as Philosophical Problem. On the Dissatifications of European High Culture.* Cambridge 1993.
Schnädelbach, Helmut, *Philosophie in Deutschland 1831-1933.* Frankfurt/ M. 1983.
Stuke, Horst, *Philosophie der Tat. Studien zur Verwirklichung der Philosophie bei den Junghegelianern und den Wahren Sozialisten.* Stuttgart 1963.
Taubes, Jacob, *Abendländische Eschatologie.* München 1991.

3. Sören Kierkegaard

Kierkegaards Werke sind in deutscher Sprache noch immer nur unzulänglich publiziert. Die seit 1950 beim Verlag E. Diederichs (Köln/Düsseldorf) erscheinenden *Gesammelten Werke* sind mittlerweile zwar auch in einer billigeren Taschenbuchausgabe (GTB Siebenstern) erhältlich, doch entspricht die von E. Hirsch, H. Gerdes u.a. besorgte Übersetzung nicht mehr zeitgenössischen Standards. Außerdem wurden die in der Erstausgabe z.T. vergriffenen Tagebücher nicht in die Siebenstern-Ausgabe aufgenommen. Die anderen deutschen Editionen weichen z.T. erheblich voneinander ab und liegen obendrein nur als Einzel- oder Auswahlausgaben vor. In der folgenden Auflistung sind in Klammern das Jahr der Erstpublikation und ggf. das von Kierkegaard gebrauchte Pseudonym vermerkt.

Aus der Sekundärliteratur hervorzuheben sind die Arbeiten Th. W. Adornos, H. Deusers, H. Fahrenbachs, W. Greves, J. Sloks und W. Schulz' sowie – last but not least – M. Theunissens; für die französische Kierkegaard-Rezeption und zugleich für den französischen Existenzialismus überhaupt entscheidend die berühmten Studien J. Wahls. Hervorzuheben ist auch der berühmte Kierkegaard-Vortrag J.-P. Sartres.

a.) Werke Kierkegaards
Gesammelte Werke. Hg. von Emanuel Hirsch und Hayo Gerdes. Düsseldorf/ Köln ab 1950 bzw. Gütersloh ab 1979, je mit Registerband. In Klammern jeweils das Entstehungsjahr sowie ggf. das von Kierkegaard gebrauchte Pseudonym:

Entweder-Oder. Erster Teil.
Entweder-Oder. Zweiter Teil (beide von Victor Eremita 1843).
Furcht und Zittern (Johannes de Silentio 1843).
Die Wiederholung/Drei erbauliche Reden (Constantin Constantius 1843).
Erbauliche Reden (1843/44).
Philosophische Brocken (Johannes Climacus 1844).
Der Begriff Angst/Vorworte (Vigilius Haufniensis 1844).
Vier erbauliche Reden (1844)/*Drei Reden bei gedachten Gelegenheiten* (1845).
Stadien auf des Lebens Weg I.
Stadien auf des Lebens Weg II (beide von Hilarius Buchbinder 1845).
Abschließende Unwissenschaftliche Nachschrift zu den Philosophischen Brocken I.
Abschließende Unwissenschaftliche Nachschrift zu den Philosophischen Brocken II (beide von Johannes Climacus 1846, Kierkegaard nennt sich selbst als Herausgeber).
Eine literarische Anzeige (1846).
Erbauliche Reden in verschiedenem Geist (1847).
Der Liebe Tun I.
Der Liebe Tun II (beide 1847).
Christliche Reden (1848).
Kleine Schriften (1848/49).
Krankheit zum Tode (Anti-Climacus 1849).
Einübung im Christentum (Anti-Climacus 1850).
Erbauliche Reden (1850/51)/*Zur Selbstprüfung der Gegenwart anbefohlen* (1851)/*Urteilt selbst!* (1852).
Erstlingsschriften (posthum ediert).
Über den Begriff der Ironie mit ständiger Rücksicht auf Sokrates (Dissertation 1841).
Kleine Aufsätze/Der Corsarenstreit (1842-1851).
Die Schriften über sich selbst (posthum ediert).
Der Augenblick (1855).
Briefe (posthum ediert).
Das Buch über Adler (posthum ediert).
Registerband.

Die Tagebücher, übers. u. ausgw. in 5 Bd. v. Hayo Gerdes. Düsseldorf/Köln ab 1962.

außerhalb der *Gesammelten Werke* in Einzel- oder Auswahlausgaben:
Werke in vier Bänden. Hg., übers. u. komm. von Walter Diem, Hermann Rest u. Niels Thulstrup. Köln/Olten ab 1959.
Der Augenblick. Mit einem Essay v. Jörgen B. Jörgensen übers. v. Hanns Grössel. Frankfurt/M. 1988.
Der Begriff Angst. Hans Rochol (Hg.). Hamburg 1984.
Der Begriff Angst. Lieselotte Richter (Hg.). Hamburg 1991.
Der Begriff Angst. Gisela Perlet (Hg.). Stuttgart 1992.
Der Einzelne. Wilfried Greve (Hg.). Frankfurt/M. 1990.

Entweder-Oder. Gesamtausgabe. Walter Diem/Hermann Rest (Hg.). München 1988.
Furcht und Zittern. Lieselotte Richter (Hg.). Hamburg 1992.
Krankheit zum Tode. Lieselotte Richter (Hg.). Hamburg 1991.
Philosophische Brocken. Emanuel Hirsch (Hg.). Frankfurt/M. 1975.
Philosophische Bissen. Hans Rochol (Hg.). Hamburg 1989.
Philosophische Brocken. Lieselotte Richter (Hg.). Hamburg 1991.
Die Wiederholung/Die Krise. Und eine Krise im Leben einer Schauspielerin. Lieselotte Richter (Hg.). Hamburg 1991.

b.) Bibliographien, Biographien und Einführungen
Kierkegaardiana. Udg. af Sören Kierkegaard Selskabet ved Niels Thulstrup (darin die fortlaufende ausf. Bibliographie von Aage Jörgensen ab 1962). Kopenhagen 1955ff.
Fahrenbach, Helmut, »Die gegenwärtige Kierkegaard-Auslegung in der dt. Literatur«. In: *Phil. Rundschau, Sonderheft Kierkegaard-Literatur* (1962).
Fischer, Friedrich Karl, *Existenz und Innerlichkeit. Eine Einführung.* München 1969
Frohnhofen, Herbert/Splett, Jörg (Hg.), *Entweder/Oder. Herausgefordert durch Kierkegaard.* Frankfurt/M. 1988.
Greve, Wielfried/Theunissen, Michael (Hg.), *Materialien zur Philosophie Sören Kierkegaards.* Frankfurt/M. 1979 (mit ausf. Bibl.).
Liessmann, Konrad Paul, *Kierkegaard zur Einführung.* Hamburg 1993.
Jolivet, Régis, *Kierkegaard. Bibliograph. Einf. in das Studium der Philosophie.* Bern 1948.
Rohde, Peter P., *Kierkegaard in Selbstzeugnissen und Bilddokumenten.* Reinbek 1959.
Schrey, Heinz-Horst (Hg.), *Sören Kierkegaard. Wege der Forschung CLXXIX.* Darmstadt 1971.

c.) Systematische Untersuchungen
Adorno, Theodor W., *Kierkegaard. Die Konstruktion des Ästhetischen.* Ges. Schr. Bd. 2. Frankfurt/M. 1979.
Brandes, Georg, *Sören Kierkegaard. Literarisches Charakterbild.* Leipzig 1879.
Deuser, Hermann, *Kierkegaard. Die Philosophie des religiösen Schriftstellers.* Darmstadt 1985.
– *Dialektische Theologie. Studien zu Adornos Metaphysik und zum Spätwerk Kierkegaards.* München 1980.
Fahrenbach, Helmut, *Kierkegaards existenzdialektische Ethik.* Frankfurt/M. 1968.
Greve, Wielfried, *Kierkegaards maieutische Ethik. Von Entweder-Oder II zu den Stadien.* Frankfurt/M. 1990.
Diem, Helmut, *Sören Kierkegaard. Spion im Dienste Gottes.* Frankfurt/M. 1957.

Hirsch, Emanuel, *Kierkegaard-Studien I-III*. Gutersloh 1930-33.

Hofe, Gerhard vom, *Die Romantikkritik Sören Kierkegaards*. Frankfurt/M. 1972.

Kim, Madelaine, *Der Einzelne und das Allgemeine. Zur Selbstverwirklichung des Menschen bei Sören Kierkegaard*. Wien/München/Oldenburg 1980.

Kodalle, Klaus Michael, *Die Eroberung des Nutzlosen. Kritik des Wunschdenkens und der Zweckrationalität im Anschluß an Kierkegaard*. Paderborn 1988.

Liessmann, Konrad Paul, *Ästhetik der Verführung. Kierkegaards Konstruktion der Erotik aus dem Geiste der Kunst*. Frankfurt/M. 1991.

Paulsen, Anna, *Sören Kierkegaard. Deuter unserer Existenz*. Hamburg 1955.

Pulmer, Karin, *Die dementierte Alternative. Gesellschaft und Geschichte in der ästhetischen Konstruktion von Kierkegaards Entweder-Oder*. Frankfurt/M. 1982.

Sartre, Jean-Paul, »Das singulare Universale«, In: *Mai '68 und die Folgen*. Bd. 2. Reinbek 1975.

Schweppenhäuser, Hermann, *Kierkegaards Angriff auf die Spekulation*. Frankfurt/M. 1967.

Slok, Johannes, *Christentum mit Leidenschaft. Ein Weg-Weiser zur Gedankenwelt Sören Kierkegaards*. München 1990.

Schulz, Walter, *Sören Kierkegaard. Existenz und System*. Pfullingen 1967.

Theunissen, Michael, *Der Begriff Ernst bei Sören Kierkegaard*. Freiburg/München 1958.

- *Das Selbst auf dem Grund der Verzweiflung. Kierkegaards negativistische Methode*. Frankfurt/M. 1991.

Wahl, Jean, *Etudes kierkegaardiennes*. Paris 1948.

4. Max Stirner

Der radikalen Außenseiterposition Stirners entspricht, daß die ohnehin nicht allzu breite Literatur zur Philosophie des *Einzigen* zu weiten Teilen aus Kritiken besteht. So sind selbst die beiden aktuell erhältlichen Ausgaben seines Hauptwerks mit umfangreichen kritischen Kommentaren aus vulgärmarxistischer Perspektive versehen. Korrelativ dazu findet sich eine gleichermaßen fragwürdige Verehrungsliteratur, für die exemplarisch J.H. Mackay genannt sei. Als späte Wiedergutmachung verdient die ausgezeichnete Untersuchung W. Eßbachs besondere Erwähnung, in deren Anhang sich auch eine umfassende Bibliographie findet. Wichtig vornehmlich für die Zugehörigkeit Stirners zur Existenzphilosophie ist noch immer die Interpretation H. Arvons. Bemerkenswert ist die Kritik von Marx und Engels in der *Deutschen Ideologie*: Gegenläufig zur unerbittlichen Polemik spricht hier schon allein der Umfang für die tatsächliche Bedeutung Stirners. Vielfältige Auseinandersetzungen finden sich natürlich in der Literatur des Anarchismus, auf die hier nur bibliographisch verwiesen werden kann. Hervorzuheben ist allerdings der erst kürzlich erschienene Sammelband, in dem

J. Knoblauch und P. Peterson »Texte zur Aktualität von Max Stirner« zusammengestellt haben.

a.) Werke Stirners (eigentl. Johann Caspar Schmidt)
Der Einzige und sein Eigenthum. Leipzig 1845.
Der Einzige und sein Eigentum. Mit einem Nachwort hg. von A. Meyer. Stuttgart 1972.
Der Einzige und sein Eigentum und andere Schriften. Ausgew. und mit einem Nachwort hg. von H. G. Helms. München 1968.
Kleinere Schriften und seine Entgegnungen auf die Kritik seines Werkes ›Der Einzige und sein Eigenthum‹. J. H. Mackay (Hg.). Berlin 1898 (Ein Reprint der 2. Aufl. erschien Stuttgart-Bad Cannstatt 1976).

b.) Einführungen und systematische Untersuchungen
Anders, Günther, »Nihilismus und Existenz«. In: *Die Stockholmer Neue Rundschau. Eine Auswahl.* P. Suhrkamp (Hg.). Berlin/Frankfurt/M. 1949.
Arvon, Henri, »Une polémique inconnu: Marx et Stirner«. In: *Les Temps Modernes* Nr. 7/71 (1951).
– *Aux sources de l'existentialisme: Max Stirner.* Paris 1954.
Basch, Victor, *L'Individualisme anarchiste. Max Stirner.* Paris 1904.
Beck, Gerhard, *Die Stellung des Menschen zu Staat und Recht bei Max Stirner.* Köln 1965.
Clark, John, *Max Stirner's Egoism.* London 1976.
Guérin, Daniel, *Anarchismus. Begriff und Praxis. Mit Quellen und ausgew. Literaturhinweisen.* Frankfurt/M. 1967.
Eßbach, Wolfgang, *Gegenzüge. Der Materialismus des Selbst und seine Ausgrenzung aus dem Marxismus. Eine Studie über die Kontroverse zwischen Max Stirner und Karl Marx.* Frankfurt 1982.
Feuerbach, Ludwig, *Kleine Schriften.* K. Löwith (Hg.). Frankfurt/M. 1966.
Fetscher, Iring, »Die Bedeutung Max Stirners für die Entwicklung des Historischen Materialismus«. In: *Zeitschr. f. phil. Forschung* Nr. 6/3 (1952).
Helms, Hans G., *Die Ideologie der anonymen Gesellschaft. Max Stirners ›Einziger‹ und der Fortschritt des demokratischen Selbstbewußtseins vom Vormärz bis zur Bundesrepublik.* Köln 1966.
Heß, Moses, *Philosophische und sozialistische Schriften 1837-1850. Eine Auswahl.* Hg. und eingel. von A. Cornu und W. Mönke. Berlin 1961.
Holz, Hans Heinz, *Die abenteuerliche Rebellion. Bürgerliche Protestbewegungen in der Philosophie. Stirner, Nietzsche, Sartre, Marcuse, Neue Linke.* Darmstadt/Neuwied 1976.
Knoblauch, Jochen/Peterson, Peter, *Ich hab' Mein' Sach' auf Nichts gestellt. Texte zur Aktualität von Max Stirner.* Berlin 1996.
Mackay, John Henry, *Max Stirner. Sein Leben und sein Werk.* 2. Aufl. Berlin 1914.

Marx, Karl/Engels, Friedrich, *Kritik der deutschen Ideologie.* Werke Bd. 3. Berlin 1969.

Mayer, Gustav, »Die Anfänge des politischen Radikalismus im vormärzlichen Preußen. Mit einem Anhang: Unbekanntes von Stirner«. In: *Zeitschr. f. Politik* Nr. 6/1 (1913).

Mayer, Hans, *Außenseiter.* Frankfurt/M. 1975.

Nettlau, Max, *Der Vorfrühling der Anarchie. Ihre historische Entwicklung von den Anfängen bis zum Jahre 1864. Beiträge zur Geschichte des Sozialismus, Syndikalismus, Anarchismus.* Bd. 1. Berlin 1925.

Paterson, R. W. K., *The nihilistic egoist Max Stirner.* London 1971.

Penzo, Georgio, *La rivolta esistenziale.* Torino 1971.

Reding, Marcel, *Der politische Atheismus.* Graz/Wien/Köln 1957.

Ruest, Anselm, *Max Stirner. Leben – Weltanschauung – Vermächtnis.* Berlin/Leipzig 1906.

Szeliga, Franz, »Der Einzige und sein Eigenthum. Von Max Stirner. Kritik«. In: *Beiträge zum Feldzuge der Kritik. Norddeutsche Blätter für 1844 und 1845.* Bd. 2. Berlin 1846.

5. Friedrich Nietzsche

Die Rezeption von Nietzsches Werk litt Jahrzehnte unter dem Umstand, daß Nietzsche nur einen Bruchteil seiner Schriften selbst ediert und publiziert hatte. Der umfangreiche Nachlaß wurde unter Anleitung seiner Schwester Elisabeth von einem Personenkreis herausgegeben, der die Aufzeichnungen Nietzsches bewußt entstellte und so der faschistischen Rezeption aus dem Umkreis des Weimarer ›Nietzsche-Archivs‹ in die Hände arbeitete. Erst die von G. Colli und M. Montinari erstellte und 1967ff. bei de Gruyter Berlin/New York erschienene *Kritische Gesamtausgabe* (KGW) hat diesen Mißstand beseitigen können; seitdem können alle früheren Editionen als historisch überholt angesehen werden. Dies gilt besonders für die unter dem Titel *Der Wille zur Macht* herausgegebene Nachlaßkompilation des ›Nietzsche-Archivs‹, aber auch für die sog. *Historisch-Kritische Gesamtausgabe* der Werke bzw. der Briefe, für die sog. *Großoktav-Ausgabe*, die *Musarion-Ausgabe* und die von F. Würzbach edierte Nachlaßausgabe *Umwertung aller Werte*. Es gilt auch für die Nachlaßsammlung im Rahmen der 1966 von Karl Schlechta herausgegebenen *Werke in drei Bänden*, die bisher den besten Zugang zu Nietzsches Nachlaß ermöglicht hat.

Die ab 1980 erschienene *Kritische Studien-Ausgabe* (KSA) enthält in fünfzehn Bänden sämtliche Werke und nachgelassenen Texte Nietzsches auf der Grundlage der KGW von Colli/Montinari. Bd. 14 enthält Kommentare Collis, Band 15 eine Chronik zu Nietzsches Leben, ein Verzeichnis der Gedichte, ein Gesamtregister sowie das Konkordanzverzeichnis zu den KGW. Im folgenden werden die Werke nach den Einzelbänden der KSA aufgelistet, in Klammern wird das Enstehungsjahr der von Nietzsche selbst edierten Bücher angegeben.

Entsprechend der Bedeutung Nietzsches ist die Nietzsche-Literatur un-überschaubar geworden und mithin im hier gegebenen Rahmen auch nicht annähernd zu würdigen. Die folgende Zusammenstellung beschränkt sich deshalb auf die Interpretationen, die mittlerweile einen ›klassischen‹ Status beanspruchen können sowie auf eine subjektive Auswahl anderer Arbeiten; weitere Hinweise sind den aufgeführten Bibliographien zu entnehmen. Nicht zufällig stammen einige der wichtigsten Interpretationen von exi-stenzphilosophischen Autoren, von Autoren aus dem Umkreis der Existenz-philosophie sowie aus dem Umkreis des Avantgardismus (G. Bataille, G. Benn, E. Fink, M. Foucault, M. Heidegger, K. Jaspers, K. Löwith, W. Mül-ler-Lauter, L. Schestow, P. Sloterdijk). Um die faschistische Nietzsche-Re-zeption wenigstens exemplarisch zu erwähnen, wurden das Hauptwerk A. Baeumlers und, als Beleg für neuere Annäherungen von rechts, ein Aufsatz H. Baiers mit aufgenommen. Eine interessante Annäherung aus marxisti-scher Perspektive stellt noch immer E. Blochs Versuch in *Erbschaft dieser Zeit* dar. Die Eigenart der französischen Nietzsche-Interpretation erschließt sich prägnant bei G. Deleuze, M. Foucault, P. Klossowski und B. Pautrat.

a.) Werke Nietzsches
KSA 1: *Die Geburt der Tragödie* (1872). *Unzeitgemäße Betrachtungen I-IV* (1873-1876).
   Nachgelassene Schriften 1870-73.
KSA 2: *Menschliches-Allzumenschliches I und II* (1876-1878 bzw. 1880).
KSA 3: *Morgenröte* (1880-1881) *Idyllen aus Messina. Die fröhliche Wissen-schaft* (1881-1885).
KSA 4: *Also sprach Zarathustra* (1883-1884).
KSA 5: *Jenseits von Gut und Böse* (1884-1885). *Zur Genealogie der Moral* (1887).
KSA 6: *Der Fall Wagner* (1888). *Götzen-Dämmerung* (1888). *Der Anti-Christ* (1888). *Ecce Homo* (1888). *Dionysos-Dithyramben* (1888). *Nietz-sche contra Wagner* (1888).
KSA 7: *Nachgelassene Fragmente* (1869-1874).
KSA 8: *Nachgelassene Fragmente* (1875-1879).
KSA 9: *Nachgelassene Fragmente* (1880-1882).
KSA 10: *Nachgelassene Fragmente* (1882-1884).
KSA 11: *Nachgelassene Fragmente* (1884-1885).
KSA 12: *Nachgelassene Fragmente* (1885-1887).
KSA 13: *Nachgelassene Fragmente* (1887-1889).

Der KSA angeschlossen ist außerdem eine Edition sämtlicher Briefe Nietz-sches (acht Bände).

b.) Bibliographien, Biographien und Einführungen
International Nietzsche-Bibliography. Seit 1960 hg. von Herbert W. Reichert und Karl Schlechta als Teil der *University of North Carolina Studies in Comparative Literature*

Colli, Giorgio, *Distanz und Pathos. Einleitungen zu Nietzsches Werken.* Frankfurt 1982.

Frenzel, Ivo, *Nietzsche in Selbstzeugnissen und Bilddokumenten.* 27. Aufl. Reinbek 1995.

Gerhardt, Volker, *Friedrich Nietzsche.* 2. Aufl. München 1995.

Guzzoni, Alfredo (Hg.), *100 Jahre philosophische Nietzsche-Rezeption.* Bodenheim 1991.

Hamacher, Werner, *Nietzsche aus Frankreich.* Berlin 1986.

Janz, Curt Paul, *Friedrich Nietzsche.* 3 Bd. München 1978/79.

Ries, Wiebrecht, *Nietzsche zur Einführung.* 3., überarb. Aufl. Hamburg 1987.

Ross, Werner, *Der ängstliche Adler. Friedrich Nietzsches Leben.* München 1984.

Salaquarda, Jörg. (Hg.), *Nietzsche. Wege der Forschung.* Darmstadt 1981.

Vattimo, Gianni, *Friedrich Nietzsche.* Stuttgart/Weimar 1992.

Verrechia, Anacleto, *Zarathustras Ende. Die Katastrophe Nietzsches in Turin.* Wien/Köln/Graz 1986.

Seit 1972 erscheinen im Verlag de Gruyter Berlin/New York fortlaufend die *Nietzsche-Studien.*

e.) Systematische Untersuchungen

Abel, Günter, *Nietzsche. Die Dynamik der Willen zur Macht und die Ewige Wiederkehr.* Berlin/New York 1984.

Baier, Horst, »Die Gesellschaft – ein langer Schatten des toten Gottes«. In: *Nietzsche Studien* 10/11 (1980/81).

Baeumler, Alfred, *Nietzsche, der Philosoph und Politiker.* Leipzig 1931.

Bataille, Georges, »Nietzsche«. In: J. Salaquarda (Hg.). *Nietzsche. Wege der Forschung.* Darmstadt 1981.

Benn, Gottfried, *Nietzsche – nach fünfzig Jahren.* In: Ges. Werke Bd. 1. 4. Aufl. Stuttgart 1977.

Bertram, Ernst, *Nietzsche. Versuch einer Mythologie.* Berlin 1918.

Bittner, Rüdiger, »Nietzsches Begriff der Wahrheit«. In: *Nietzsche Studien* 16 (1987).

Bloch, Ernst, *Der Impuls Nietzsche.* In: *Erbschaft dieser Zeit.* Frankfurt/M. 1962.

Colli, Giorgio, *Nach Nietzsche.* Frankfurt 1980.

Deleuze, Gilles, *Nietzsche und die Philosophie.* 2. Aufl. Frankfurt/M. 1985.

Deleuze, Gilles/Guattari, Félix, *Anti-Ödipus. Kapitalismus und Schizophrenie.* Bd. 1. Frankfurt/M. 1977.

Figl, Johann, *Interpretation als philosophisches Prinzip. Friedrich Nietzsches universale Theorie der Auslegung.* Berlin/New York 1982.

Fink, Eugen, *Nietzsches Philosophie.* Stuttgart 1960.

Foucault, Michel, *Nietzsche, die Genealogie, die Historie.* In: *Von der Subversion des Wissens.* Frankfurt 1987.

Granier, Jean, *Nietzsche.* Paris 1982.

Heidegger, Martin, *Nietzsche*. GA Bd. 6.1 bzw. 6.2 sowie in erweiterten Einzelausgaben Bd. 43ff.

Jaspers, Karl, *Nietzsche. Einführung in das Verständnis seiner Philosophie*. 5. Aufl. Berlin 1981.

Jünger, Friedrich Georg, *Nietzsche*. Frankfurt/M. 1949.

Kaufmann, Walter, *Nietzsche. Philosoph – Psychologe – Antichrist*. Darmstadt 1982.

Kaulbach, Friedrich, *Nietzsches Idee einer Experimentalphilosophie*. Köln/ Wien 1980.

Klages, Ludwig, *Die psychologischen Errungenschaften Nietzsches*. Leipzig 1926.

Klossowski, Pierre, *Nietzsche und der Circulus vitiosus deus*. München 1986.

– *Nietzsche, Polytheismus und Parodie*. In: Hamacher, W. (Hg.), *Nietzsche aus Frankreich*. Frankfurt/M. 1986.

Knuth, Werner, *Die Philosophie des Lebens und ihre Probleme*. Schloß Blekkede a.d. Elbe 1948.

Lessing, Theodor, *Nietzsche*. Reprint der Ausg. von 1925 mit einem Nachw. von R. Bischof. München 1985.

Löwith, Karl, *Nietzsche*. Sämtl. Schr. Bd. 6. Stuttgart 1987.

Lyotard, Jean-Francois, *Ökonomie des Wunsches*. Bremen 1984.

Magnus, Bernd, *Nietzsches Existential Imperative*. Bloomington/London 1978.

- »Eternal Recurrence«. In: *Nietzsche Studien* 8 (1979).

Müller-Lauter, Wolfgang, *Nietzsche. Seine Philosophie der Gegensätze und die Gegensätze seiner Philosophie*. Berlin/New York 1971.

– »Nietzsches Lehre vom Willen zur Macht«. In: *Nietzsche Studien* 3 (1974).

Pautrat, Bernard, *Brief an den Narren. Über einen ungeheuren Augenblick*. In: Hamacher, W. (Hg.), *Nietzsche aus Frankreich*. Frankfurt/M. 1986.

Röttges, Heinz, *Nietzsche und die Dialektik der Aufklärung*. Berlin/New York 1972.

Schestow, Leo, *Tolstoi und Nietzsche. Die Idee des Guten in ihren Lehren*. München 1994.

Sloterdijk, Peter, *Der Denker auf der Bühne. Nietzsches Materialismus*. Frankfurt/M. 1986.

Taureck, Bernhard H. F., *Nietzsche und der Faschismus*. Hamburg 1989.

– *Nietzsches Alternative zum Nihilismus*. Hamburg 1991.

Vattimo, Gianni, *Il soggetto e la maschera. Nietzsche e il problema della liberazione*. Milano 1979.

– *Jenseits vom Subjekt. Nietzsche, Heidegger und die Hermeneutik*. Wien 1986.

6. Karl Jaspers

Obwohl die meisten seiner z.T. in hohen Auflagen erschienenen Bücher gegenwärtig vom Münchner Piper-Verlag neu ediert werden, gibt es bis jetzt noch keine ausdrückliche Gesamtausgabe des Werks von Karl Jaspers. Da die öffentlichen und universitären Bibliotheken dementsprechend jeweils über unterschiedliche ältere Ausgaben verschiedener Verlage verfügen, sind seine Werke im folgenden nach dem Ersterscheinungsdatum und nach dem Datum der unseres Wissens neuesten Auflage aufgelistet. Den Anfang bilden die Hauptwerke und systematischen Arbeiten Jaspers', eine zweite Gruppe umfaßt seine Auseinandersetzung mit anderen Philosophen bzw. mit der Philosophiegeschichte, danach folgen vermischte Arbeiten in politischer, zeit- und kulturgeschichtlicher bzw. autobiographischer Orientierung und schließlich der veröffentliche Briefwechsel. Die Titelfolge innerhalb der Werkgruppen ist chronologisch nach dem Ersterscheinungsdatum geordnet. Den Abschluß bildet die Auflistung der Sekundärliteratur nach Einführungen/Biographien bzw. systematischen Untersuchungen.

a.) Hauptwerke und systematische Arbeiten Jaspers'
Psychologie der Weltanschauungen. Berlin 1919. 6. Aufl. 1971. Neuausgabe München 1985.
Philosophie. Bd. I: *Philosophische Weltorientierung.* Bd. II: *Existenzerhellung.* Bd. III: *Metaphysik.* Berlin 1932, 5. Aufl. München 1991.
Vernunft und Existenz. Fünf Vorlesungen. Groningen 1935. 4. Aufl. München 1987.
Existenzphilosophie. Drei Vorlesungen. Berlin 1938, 4. Aufl. 1974.
Von der Wahrheit. Philosophische Logik. Erster Band. München 1947, 4. Aufl. 1991.
Der philosophische Glaube. Gastvorlesungen. München 1948, 9. Aufl. 1988.
Vom Ursprung und Ziel der Geschichte. München 1949, 9. Aufl. 1988.
Einführung in die Philosophie. Zwölf Radiovorträge. Zürich 1950, 29. Aufl. München 1991.
Vernunft und Widervernunft in unserer Zeit. Drei Gastvorlesungen. München 1950, 3. Aufl. 1990.
Der philosophische Glaube angesichts der Offenbarung. München 1962, 3. Aufl. 1984.
Kleine Schule des philosophischen Denkens. München 1965, 12. Aufl. 1991.
Philosophische Aufsätze. Frankfurt/M. 1967.
Was ist Philosophie? Ein Lesebuch. H. Saner (Hg.). München 1976, 4. Aufl. 1989.
Chiffern der Transzendenz. Hans Saner (Hg.). München 1970, 4. Aufl. 1984.
Wahrheit und Bewährung. Philosophieren für die Praxis. München 1983.
Nachlaß zur Philosophischen Logik. H. Saner/M. Hänggi (Hg.). München 1991.

b.) Auseinandersetzungen mit anderen Philosophen und philosophiegeschichtliche Arbeiten

Strindberg und van Gogh. Versuch einer pathologischen Analyse unter Heranziehung von Swedenborg und Hölderlin. Bern 1922, 5. Aufl. München 1977.

Nietzsche. Einführung in das Verständnis seines Philosophierens. Berlin 1936, 5. Aufl. 1981.

Descartes und die Philosophie. Berlin 1937, 4. Aufl. 1966.

Schelling. Größe und Verhängnis. München 1955, 2. Aufl. 1986.

Die großen Philosophen. München 1957, 7. Aufl. 1992.

Nikolaus Cusanus. München 1964, Neuausgabe 1987.

Aneignung und Polemik. Gesammelte Reden und Ausätze zur Geschichte der Philosophie. München 1968.

Notizen zu Martin Heidegger. H. Saner (Hg.). München 1978, 3. Aufl. 1989.

Die großen Philosophen. Nachlaß. Bd. 1: *Darstellungen und Fragmente.* Bd. 2: *Fragmente – Anmerkungen – Inventar.* H. Saner (Hg.). München 1981.

Weltgeschichte der Philosophie. Einleitung. H. Saner (Hg.). München 1982.

c.) Vermischte Schriften

Allgemeine Psychopathologie. Ein Leitfaden für Studierende, Ärzte und Psychologen. Berlin 1913, 4., völlig neu bearbeit. Aufl. 1946, 9. Aufl. 1973.

Die Idee der Universität. Berlin 1923, Neufassungen 1946 und zusammen mit K. Rossmann 1961.

Die geistige Situation der Zeit. Berlin 1931, 13. Auflage 1979.

Die Schuldfrage. Heidelberg 1946, 2. Aufl. München 1979, Neuausgabe 1987.

Rechenschaft und Ausblick. Reden und Aufsätze. München 1951, Neuausgabe 1958.

Die Frage der Entmythologisierung (zus. mit R. Bultmann). München 1954, Neuausgabe mit einem Vorwort von H. Ott 1981.

Philosophie und Welt. Reden und Aufsätze. München 1958, 2. Aufl. 1963.

Die Atombombe und die Zukunft des Menschen. Politisches Bewußtsein in unserer Zeit. München 1958, 7. Aufl. 1983.

Freiheit und Wiedervereinigung. Über Aufgaben deutscher Politik. München 1960, 2. Aufl. 1990.

Gesammelte Schriften zur Psychopathologie. Berlin 1963, Nachdruck 1990.

Hoffnung und Sorge. Schriften zur deutschen Politik 1945-65. München 1965.

Wohin treibt die Bundesrepublik? Tatsachen – Gefahren – Chancen. München 1966, 10. Aufl. 1988.

Schicksal und Wille. Autobiographische Schriften. München 1967.

Antwort. Zu meiner Schrift »Wohin treibt die Bundesrepublik?« München 1967.

Provokationen. Gespräche und Interviews. H. Saner (Hg.). München 1969.

Philosophische Autobiographie. München 1977, 2. Aufl. 1984.

Was ist Erziehung? Ein Lesebuch. H. Horn (Hg.). München 1977.
Denkwege. Ein Lesebuch. München 1983.
Der Arzt im technischen Zeitalter. Technik und Medizin – Arzt und Patient – Kritik der Psychotherapie. München 1986.
Erneuerung der Universität. Reden und Schriften 1945/46. R. de Rosa (Hg.). Heidelberg 1986.

d.) Briefwechsel
Briefwechsel K. Jaspers – Karl Heinz Bauer 1945-68. R. de Rosa (Hg.). Berlin 1983.
Briefwechsel K. Jaspers – Oskar Hammelsbeck 1919-1969. H. Horn (Hg.). Frankfurt/M. 1986.
Briefwechsel K. Jaspers – Martin Heidegger 1920-1963. W. Biemel/H. Saner (Hg.). München 1990, Neuausgabe 1992.

e.) Bibliographien, Biographien und Einführungen zu Jaspers
Karl Jaspers. Die Primärbibliographie. G. Gefken/K. Kunert (Hg.). Oldenburg 1978.
Burkhard, Franz P., *Karl Jaspers. Einführung in sein Denken.* Würzburg 1985.
Gerlach, Hans M., *Existenzphilosophie – Karl Jaspers.* Berlin 1987.
Hersch, Jeanne, *Karl Jaspers. Eine Einführung in sein Werk.* 4. Aufl. München 1990.
Piper, Klaus (Hg.), *Festschrift für Karl Jaspers zum siebzigsten Geburtstag.* München 1953.
Salamun, Kurt, *Karl Jaspers.* 2. Aufl. Reinbek 1991.
Saner, Hans, *Karl Jaspers in Selbstzeugnissen und Bilddokumenten.* 2. Aufl. Reinbek 1991.
Schüßler, Werner, *Jaspers zur Einführung.* Hamburg 1995.
Veauthier, Frank W. (Hg.), *Karl Jaspers zu Ehren. Symposium aus Anlaß seines 100. Geburtstags.* Heidelberg 1986.

f.) Systematische Untersuchungen
Bielefeldt, Heiner, ›*Kampf um Entscheidung‹. Politischer Existentialismus bei Carl Schmitt, Helmuth Plessner und Karl Jaspers.* Würzburg 1994.
Böckelmann, Frank W. *Die Problematik existentieller Freiheit bei Karl Jaspers.* München 1972.
Braun, Hans Jürg, »Karl Jaspers' Beziehung zu Nietzsche im Blickfeld der Destruktion des Christentums«. In: *Nietzsche Studien* 15 (1986).
Burkard, Frank, *Ethische Existenz bei Karl Jaspers.* Würzburg 1982.
Dufrenne, Mike/Ricoeur, Paul, *Karl Jaspers et la philosophie de l'existence.* Paris 1947.
Gogel, R. E., »Jaspers critique of Heidegger. The arrogance of thougt«. In: *International Philosophical Quarterly* 27 (1987).

Harth, Dietrich (Hg.), *Karl Jaspers. Denken zwischen Wissenschaft, Politik und Philosophie.* Stuttgart 1989.

Hertel, Wolf, *Existentieller Glaube. Eine Studie über den Glaubensbegriff von Karl Jaspers und Paul Tillich.* Meisenheim/Glan 1971.

Holz, Harald, »Philosophischer Glaube und Intersubjektivität«. Zum Glaubensproblem bei Kant und Jaspers«. In: *Kant Studien* 68 (1977).

Hommel, Claus U., *Chiffer und Dogma. Vom Verhältnis der Philosophie zur Religion bei Karl Jaspers.* Zürich 1968.

Olsen, Alan M., *Transcendence and Hermeneutics. An Interpretation of the Philosophy of Karl Jaspers.* The Hague/Boston/London 1979.

Örnek, Yusuf, *Karl Jaspers: Philosophie der Freiheit.* Freiburg/Br. 1986.

Lotz, Johann B., »Existenz und Ek-sistenz. zur Gegenwartsdeutung des Gesprächs zwischen Jaspers und Heidegger«. In: *Theologie und Philosophie* 59 (1984).

Pfeiffer, Heinrich, »Vom Totsein wissen wir nichts. Karl Jaspers über Tod und Unsterblichkeit und die katholische Theologie«. In: *Münchner Theologische Zeitschrift* 29 (1978).

Rigali, Norbert, *Die Selbstkonstitution der Geschichte im Denken von Karl Jaspers.* Meisenheim 1968.

Rodriguez de la Fuente, Santiago, *Grenzbewußtsein und Transzendenzerfahrung. Eine Studie über die Philosophische Theologie von Karl Jaspers.* München 1983.

Schneiders, Werner, »Politische Krise und existentielle Erneuerung. Zur Auffassung von Gesellschaft, Staat und Politik bei Karl Jaspers«. In: *Soziale Welt* 18 (1967).

Schwan, Alexander, »Existentielle und politische Freiheit«. In: *Geschichte in Wissenschaft und Unterricht* (35) (1984).

Schultheiss, Jürg, *Philosophieren als Kommunikation. Versuch zu Karl Jaspers' Apologie des kritischen Philosophierens.* Königstein/Ts. 1981.

Schwingl, Georg, *Die Wiedergewinnung der Wirklichkeit der Transzendenz im Denken von Karl Jaspers.* Regensburg 1983.

Tennen, Hanoch, »Jaspers' Philosophie in kritischer Sicht«. In: *Zeitschrift für philosophische Forschung* 28 (1974).

Young-Bruehl, Elisabeth, *Freedom and Karl Jaspers' Philosophy.* New Haven/London 1981.

7. Martin Heidegger

Der überragenden Bedeutung Heideggers nicht nur für die Existenzphilosophie, sondern für die gesamte Philosophie des 20. Jahrhunderts entspricht, daß sowohl der Umfang seines eigenen Werks als auch der der Sekundärliteratur die Grenzen sprengt, die dieser Bibliographie gesetzt sind.

Die *Gesamtausgabe* (GA) der Werke Heideggers erscheint seit 1975 im Frankfurter Verlag Vittorio Klostermann. In Absprache mit Heidegger ist sie ausdrücklich nicht als historisch-kritische Edition, sondern als »Ausgabe letzter Hand« konzipiert. Sie verzichtet demnach auf einen philologischen Apparat und ein Register, um die Arbeiten in der Form zugänglich zu machen, die ihnen Heidegger selbst in einer letzten Durchsicht verliehen hat. Bisweilen ergeben sich deshalb zwischen den Erstausgaben und denen der GA nicht unerhebliche, freilich in jedem Fall ausdrücklich vermerkte Abweichungen. Bei eindringlicherer Bearbeitung einzelner Werke sollten deshalb auch die Erstausgaben zu Rate gezogen werden, auf deren Auflistung hier allerdings verzichtet wird. Da die GA Mitte der neunziger Jahre bereits über 80 Titel umfaßte, beschränken wir uns auf die Darstellung der Konzeption und die Nennung der unserer Auffassung nach wichtigsten Werke. Nicht alle der bereits in die GA aufgenommenen Titel sind auch schon veröffentlicht; sofern hier aus Einzelausgaben zitiert wurde, die von der GA abweichen oder noch nicht in sie aufgenommen sind, wird dies in Klammern vermerkt. Ebenfalls in Klammern vermerkt wird die Entstehungszeit.

Die Sammlung der Sekundärliteratur beschränkt sich auf die ›klassischen‹ Einführungen und Bibliographien sowie auf die in ihrer Bedeutung allgemein anerkannten systematischen Untersuchungen. Weil sie besondere Zugänge sowohl zum Werk Heideggers wie zur weiteren Rezeptionsgeschichte ermöglichen, seien die Arbeiten von K.O. Apel, K. Axelos, C.F. Gethmann, H. Köchler, K. Lehmann, B. Merker, H. Mörchen, O. Pöggeler, R. Schürmann, W. Schulz, D. Thomä, E. Tugendhat und G. Vattimo hervorgehoben.

a.) Die Gesamtausgabe/Ausgabe letzter Hand

I. Abteilung
Die erste Abteilung umfaßt die zu Lebzeiten Heideggers veröffentlichten Schriften mit Ausnahme der zu dieser Zeit schon erschienenen Vorlesungen der zweiten Freiburger Lehrtätigkeit (1928-1944). Hervorzuheben sind:
GA 2 *Sein und Zeit* (1927; Einzelausgabe im Verlag Niemeyer. Tübingen).
GA 3 *Kant und das Problem der Metaphysik* (1929).
GA 4 *Erläuterungen zu Hölderlins Dichtung* (1936-1968).
GA 5 *Holzwege* (1935-1946).
GA 6.1 *Nietzsche I* (1936-1939).
GA 6.2 *Nietzsche II* (1939-1946).
GA 7 *Vorträge und Aufsätze* (1936-1953; Einzelausgabe im Verlag Neske, Pfullingen).
GA 8 *Was heißt Denken?* (1951-1952).
GA 9 *Wegmarken* (1919-1961).
GA 10 *Der Satz vom Grund* (1955-1956).
GA 11 *Identität und Differenz* (1955-1957; Einzelausgabe im Verlag Neske, Pfullingen).
GA 12 *Unterwegs zur Sprache* (1950-1959).
GA 14 *Zur Sache des Denkens* (1962-1964).

II. Abteilung

Die zweite Abteilung umfaßt die frühen Freiburger Vorlesungen von 1919-1923 und die Vorlesungen der Marburger Lehrtätigkeit von 1923-1928, die für das Verständnis der Philosophie von *Sein und Zeit* von erheblicher Bedeutung sind, sowie die Vorlesungen der zweiten Freiburger Lehrtätigkeit von 1928-1944, in denen Entstehung und Vollzug der seinsgeschichtlichen ›Kehre‹ verfolgt werden können. Hervorzuheben sind:

GA 20 *Prolegomena zur Geschichte des Zeitbegriffs* (Sommersemester 1925).

GA 21 *Logik. Die Frage nach der Wahrheit* (Wintersemester 1925/1926).

GA 24 *Grundbegriffe der Phänomenologie* (Sommersemester 1927).

GA 26 *Metaphysische Anfangsgründe der Logik im Ausgang von Leibniz* (Sommersemester 1928).

GA 29/GA 30 *Die Grundbegriffe der Metaphysik. Welt – Endlichkeit – Einsamkeit* (Wintersemester 1929/1930).

GA 34 *Vom Wesen der Wahrheit* (Wintersemester 1931/1932).

GA 40 *Einführung in die Metaphysik* (Sommersemester 1935).

GA 42 *Schelling: Vom Wesen der menschlichen Freiheit* (Sommersemester 1936).

GA 61 *Phänomenologische Interpretationen zu Aristoteles. Einführung in die phänomenologische Forschung* (Wintersemester 1921/1922).

GA 63 *Ontologie. Hermeneutik der Faktizität* (Sommersemester 1923).

III. Abteilung

Die dritte Abteilung umfaßt Werke, die erstmals in der Gesamtausgabe veröffentlicht wurden. Hervorzuheben sind:

GA 64 *Der Begriff der Zeit. Anhang: Der Begriff der Zeit. Vortrag vor der Marburger Theologenschaft* (1924; Einzelausgabe des Vortragstextes im Verlag Niemeyer, Tübingen).

GA 65 *Beiträge zur Philosophie. (Vom Ereignis)* (1936-1938).

GA 77 *Feldweggespräche* (1945).

GA 79 *Bremer und Freiburger Vorträge* (1949-1957).

IV. Abteilung

Die noch nicht publizierte vierte Abteilung wird Hinweise und Nachträge zu veröffentlichten Schriften (u.a. zu *Sein und Zeit*), Aufzeichnungen zu Seminaren und ausgewählte Briefe umfassen.

b.) Bibliographien, Biographien und Einführungen

Biemel, Walter, *Martin Heidegger in Selbstzeugnissen und Bilddokumenten.* Reinbek 1973.

Cardorff, Peter, *Martin Heidegger.* Frankfurt/M./New York 1991.

Ebeling, Hans, *Martin Heidegger. Philosophie und Ideologie.* Reinbek 1991.

Farias, Victor, *Heidegger und der Nationalsozialismus.* Frankfurt/M. 1988.

Ott, Hugo, *Martin Heidegger. Unterwegs zu seiner Biographie.* Frankfurt/M./ New York 1988.

Rentsch, Thomas, *Martin Heidegger. Das Sein und der Tod.* München 1989

Safranski, Rüdiger, *Ein Meister aus Deutschland. Heidegger und seine Zeit.* München/Wien 1994.

Saß, Hans Martin (Hg.), *Materialien zur Heidegger-Bibliographie 1917-1972.* Meisenheim 1975.

Schneeberger, Guido, *Nachlese zu Heidegger. Dokumente zu seinem Leben und Denken.* Bern 1962.

Steiner, George, *Martin Heidegger. Eine Einführung.* München 1989.

Seit 1985 erscheinen in internationaler Zusammenarbeit im Verlag Eterna Press, Oak Brook/USA die *Heidegger-Studies/Heidegger-Studien.*

c.) Systematische Untersuchungen

Adorno, Theodor W., *Jargon der Eigentlichkeit. Zur deutschen Ideologie.* Frankfurt/M. 1964.

– *Negative Dialektik.* Frankfurt/M. 1966.

Altwegg, Juerg (Hg.), *Die Heidegger-Kontroverse.* Frankfurt 1988.

Apel, Karl Otto, *Transformation der Philosophie.* Bd. I: *Sprachanalytik, Semiotik, Hermeneutik.* Frankfurt/M. 1973.

Axelos, Kostas, *Einführung in ein künftiges Denken. Über Marx und Heidegger.* Tübingen 1966.

Beck, Maximilian, »Martin Heidegger, Sein und Zeit. Referat und Kritik«. In: *Philosophische Hefte* 1 (1928).

Bourdieu, Pierre, *Die politische Ontologie Martin Heideggers.* Frankfurt/M. 1976.

Caputo, John D., *The mystical element in Heidegger's thought.* Athens/Ohio 1968.

Delp, Alfred, *Tragische Existenz.* Freiburg 1935.

Derrida, Jacques, *Vom Geist. Heidegger und die Frage.* Frankfurt/M. 1988.

Elliston, Frederick, *Heidegger's Existential Analytic.* The Hague/Paris/New York 1978.

Figal, Günter, *Martin Heidegger – Phänomenologie der Freiheit.* Frankfurt/M. 1986.

Forum für Philosophie (Hg.), *Martin Heidegger: Innen- und Außenansichten.* Frankfurt/M. 1989.

Franzen, Wilfried, *Von der Existenzialontologie zur Seinsgeschichte.* Meisenheim 1975.

Gadamer, Hans Georg, *Heideggers Wege. Studien zum Spätwerk.* Tübingen 1983.

– »Erinnerungen an Heideggers Anfänge«. In: *Dilthey-Jahrbuch* 4 (1986/87).

Gethmann, Carl Friedrich, *Verstehen und Auslegung. Das Methodenproblem in der Philosophie Martin Heideggers.* Bonn 1974.

– »Philosophie als Vollzug und als Begriff«. In: *Dilthey-Jahrbuch* 4 (1986/87).

– *Heideggers Konzeption des Handelns in ›Sein und Zeit‹.* In: Gethmann-Siefert, A./Pöggeler, O. (Hg.), *Heidegger und die praktische Philosophie.* Frankfurt/M. 1988.

Gethmann-Siefert, Annemarie, *Das Verhältnis von Philosophie und Theologie im Denken Martin Heideggers.* Freiburg/München 1974.

Gethmann-Siefert, Annemarie/Pöggeler, Otto, *Heidegger und die praktische Philosophie.* Frankfurt/M. 1988.

Gray, J. Glenn, »Martin Heidegger: On anticipating my own death«. In: *The Personalist* 46 (1965).

Guzzoni, Ute (Hg.), *Nachdenken über Heidegger.* Hildesheim 1980.

– *Identität oder nicht.* Freiburg/München 1981.

Haar, Michel (Hg.), *Martin Heidegger.* Paris 1983.

Habermas, Jürgen, *Philosophisch-politische Profile.* Frankfurt/M. 1987.

Harries, Karsten/Jamme, Christoph (Hg.), *Martin Heidegger. Kunst, Politik, Technik.* München 1992.

Heinz, Marion, *Zeitlichkeit und Temporalität im Frühwerk Martin Heideggers.* Amsterdam/Würzburg 1982.

Herrmann, Friedrich-Wilhelm von, *Subjekt und Dasein.* 2., erw. Aufl. Frankfurt 1985.

Hühnerfeld, Paul, *In Sachen Heidegger.* München 1961.

Jäger, Alfred, *Gott. Nochmals Heidegger.* Tübingen 1978.

Janicaud, Dominique, *Face à la domination.* In: Haar, M. (Hg.), *Martin Heidegger.* Paris 1983.

Jaspers, Karl, *Notizen zu Martin Heidegger.* München 1978.

Kettering, Emil, *Nähe. Das Denken Martin Heideggers.* Pfullingen 1987.

Kimmerle, Gerd, *Sein und Selbst.* Bonn 1978.

Kisiel, Theodore, »Das Entstehen des Begriffsfeldes ›Faktizität‹ im Frühwerk Heideggers«. In: *Dilthey-Jahrbuch* 4 (1986/87).

Klostermann, Vittorio, *Durchblicke. Martin Heidegger zum achtzigsten Geburtstag.* Frankfurt/M. 1970.

Köchler, Hans, *Skepsis und Gesellschaftskritik im Denken Martin Heideggers.* Meisenheim 1978.

Krockow, Christian Graf von, *Die Entscheidung.* Stuttgart 1958.

Kuhn, Helmut, *Begegnung mit dem Nichts.* Tübingen 1950.

Lacoue-Labarthe, Philippe, *La fiction du politique. Heidegger, l'art et la politique.* Paris 1987.

Lehmann, Karl, *Christliche Geschichtserfahrung und ontologische Frage beim jungen Heidegger.* In: Pöggeler, O., *Heidegger, Perspektiven zur Deutung seines Werks.* Köln/Berlin 1969.

Löwith, Karl, *Heidegger – Denker in dürftiger Zeit.* Sämtl. Schr. Bd. 8. Stuttgart 1984.

Lyotard, Jean-Francois, *Heidegger und ›die Juden‹.* Wien 1988.

Macho, Thomas H., *Todesmetaphern. Zur Logik der Grenzerfahrung.* Frankfurt 1987.

Marx, Werner, *Heidegger und die Tradition.* Stuttgart 1961.

Merker, Barbara, *Selbsttäuschung und Selbsterkenntnis. Zu Heideggers Transformation der Phänomenologie Husserls.* Frankfurt/M. 1988.

– *Konversion statt Reflexion. Eine Grundfigur der Philosophie Martin Heideggers.* In: Forum für Philosophie, *Martin Heidegger: Innen- und Außenansichten.* Frankfurt 1989.

183

Mörchen, Hermann, *Adorno und Heidegger. Untersuchung einer philosophischen Kommunikationsverweigerung.* Stuttgart 1981.

Pöggeler, Otto, *Der Denkweg Martin Heideggers.* 2. Aufl. Pfullingen 1983.

– *Philosophie und Politik bei Heidegger.* Freiburg/München 1972.

– (Hg.), *Heidegger. Perspektiven zur Deutung seines Werks.* Köln/Berlin 1969.

Pöggeler, Otto/Papenfuss, Dietrich (Hg.), *Zur philosophischen Aktualität Heideggers. Symposion der Alexander von Humboldt-Stiftung vom 24-28. April 1989 in Bonn-Bad Godesberg.* 3 Bd.Frankfurt/M. 1991.

Pugliese, Orlando, *Vermittlung und Kehre.* Freiburg/München 1965.

Rentsch, Thomas, *Heidegger und Wittgenstein. Existenzial- und Sprachanalysen zu den Grundlagen philosophischer Anthropologie.* Stuttgart 1985.

Richardson, William J., *Heidegger: Through Phenomenology to Thought.* The Hague 1963.

Schürmann, Reiner, *Heidegger on being and acting: From principles to anarchy.* Bloomington 1987.

– »Political Thinking in Heidegger«. In: *Social Research* 45 (1978).

– *Ein brutales Erwachen zur tragischen Bestimmung des Seins.* In: Harries, K./Jamme, Ch., *Martin Heidegger.* München 1992.

Schulz, Walter, *Über den philosophiegeschichtlichen Ort Martin Heideggers.* In: Pöggeler, O. (Hg.). *Heidegger. Perspektiven zur Deutung seines Werks.* Köln/Berlin 1969.

Schwan, Alexander, *Politische Philosophie im Denken Heideggers.* Köln/Opladen 1965.

Seubold, Günter, *Heideggers Analyse der neuzeitlichen Technik.* Freiburg/München 1986.

Thomä, Dieter, *Die Zeit des Selbst und die Zeit danach. Zur Kritik der Textgeschichte Martin Heideggers 1910-1976.* Frankfurt/M. 1990.

Tugendhat, Ernst, *Der Wahrheitsbegriff bei Husserl und Heidegger.* Berlin/New York 1970.

– *Selbstbewußtsein und Selbstbestimmung.* Frankfurt/M 1979.

Vattimo, Gianni, *Jenseits vom Subjekt. Nietzsche, Heidegger und die Hermeneutik.* Wien 1986.

Vietta, Silvio, *Heideggers Kritik am Nationalsozialismus und an der Technik.* Tübingen 1989.

Waelhens, Alphonse de, *La philosophie de Martin Heidegger.* 2. Aufl. Louvain 1971.

Zimmermann, Michael A., *The Eclipse of the Self. The Development of Heidegger's Concept of Authenticity.* Athens 1981

8. Jean-Paul Sartre

In deutscher Sprache ist Sartres Werk nahezu ausschließlich im Rowohlt-Verlag erschienen, der die meisten Titel von Anfang an auch in günstigen Taschenbuchausgaben zugänglich gemacht hat. Bis zum Jahr 1991 (!) lag

Das Sein und das Nichts freilich nur in einer fast um die Hälfte verkürzten und von unzähligen Übersetzungs- und Druckfehlern übersäten Ausgabe vor; dieser katastrophale Mißstand ist mit der Publikation der von H. Schöneberg und T. König besorgten Neuübersetzung beseitigt. Seit Ende der achtziger Jahre legt der Rowohlt-Verlag fortlaufend Neuausgaben auch der anderen Arbeiten Sartres vor; zugleich werden die philosophischen Schriften, die Romane und Erzählungen, die Theaterstücke und die Schriften zur Literatur jeweils zu *Gesammelten Werken* zusammengestellt. Die Schriften zu Theater und Film, die Drehbücher, die politischen Schriften sowie die Tagebücher und Briefe sind bislang nur als Einzelausgaben verlegt. Vorbereitet wird die deutsche Erstausgabe wichtiger noch nicht übersetzter Werke wie etwa des unabgeschlossenen zweiten Bandes der *Critique de la raison dialectique* (1985) und der *Cahiers pour une morale* (1983) – insofern bleibt Sartre hier noch zu entdecken. Die folgende Auflistung umfaßt einen Großteil der Werksammlung des Rowohlt-Verlags und führt Sartres Schriften nach dem Datum der französischen Erstausgabe. Im voranstehenden Text ist der Humanismus-Vortrag Sartres nach der im Ullstein-Verlag in der Sammlung *Drei Essays* publizierten Erstübersetzung zitiert, die unserer Auffassung nach der der Rowohlt-Ausgabe vorzuziehen ist.

Eigenartigerweise ist die Rezeption Sartres im angelsächsischen Raum umfassender und lebendiger als im kontinentaleuropäischen; einen Überblick über den aktuellen Stand vermitteln die Sammelwerke von P.A. Schilpp bzw. von H.J. Silverman/F.A. Elliston. Zur Aufnahme Sartres im Marxismus vgl. die Arbeit M. Posters, zu der im sprachanalytischen Kontext vgl. A.C. Danto. Zur Ausarbeitung seines Entwurfs einer ›existenziellen Psychoanalyse‹ im Kontext der Antipsychiatrie vgl. die Arbeit von R.D. Laing/D.G. Cooper. Aus der deutschen Sekundärliteratur sind die Arbeiten von K. Hartmann und G. Seel besonders hervorzuheben. Wesentlich für die Auseinandersetzung mit Sartre selbstverständlich noch immer die Arbeiten Simone de Beauvoirs.

a.) Das philosophische Werk
Die Transzendenz des Ego. Philosophische Essays (1931-1939).
Das Imaginäre. Phänomenologische Psychologie der Einbildungskraft. Mit einem Beitrag ›Sartre über Sartre‹ (1940).
Das Sein und das Nichts. Versuch einer phänomenologischen Ontologie (1943).
Bewußtsein und Selbsterkenntnis (1947).
Ist der Existentialismus ein Humanismus? (1946).
Kritik der dialektischen Vernunft I. Theorie der gesellschaftlichen Praxis (1960).
Marxismus und Existentialismus. Versuch einer Methodik (1960).
Existentialismus und Marxismus. Kontroverse über die Dialektik (1962, gem. mit Roger Garaudy, Jean Hyppolite u.a.).
Critique de la raison dialectique. Tome 2: L'Intelligibilité de l'histoire (inachevé). Texte établi par Arlette El-Kaim-Sartre (posthum 1985, noch nicht übersetzt).
Cahiers pour une morale (posthum 1983, Übersetzung in Vorbereitung).

b.) Das literarische Werk
Der Ekel (1938).
Gesammelte Erzählungen: Die Mauer. Das Zimmer. Herostrat. Intimität.
   Kindheit eines Chefs. (1939).
Die Wege der Freiheit. Bd. 1 *Zeit der Reife* (1945). Bd. 2 *Der Aufschub*
   (1945). Bd. 3 *Der Pfahl im Fleische* (1949). *Die letzte Chance* (posthum
   1981).
Die Wörter (1964).

c.) Das dramatische Werk und die Drehbücher
Die Fliegen (1943).
Bei geschlossenen Türen (1945).
Tote ohne Begräbnis (1946).
Die ehrbare Dirne (1946).
Die schmutzigen Hände (1948).
Im Räderwerk (1948).
Das Spiel ist aus (1949).
Der Teufel und der liebe Gott (1951).
Kean (1954).
Nekrassov (1956).
Die Eingeschlossenen (1960)
Die Troerinnen des Euripides (1965).
Bariona oder der Sohn des Donners (1970).
Le Scénario Freud (posthum 1984).

d.) Schriften zu Literatur und Politik
Situationen. Essays zu Philosophie, Literatur und Politik in 10 Bänden (1947-
   1976; die deutsche Ausgabe stellt nur eine Auswahl dar).
Baudelaire (1947).
Saint Genet, Komödiant und Märtyrer (1952).
Was ist Literatur? (1964).
Der Idiot der Familie. Gustave Flaubert 1821 bis 1857. 3(5) Bd. (1971ff.).
Der Intellektuelle als Revolutionär. Streitgespräche mit Philippe Gavi und
   Pierre Victor (1974; weitere politische Schriften Sartres vgl. hier Punkt
   9b.).
Mallarmé. La lucidité et sa face d'ombre. Texte établi et annoté par Arlette
   El-Kaim-Sartre (posthum 1986, nicht übersetzt).

e.) außerhalb der Werksammlung des Rowohlt-Verlags
Drei Essays. Ist der Existentialismus ein Humanismus? Materialismus und Re-
   volution. Betrachtungen zur Judenfrage. Frankfurt/M./Berlin/Wien 1960.
»Anarchie und Moral«. In: *Concordia* 5 (1984).
Brüderlichkeit und Gewalt. Ein Gespräch mit Benny Lévy. Berlin 1993.

f.) Bibliographien, Biographien und Einführungen

Contat, Michel/Rybalka, Michel, *Les écrits de Sartre. Chronologie, bibliographie commentée.* Paris 1970.

Beauvoir, Simone de, *In den besten Jahren.* Reinbek 1969.

– *Der Lauf der Dinge.* Reinbek 1970.

– *Alles in allem.* Reinbek 1976.

– *Zeremonie des Abschieds und Gespräche mit Jean-Paul Sartre.* Reinbek 1986.

Belkind, Allen J., *Jean-Paul Sartre. Sartre and existentialism in English. A bibliographical guide.* Kent 1970.

Biemel, Walter, *Jean-Paul Sartre in Selbstzeugnissen und Bilddokumenten.* Reinbek 1994 (Neubearbeitung der ausf. Bibliographie 1990).

Cohen-Solal, Annie, *Sartre. 1905-1980.* Reinbek 1988.

Hengelbrock, Jürgen, *Jean-Paul Sartre. Freiheit als Notwendigkeit. Eine Einführung in das philosophische Werk.* Freiburg 1989.

Jeanson, Francis, *Sartre par lui-même.* Paris 1955.

– *Sartre dans sa vie.* Paris 1974.

König, Traugott, *Sartre. Ein Kongreß.* Reinbek 1988.

Lapointe, Francois H., *Jean-Paul Sartre and his critics. An international bibliography (1938-1980).* 2. Aufl. Ohio/USA 1981.

Mann, Erika/Ehrhardt, Johannes, *Sartre zur Einführung.* 2. Aufl. Hannover 1980.

Silverman, Hugh J./Elliston, Frederick EA. (Hg.), *Jean-Paul Sartre. Contemporary Approaches to his Philosophy.* Pittsburgh/USA 1980.

Suhr, Martin, *Sartre zur Einführung.* 2. Aufl. Hamburg 1989.

Waldenfels, Bernhard, *Phänomenologie in Frankreich.* Frankfurt/M. 1983.

Wilcocks, Robert, *Jean-Paul Sartre. A bibliography of international criticism.* Edmonton/Canada 1975.

Zimmermann, Rainer E. (Hg.), *Sartre. Ein Kongreß. Frankfurt/M. 1988.* Cuxhaven 1989.

g.) Systematische Untersuchungen

Altweg, Juerg, *Tod eines Philosophen. Sartre: Symbol einer unvollendeten Epoche.* Bern 1981.

Anderson, Thomas C., *The Foundation and Structure of Sartrean Ethics.* Kansas/USA 1979.

Bernstein, Richard J., *Consciousness, existence and action: Kierkegaard and Sartre.* In: *Praxis and Action. Contemporary philosophies of human activity.* Philadelphia/USA 1971.

Bubner, Rüdiger, *Phänomenologie, Reflexion und Cartesianische Existenz. Zu Jean-Paul Sartres Begriff des Bewußtseins.* Heidelberg 1964.

Danto, Arthur C., *Jean-Paul Sartre.* Göttingen 1986.

Fell, Joseph P., *Heidegger and Sartre. An essay on being and place.* New York 1979.

Gisi, Martin, *Der Begriff Spiel im Denken J.-P. Sartres. Entfremdete und authentische Existenz, dargestellt anhand des Begriffs Spiel.* Königstein/Ts. 1979.

Görland, Ingtraud, *Die konkrete Freiheit des Individuums bei Hegel und Sartre*. Frankfurt/M. 1978.

Green, Norman, *Jean-Paul Sartre. The existentialist ethic*. Ann Arbor/USA 1960.

Gutwirth, Rudolf, *La phénoménologie de Sartre. De ›L'Être et le néant‹ à la ›Critique de la raison dialectique‹*. Bruxelles 1973.

Kampits, Peter, *Sartre und die Frage nach dem Anderen. Eine sozialontologische Untersuchung*. Wien 1975.

Hartmann, Klaus, *Sartres Sozialphilosophie. Eine Untersuchung zur ›Critique de la raison dialectique‹*. Berlin 1966.

– *Die Philosophie Sartres*. Berlin 1983.

Haug, Wolfgang Fritz, *Kritik des Absurdismus*. Köln 1976.

Hollier, Denis, *Politique de la prose. Sartre et l'an quarante*. Paris 1982.

Holz, Hans Heinz, *Jean-Paul Sartre. Darstellung und Kritik seiner Philosophie*. Meisenheim 1951.

Jeanson, Francis, *Le problème moral et la pensée de Sartre*. Paris 1947.

Kaufmann, Emil, *Macht und Arbeit. Jean-Paul Sartre und die europäische Neuzeit*. Würzburg 1988.

Laing, Ronald D./Cooper, David G., *Vernunft und Gewalt. Drei Kommentare zu Sartres Philosophie*. Frankfurt/M. 1973.

Möller, Joseph, *Absurdes Sein? Eine Auseinandersetzung mit der Ontologie J.-P. Sartres*. Stuttgart 1959.

Neudeck, Rupert, *Die politische Ethik bei Sartre und Camus*. Bonn 1975.

Poster, Mark, *Sartres marxism*. London 1979.

Schaff, Adam, *Marx oder Sartre. Versuch einer Philosophie des Menschen*. Wien 1964.

Schilpp, Paul A. (Hg.), *The philosophy of Jean-Paul Sartre*. La Salle/USA 1981

Schuppener, Bernd Martin, *Phänomenologie und Dialektik in Sartres ›L'Être et le néant‹. Seins- und werttheoretische Untersuchungen*. Mainz 1980.

Seel, Gerhard, *Sartres Dialektik. Zur Methode und Begründung seiner Philosophie unter besonderer Berücksichtigung der Subjekt-, Zeit- und Werttheorie*. Berlin 1971.

Sheridan, James F., *Sartre. The radical conversion*. London/Athens 1969.

Theunissen, Michael, *Der Andere. Studien zur Sozialontologie der Gegenwart*. Berlin 1965.

Turki, Mohamed, *Freiheit und Befreiung. Zur Dialektik philosophischer Praxis bei Sartre*. Bochum 1986.

Waelhens, Alphonse D., »Sartre et la raison dialectique«. In: *Revue philosophique de Louvain* 50 (1962).

Warnock, Mary, *The philosophy of Sartre*. London 1965.

Zehm, Günter Albrecht, *Historische Vernunft und Direkte Aktion. Zur Politik und Philosophie Jean-Paul Sartres*. Stuttgart 1964.

9. Seitenwege und Fluchtpunkte

Im Anschluß an Kierkegaard, Stirner und Nietzsche waren Jaspers, Heidegger und Sartre ohne Zweifel die wichtigsten Existenzphilosophen. Abschließend sollen Hinweise auf einige weitere Autorinnen und Autoren gegeben werden, die sich selbst zur Existenzphilosophie gerechnet haben, zu ihrem näheren Umkreis gerechnet wurden oder wesentliche Berührungspunkte zu ihr aufwiesen. Hervorzuheben sind dabei v.a. H. Arendt, G. Bataille, S. de Beauvoir, A. Camus, E.M. Cioran, M. Merleau-Ponty und L. Schestow, die durchaus eigene Besprechungen verdient hätten. Hervorzuheben ist außerdem A. Kojève, der zwar keine eigenständige Existenzphilosophie ausgearbeitet hat, doch mit seiner existenzialistischen Hegel-Interpretation im Grunde als der wichtigste Anreger des französischen Existenzialismus gelten muß. Kritische Anschlüsse aus jüngerer Zeit stellen die Arbeiten von Ch. Taylor und M. Theunissen dar (a). Danach verweisen wir auf Autorinnen und Autoren, die im Übergangsfeld von Existenzialismus und Marxismus (b) bzw. in dem von Existenzialismus und Postmoderne (c) tätig waren bzw. sind. Die aufgeführte Literatur stellt allerdings nur eine Auswahl der für unseren Kontext wichtigsten deutschsprachigen Schriften dar.

a) Andere Philosophinnen und Philosophen der Existenz
Abbagnano, Nicola, *Philosophie des menschlichen Konflikts*. Reinbek 1957.
Arendt, Hannah, *Was ist Existenzphilosophie?* Frankfurt 1990.
– *Vita activa oder Vom tätigen Leben*. München 1981.
– *Elemente und Ursprünge totalitärer Herrschaft*. München 1991.
Bataille, Georges, *Die Souveränität*. In: *Die psychologische Struktur des Faschismus/Die Souveränität*. München 1978.
– *Der heilige Eros*. Darmstadt/Neuwied 1963.
– »Die Welt, in der wir sterben«. In: *Der Pfahl* IV (1990).
– »Über Erotik, Lachen, Ekstase«. In: *Merkur* 7 (1985)
Beauvoir, Simone de, *Soll man de Sade verbrennen? Drei Essays zur Moral des Existentialismus*. Reinbek 1964.
– *Das andere Geschlecht. Sitte und Sexus der Frau*. Reinbek 1992.
Binswanger, Ludwig, *Traum und Existenz*. Einl. von Michel Foucault. Bern 1992.
Boss, Medard, *Psychoanalyse und Daseinsanalytik*. München 1980.
Camus, Albert, *Der Mythos von Sisyphos. Versuch über das Absurde*. Reinbek 1959.
– *Der Mensch in der Revolte*. Reinbek 1953.
Cioran, Emile M., *Lehre vom Zerfall*. Stuttgart 1978.
– *Dasein als Versuchung*. Stuttgart 1983.
Gadamer, Hans Georg, *Wahrheit und Methode*. 5. Aufl. Tübingen 1986.
Kojève, Alexandre, *Hegel. Eine Vergegenwärtigung seines Denkens*. Frankfurt/M. 1975.
Löwith, Karl, *Sämtliche Schriften*. Stuttgart 1984ff.
Marcel, Gabriel, *Homo viator*. Düsseldorf 1949.

– *Sein und Haben.* Paderborn 1954.
– *Metaphysisches Tagebuch.* Wien 1955.
Merleau-Ponty, Maurice, *Die Struktur des Verhaltens.* Berlin 1976.
– *Phänomenologie der Wahrhnehmung.* Berlin 1966.
– *Die Prosa der Welt.* München 1984.
– *Das Sichtbare und das Unsichtbare.* München 1986.
Schestow, Leo, *Kierkegaard und die Existenzphilosophie.* Graz 1949.
– *Athen und Jerusalem. Versuch einer religiösen Philosophie.* München 1994.
– *Tolstoi und Nietzsche. Über das Gute in ihren Lehren.* München 1994.
Spaemann, Robert, *Personen. Versuche über den Unterschied zwischen ›etwas‹ und ›jemand‹.* Stuttgart 1996.
Taylor, Charles, *Die Quellen des Selbst. Die Entstehung der neuzeitlichen Identität.* Frankfurt/M. 1994.
Theunissen, Michael, *Der Andere. Studien zur Sozialontologie der Gegenwart.* Berlin 1965.
Unamuno, Miguel de, *Das tragische Lebensgefühl,* Wien 1933.
– *Plädoyer des Müßiggangs. Essays.* Graz 1996.

b.) Existenzialismus und Marxismus
Axelos, Kostas, *Einführung in ein künftiges Denken. Über Marx und Heidegger.* Tübingen 1966.
Böckelmann, Frank/Nagel, Herbert, *Subversive Aktion. Der Sinn der Organisation ist ihr Scheitern.* Frankfurt/M. 1976.
Böckelmann, Frank, *Begriffe versenken.* Bodenheim 1997.
Castoriadis, Cornelius, *Durchs Labyrinth. Seele, Vernunft, Gesellschaft.* Frankfurt/M. 1981.
Debord, Guy, *Die Gesellschaft des Spektakels.* Anhang: *Kommentare zur Gesellschaft des Spektakels.* Berlin 1996.
– *Rapport zur Konstruktion von Situationen.* Hamburg 1980.
Gallissaires, Pierre/Mittelstädt, Hanna/Ohrt, Roberto, *Der Beginn einer Epoche. Texte der Situationisten.* Hamburg 1995.
Goldmann, Lucien, *Lukács und Heidegger.* Darmstadt/Neuwied 1975.
Kosík, Karel, *Die Dialektik des Konkreten. Eine Studie zur Problematik des Menschen und der Welt.* Frankfurt/M. 1986.
Krahl, Hans Jürgen, *Revolutionäre Theorie und existentielle Radikalität.* In: *Konstitution und Klassenkampf.* Frankfurt/M. 1971.
Lefebvre, Henri, *Kritik des Alltagslebens.* München 1974.
– *Probleme des Marxismus, heute.* Frankfurt/M. 1965.
Poster, Mark, *Existential Marxism in Postwar France* (mit ausf. Dokumentation u. Bibl.). Princeton 1975.
Marcuse, Herbert, *Der eindimensionale Mensch. Studien zur Ideologie der fortgeschrittenenIndustriegesellschaft.* Frankfurt/M. 1970.
– *Über Revolte, Anarchismus und Einsamkeit. Ein Gespräch.* Zürich 1969.
Marcuse, Herbert/Schmidt, Alfred, *Existenzialistische Marx-Interpretation.* Frankfurt/M. 1973.
Merleau-Ponty, Maurice, *Die Abenteuer der Dialektik.* Frankfurt/M. 1968.

– *Humanismus und Terror.* 2 Bd. Frankfurt/M. 1966.

Ohrt, Roberto, *Phantom Avantgarde. Eine Geschichte der Situationistischen Internationale und der Modernen Kunst.* Hamburg 1990.

Roth, Roland, *Rebellische Subjektivität. Herbert Marcuse und die neuen Protestbewegungen.* Frankfurt/New York 1985.

Sartre, Jean-Paul, *Kolonialismus und Neokolonialismus. Sieben Essays.* Reinbek 1968.

– *Der Mai 68 und die Folgen.* 2 Bd. Reinbek 1974/1975.

Sartre, Jean-Paul/Gavi, Philippe/Victor, Pierre, *Der Intellektuelle als Revolutionär.* Reinbek 1976 (Die anderen politischen Schriften Sartres finden sich in dieser Bibliographie unter Punkt 8).

Vaneigem, Raoul, *Handbuch der Lebenskunst für die jüngeren Generationen.* 3. Aufl. Hamburg 1980.

– *Das Buch der Lüste.* Hamburg 1984.

Vienet, Réne, *Wütende und Situationisten in der Bewegung der Besetzungen im Mai 1968.* Hamburg 1997.

Waldenfels, Bernhard u.a. (Hg.), *Phänomenologie und Marxismus.* 4 Bd. Frankfurt/M. 1977ff.

l.) Existenzialismus und Postmoderne

Baudrillard, Jean, *Der symbolische Tausch und der Tod.* Mit einem Essay von Gerd Bergfleth. München 1982.

– *Das perfekte Verbrechen.* München 1996.

Benhabib, Seyla u.a. (Hg.), *Der Streit um die Differenz. Feminismus und Postmoderne in der Gegenwart.* Frankfurt/M. 1993.

Engelmann, Peter (Hg.), *Postmoderne und Dekonstruktion. Texte französischer Philosophie der Gegenwart.* Stuttgart 1990.

Forst, Rainer, *Endlichkeit Freiheit Individualität. Die Sorge um das Selbst bei Heidegger und Foucault.* In: E. Erdmann u.a., *Ethos der Moderne. Foucaults Kritik der Aufklärung.* Frankfurt/M. 1990.

Foucault, Michel, *Einleitung.* In: Ludwig Binswanger, *Traum und Existenz.* Bern 1992.

– *Psychologie und Geisteskrankheit.* Frankfurt/M. 1968.

– *Sexualität und Wahrheit.* 3 Bd. Frankfurt/M. 1976ff.

– *Von der Subversion des Wissens.* Frankfurt/M./Berlin/Wien 1978.

– *Das Subjekt und die Macht.* In: Dreyfus, Hubert L./Rabinow, Paul, *Foucault. Jenseits von Strukturalismus und Hermeneutik.* Frankfurt/M. 1987.

– *Freiheit und Selbstsorge.* FrankfurtM. 1985.

– *Was ist Aufklärung?* In: E. Erdmann u.a. (Hg.), *Ethos der Moderne. Foucaults Kritik der Aufklärung.* Frankfurt/M. 1990.

– *Von der Freundschaft.* Berlin 1984.

Kiwitz, Peter, *Lebenswelt und Lebenskunst. Perspektiven einer kritischen Theorie des sozialen Lebens.* München 1986.

Kögler, Hans-Herbert, *Die Macht des Dialogs. Kritische Hermeneutik nach Gadamer, Foucault und Rorty.* Stuttgart 1992.

– *Fröhliche Subjektivität. Historische Ethik und dreifache Subjektivität beim späten Foucault.* In: E. Erdmann u.a., *Ethos der Moderne. Foucaults Kritik der Aufklärung.* Frankfurt/M. 1990.

Raddatz, Frank Michael, *Dämonen unterm Roten Stern. Zur Geschichtsphilosophie und Ästhetik Heiner Müllers.* Stuttgart 1991.

Rorty, Richard, *Der Spiegel der Natur. Eine Kritik der Philosophie.* Frankfurt/M. 1981.

– *Solidarität oder Objektivität. Drei philosophische Essays.* Stuttgart 1988.

– *Kontingenz, Ironie, Solidarität.* Frankfurt/M. 1992.

Schmid, Wilhelm, *Auf der Suche nach einer neuen Lebenskunst. Die Frage nach dem Grund und die Neubegründung der Ethik bei Foucault.* Frankfurt/M. 1991.

Sloterdijk, Peter, *Kritik der zynischen Vernunft.* Frankfurt/M. 1983.

– *Der Denker auf der Bühne. Nietzsches Materialismus.* Frankfurt/M. 1986.

– *Kopernikanische Mobilmachung und ptolemäische Abrüstung.* Frankfurt/M. 1987

– *Zur Welt kommen – Zur Sprache kommen.* Frankfurt/M. 1988.

– *Eurotaoismus. Zur Kritik der politischen Kinetik.* Frankfurt/M. 1989.

– *Weltfremdheit.* Frankfurt/M. 1993.

Vattimo, Gianni, *Jenseits vom Subjekt. Nietzsche, Heidegger und die Hermeneutik.* Wien 1986.

– *Das Ende der Moderne.* Stuttgart 1990.

10. Sonstige zitierte Literatur

Hegel, Georg Wilhelm Friedrich, *Theorie-Werkausgabe in 20 Bd.* Frankfurt/M. 1986.

Kant, Immanuel, *Kritik der reinen Vernunft.* Stuttgart 1966.

– *Grundlegung zur Metaphysik der Sitten.* Stuttgart 1984.

Marx, Karl/Engels, Friedrich, *Werke.* Berlin 1958ff.

Vietta, Silvio/Kemper, Hans Georg, *Expressionismus.* München 1975.

Register

Abbagnano, N. XII, 78
Adorno, Th. W. 50, 101, 157, 167
Altwegg, J. 149
Apel, K.-O. 113, 180
Arendt, H. 78, 98, 165, 189
Arvon, H., 40, 170
Axelos, K. 156, 160, 180

Baeumler, A. 50
Baier, H. 50
Ball, H. 73f.
Bauer, B. 11
Bakunin, M. 11f., 73,
Bataille, G. 45f., 74, 173, 189
Baudrillard, J. 50, 125, 157
Beauvoir, S. de 78, 153, 185,
    189
Beck, M. 101
Benhabib, S. 161
Benjamin, W. 50
Benn, G. 50, 173
Bergson, H. 58
Böckelmann, F. 153f.
Bollnow O.F. X, 160

Camus, A. 41, 78, 97, 189
Castoriadis, C. 153
Castri, M. 50
Cioran, E.M. 189
Colli, G. 50, 172f.
Cooper, D.G. 185

Danto, A.C. 185
Debord, G. 50, 154f.
Deleuze, G. 37, 50, 60, 173
Delp., A. X
Derrida, J. 50
Descartes, R. 3, 104, 126, 129
Deuser, H. 167
Dilthey, W. 49

Ebeling, H. 105, 149
Elliston, F.A. 185
Engelmann, P. 160
Engels, F. 12, 38, 40f., 170
Eßbach, W. 13, 40, 48, 149, 170

Fahrenbach, H. 29, 50, 142, 144f.,
    165, 167
Farias, V. 148
Feuerbach, L. 11, 38ff.
Fichte, J.G. 46
Fink, E. 173
Foucault, M. XII, 19, 50, 149,
    161 164, 173
Fetscher, I. 40
Frank, M. 165
Franzen, W. 103
Freud, S. 41, 50

Gallissaires, P. 154
Gethmann, C.F. 99, 180
Greve, W. 167
Grisebach, E. 78
Grodeck, G. 50
Guattari, F. 50, 60

Habermas, J. XII, 8, 9, 101f, 125,
    149
Hartmann, K. 185
Hegel, G.W.F. 1, 4-8, 10ff., 13ff.,
    18f., 23, 34f., 47f., 51, 74, 87f.,
    94, 96f., 126f., 130f., 139ff.,
    145f., 151, 156
Heidegger, M. Xff., 19, 65, 78ff.,
    80, 97, 98-126, 126, 129, 131,
    133, 135, 138f., 147-151, 156-
    160, 161, 173, 179-184
Held, K. 75
Helms, H.G. 38
Heß, M. 38, 42

Heraklit 151, 156
Hersch, J. 78
Hölderlin, F. 151, 158ff.
Horkheimer, M. 50, 157
Husserl, E. 75ff, 82, 98, 101, 103, 127ff., 139

Jaspers, K. XI, 19, 65, 78f., 79-98, 99ff, 106, 119, 124, 126, 133, 147-151, 173, 176-179
Jonas, H. 149, 165

Kant, I. 5, 13, 40, 67, 80, 82, 87, 97, 103, 141, 144, 150
Kemper, H.G. 73
Kierkegaard, S. XIf., 9ff., 13ff., 17-35, 35ff., 42f., 46ff., 50f, 55f, 65f., 73, 76, 78, 89, 91f., 94ff., 97, 105f., 117, 123f., 126f., 129, 140f., 167-170
Kisiel, Th. 99
Klages, L. 49,
Klossowski, P. 173
Knoblauch, J. 171
Knuth, W. 49,
Köchler, H. 180
König, T. 185
Kojève, A. 189
Kosík, K. 153, 156
Krahl, H.J. 153
Krockow, Ch. Graf von 149
Kuhn, H. X

Laing, R.D. 185
Lefebvre, H. 153
Lehmann, K. 180
Löwith, K. 8, 11, 62, 149, 166, 173
Losurdo, D. 147f.
Lukács, G. 149
Lyotard, J.F. 50, 60

Mackay, H.J. 170
Mader, J. 8
Magnus, B. 65, 68
Marcel, G. 78
Marcuse, H. XII, 19, 151-155, 161f.

Marx, K. 8, 11f., 13f., 37f., 40f., 51, 65, 73, 146, 151ff., 156
Mayer, A. 38
Merker, B. 125, 180
Merleau-Ponty, M. 78, 153, 189
Metzger, A. 78
Mörchen, H. 149, 156, 180
Montinari, M. 172
Müller, M. 3, 78
Müller-Lauter, W. 173

Nagel, H. 154
Negri, T. 50
Nietzsche, F. XI, 9ff., 13ff., 37, 41, 49-70, 71ff., 76, 78, 93, 96f., 126, 137f., 142, 144, 146f., 151, 156, 158ff., 164, 172-175

Ohrt, R. 154
Ott, H. 148

Pautrat, B. 173
Peterson, P. 171
Platon 1, 10, 37
Pöggeler, O. 180
Poster, M. 185

Raddatz, F.M. 74
Rank, O. 50
Rentsch, Th. 113
Röttges, H. 67
Rorty, R. 50

Sartre, J.-P. IXff., 19, 65, 78, 80, 97, 101, 126-147, 147-151, 151-155, 167, 184-189
Schestow, L. 173, 189
Schilpp, P.A. 185
Schlechta, K. 172
Schmid, A. 152f.
Schnädelbach, H. 75
Schöneberg, H. 185
Schopenhauer, A. 49, 58, 60,
Schürmann, R. 180
Schulz, W. 106f., 167, 180
Schwan, A. 148
Seel, G. 185

Seibert, Th. 153, 165
Simmel, G. 49
Silverman, H.J. 185
Slok, J. 167
Sloterdijk, P. XII, 156, 161-164, 173
Stirner, M. XI, 9ff., 13ff., 35-49, 50f., 55f., 68f., 72f., 76, 78, 96f., 105, 107, 126, 142, 144, 149, 170-172
Stuke, H. 8
Suhr, M. 130
Szeliga, F. 38

Taubes, J. 8
Taylor, Ch. 189

Theunissen, M. 167, 189
Thomä, D. 99, 180
Tugendhat, E. 21, 106, 115, 180

Vaneigem, R. XII, 50, 154f.
Vattimo, G. 149, 180
Vietta, S. 73, 148f., 160

Wahl, J. 167
Waldenfels, B. 165
Weber, M. 41, 72f.
Wittgenstein, L. 49, 113, Würzbach, F. 172

Zimmermann, F. X, 20, 127, 135

Angaben zum Autor

Thomas Seibert, geb. 1957; Studium der Philosophie, Ethnologie und Kulturanthropologie in Mainz und Frankfurt; 1995 Promotion über Existenzphilosophie; Veröffentlichungen zur Philosophie und politischen Theorie der Gegenwart. Bei J. B. Metzler (M&P) ist erschienen: »Geschichtlichkeit, Nihilismus, Autonomie. Philosophie(n) der Existenz«. 1996.

Printed in the United States
By Bookmasters